Las maravillas de la gratitud

Rabino Shalom Arush

Para contribuciones, consultas, distribución y encargos, por favor ponerse en contacto con:

Instituciones Jut shel Jesed – Hilo de Bondad

Tel: 972-52-224-0696

www.myemuna.com

Apartado postal: 50226, Jerusalén, Israel

Traducido por:

Sara Efrati

Impreso en Israel

ISBN 978-965-92740-3-1

Las maravillas de la gratitud

Rabino Shalom Arush

Director de las Instituciones

Jut shel Jesed – Hilo de Bondad

Autor de:

En el Jardín de la Fe

En el Jardín de la Paz

La Sabiduría Femenina

Las Puertas de la Gratitud

En los Campos del Bosque

En el Jardín de la Sabiduría

Educación con Amor

En el Jardín de los Anhelos

En el Jardín de la Riqueza

En el Jardín de la Salud

En el Jardín de la Fe Universal

En el Jardín de los Milagros

El ABC de la Vida

entre otros

ÍNDICE

PRÓLOGO

"Yo hablaré de Tus maravillas"

¡Gracias, Hashem, por la gratitud!

"Todos alabarán a Hashem y Sus prodigios para con los seres humanos" – Gracias, Hashem, por el gran privilegio de expresar gratitud, ahondar en la gratitud, enseñar gratitud, y hablar con Tus hijos de la gratitud.

Gracias, Hashem, por concederme el mérito de dar clases y escribir libros, folletos y artículos que enseñan emuná y gratitud, y dar a conocer a tantas personas, cercanos y lejanos por igual, tanto en Israel como en el resto del mundo, lo que es la emuná genuina en Ti y el camino de la gratitud que todos Te debemos.

Gracias, Hashem, por el privilegio de ver los maravillosos frutos y la bendición de todo mi esfuerzo, de ver a tantas personas acercarse al camino de la gratitud y acelerar la Redención Final.

Gracias, Hashem, que mis libros, mis CDs y mis charlas son tan bien recibidos por tantas personas en el mundo entero, en tantos países distintos y en tantos idiomas distintos, y por el hecho de que todos ellos están llevando a cabo una verdadera "revolución de emuná y de gratitud" en el mundo entero.

No tengo palabras para agradecerte por el tremendo privilegio que me has concedido al darme la oportunidad de dedicarme al objetivo para el cual todos hemos venido al mundo, y por acercar a tanta gente a dicho objetivo, y por poder revelarles la chispa de luz que llevan en el alma.

No tengo palabras para darte las gracias, Hashem, por toda la luz que estás haciendo descender al mundo, la luz de la teshuvá (el sincero y genuino retorno a Ti por parte de tanta gente), la luz de la sed de la palabra Divina, la luz del anhelo por palabras de emuná.

No me cabe la menor duda de que la inmensidad de plegarias que se han ofrendado a lo largo de las generaciones en aras de la Redención Final, así como también el tremendo mérito de todos los tzadikim (santos, justos) de todas las generaciones son los que hoy nos sostienen en esta época tan difícil y nos abren las puertas y los manantiales de la emuná, y les abre el corazón a tantas personas, tanto del Pueblo de Israel como de las demás naciones, a aceptar la Verdad y conectarse a la luz de la gratitud.

"A Aquel que hace grandes prodigios Él Solo, pues Su bondad es eterna"

El recuerdo de Sus maravillas

A continuación, me gustaría explicar brevemente cuál es el objetivo de este libro.

Este libro no es una mera compilación de historias de gratitud. Es verdad que contiene muchos y grandes relatos sobre el tema, pero no es ese su objetivo.

En mi calidad de autor y rabino, continuamente me llegan montones de historias verídicas acerca del poder de la gratitud, de las cuales no he mencionado en este libro sino apenas una muestra mínima.

Gracias a Hashem, tengo la oportunidad de conversar con muchísima gente. El objetivo de estas charlas es infundirles emuná y fortalecer la mía propia.

Cada charla que tengo con cada persona con la que me encuentro me permite comprender con mayor profundidad el poder de la emuná y la gratitud.

De todas las historias que van a leer en este volumen, y de todas las consultas que me hace la gente que viene a aconsejarse y a fortalecerse espiritualmente, y basándome en las fuentes de nuestra sagrada Torá, y en mi propio trabajo espiritual, se van elucidando más y más principios básicos del servicio de la gratitud, que son de hecho los fundamentos de la emuná.

Los conceptos son sumamente bellos y maravillosos, pero si solamente se tratara de ideas teóricas, no me tomaría la molestia de presentarlas al lector a través de un volumen impreso.

El motivo por el cual he escrito este libro es porque sé y tengo la total convicción de que contiene grandes principios prácticos y consejos prácticos que tienen el poder de mejorar inmensamente la actitud con la que el ser humano enfrenta las vicisitudes de la vida y ejercer un cambio de ciento ochenta grados en la perspectiva de cada uno.

Contemplaré Tus maravillas

Y todavía no dije nada de todos los milagros que se producen por medio de la gratitud. Que son muchísimos.

Pero el más grande milagro es cuando la persona empieza a vivir con un propósito. Todos aquellos que viven un milagro en sus vidas y empiezan a vivir para el objetivo por el cual vinieron al mundo, que es estar conectados con el Creador y darle las gracias por todo, **ese es el más grande milagro que uno puede tener en la vida.**

Reubén se curó por medio de la gratitud. Y Simón encontró a su "alma gemela" por medio de la gratitud. Raquel pudo tener hijos por medio de la gratitud y Lea logró librarse de una enormidad de deudas y problemas financieros por medio de la gratitud. Todos estos son milagros, sin lugar a dudas, pero ¿qué objetivo tienen? ¿Acaso algo realmente cambió en las vidas de Reubén, Simón, Raquel y Lea?

Si ellos no tomaron conciencia de la importancia de la gratitud y de vivir con emuná, entonces su milagro no es tan grande como parece.

Pero si ahora ellos viven y respiran genuina emuná con todos sus órganos y todos sus miembros, entonces sí podemos decir que les ha ocurrido un gran milagro.

Mucha gente me cuenta que la gratitud les ilumina la vida, pero también están aquellos que hacen preguntas, que no saben exactamente qué tienen que hacer para poner esto en práctica, o no entienden del todo de qué estamos hablando cuando nos referimos a la importancia de la gratitud.

En este libro he intentado, con la ayuda del Todopoderoso, analizar el tema en profundidad y revelar los poderes más ocultos de la gratitud, matices que hasta ahora habían permanecido ocultos y mensajes nuevos de enorme profundidad respecto de los prodigios de que es capaz la gratitud cuando se la expresa de la manera adecuada.

Y por eso lo he intitulado **"Las maravillas de la gratitud"**.

El término "maravillas" en hebreo se dice "pele", que en las Escrituras se refiere tanto a eventos que van más allá del marco de la naturaleza, y milagros revelados como también a los profundos secretos y la maravillosa sabiduría. Por gracia del Creador, en este libro, el lector va a encontrar la aplicación práctica de ambos significados. Por un lado, hallará historias verídicas de salvaciones milagrosas y, por otro lado, mensajes muy profundos de maravillosa sabiduría.

Y lo más increíble de todo es que todos estos conceptos tan profundos y todos estos relatos conducen a un camino muy claro y muy pragmático en el servicio Divino.

Este camino está al alcance de todos, letrados y principiantes por igual. De hecho, constantemente recibo mensajes tanto de grandes rabinos y eruditos de Torá como de personas simples que han constatado el enorme poder que tiene la gratitud para obrar prodigios.

¡Gracias, Hashem, por este enorme mérito!

Es mi plegaria que todo el Pueblo de Israel y todos los justos de las naciones aprendan a dar las gracias por cada cosa, tanto por lo bueno como por lo malo, y entonces toda la tierra se cubrirá del conocimiento de Hashem, y esa será mi recompensa.

Para concluir este prólogo, quisiera agradecer a mi fiel compañera de vida, que siempre está a mi lado en las buenas y en las malas, mi querida esposa, la Sra. Miriam Varda Arush. Dios quiera que tenga una larga vida y que juntos podamos continuar difundiendo la emuná hasta que llegue el Mashíaj y también después. Amén.

Gracias a mis queridos discípulos, que colaboraron en la recopilación del material para este libro y su redacción. Dios quiera que tengan el mérito y el privilegio de vivir, junto con sus familias, todas las maravillas que aquí se relatan, hasta el final de todas las generaciones y que continúen siendo socios en la difusión de la emuná hasta que todo el mundo esté cubierto del conocimiento de Hashem. Amén.

Gracias a todos los que apoyan nuestras instituciones de Torá, la difusión de la gratitud y la emuná, y las organizaciones de benevolencia de las que estamos a cargo. Dios quiera que todos sean bendecidos con una abundancia material y espiritual sin fin y que tengan el mérito de que la luz de la emuná siempre los ilumine a ellos y a sus descendientes hasta el fin de las generaciones.

Y, finalmente, gracias a ustedes, mis hijos y mis discípulos, que se dedican de lleno a la difusión de la emuná, ángeles de paz, que van de un lado a otro, de una ciudad a otra, de una celda a otra de la cárcel, de una sala a otra del hospital, y traen paz y confraternidad a todo el Pueblo de Israel y al mundo entero.

Ustedes no están repartiendo libros y folletos. Ustedes están repartiendo oxígeno y vida. ¡Son tremendamente afortunados! Este libro está dedicado especialmente a todos ustedes.

Estimados difusores: ustedes, que, con tanto sacrificio y abnegación, hacen un esfuerzo tan grande por los hijos del Eterno, reciban mi bendición y que el Mismísimo Hashem los recompense con abundante bendición, éxito, prosperidad, salud, paz conyugal, amplio sustento, hijos buenos y mucha felicidad. Y lo principal: ¡que la luz de la emuná siempre los ilumine! Y que tengan siempre el mérito de transitar por el camino de la gratitud y sigan siendo buenos emisarios, hasta que las enseñanzas de nuestro gran maestro, el Rabí Najman de Breslev, hijo de Feigue, que su mérito nos proteja, iluminen el mundo entero. Amén.

Y a ustedes, queridos lectores, los bendigo de todo corazón: que asimilen estos mensajes tan profundos y apliquen las enseñanzas a la vida cotidiana y entonces se cumplirán en ustedes las santas palabras de nuestro gran maestro, el Rabí Natan de Breslev.

Que sea Su Voluntad que todos ustedes acaten siempre las directivas de los tzadikim verdaderos, y que vayan por el camino de la emuná, y que siempre crean en Hashem y tengan la plena convicción de que todo es para bien y alaben y loen a Hashem, tanto por lo bueno como por lo malo, tal como está escrito: "En la rigurosa justicia de Dios, alabo Su palabra; en la misericordia del Eterno, alabo Su palabra". Y la Guemará en el Tratado Brajot, afirma que la primera parte del versículo se refiere a bendecir a Hashem por las cosas buenas y la segunda parte del versículo se refiere a bendecir a Hashem por las cosas malas". Y en mérito de esto, ustedes y nosotros y todo el Pueblo de Israel y todos los justos de las naciones nos libraremos de todos los problemas y todos los exilios y llegará la Redención Final muy pronto, en nuestros días. ¡Amén!

CAPÍTULO UNO

LA LLAVE DE TODAS LAS SALVACIONES

Debido a que este libro trata de maravillas, me gustaría iniciarlo con una historia breve pero maravillosa y que contiene la llave de todas las salvaciones, los milagros y los prodigios que existen.

Esta historia tiene que ver con un rabino muy grande de la generación anterior, que fue un gran posek (legislador de la ley judía) y también era famoso por su calidez y por el afecto que les dispensaba a todos los que tenían trato con él: el Rabino Shlomo Zalman Auerbach, de bendita y santa memoria.

El Rabino Auerbach fue un gran erudito y sabio, legislador y difusor de la Torá, que tuvo trato con los más grandes rabinos y maestros a la par de numerosísimos discípulos que iban a su casa a estudiar, personas que iban a consultarlo y a hacerle preguntas de halajá (ley judía) o pedirle consejo y también dirigentes que llegaban a asesorarse con él. Pero además de todo esto, el Rabino Auerbach era la persona a la que acudían cientos de personas simples con problemas y aflicciones: él sentía en carne propia su dolor, ofrendaba sentidas plegarias por ellos y les brindaba palabras de aliento como si fueran sus propios hijos.

Precisamente debido a que se trata de un rabino tan admirado y tan famoso, esta historia que se cuenta de él es tan especial:

Una respuesta sorprendente

En cierta ocasión, fue a ver al Rabino Auerbach una mujer muy piadosa que hacía ya muchos años que estaba casada y todavía no tenía hijos. Llorando, la mujer le contó al rabino que los médicos que había consultado le habían asegurado que nunca iba a poder ser madre. Sumamente alterada, la mujer le contó al rabino el terrible sufrimiento que había soportado todos aquellos años tan difíciles. La pobre mujer no podía dejar de llorar. Al cabo de unos minutos, una vez que se calmó un poco, la mujer le preguntó al rabino por qué, si ella había rezado tanto durante tanto tiempo, el Creador no respondía a sus plegarias y no le daba hijos.

El rabino la escuchó con atención y le respondió con tono firme: "Yo entiendo perfectamente tu dolor y tu sufrimiento, pero el Creador no está obligado a darte hijos ni ninguna otra cosa. ¿Por qué sientes que Él te debe algo? ¿Dónde está escrito que el Creador está obligado a darte hijos? ¿Dónde está escrito que Él está obligado a darte un marido, un techo, comida y salud? ¡El Creador no está obligado a darte absolutamente nada!".

La mujer se estremeció al oír semejante respuesta. Ella esperaba recibir palabras de aliento, de fortalecimiento espiritual o de consuelo, o que el rabino le prometiera que iba a rezar por ella o le diera una bendición, pero de ninguna manera se esperaba una respuesta tan firme y tan energética. La mujer se dirigió rumbo a la puerta llorando, consciente de que aparentemente se trataba de un decreto Divino que ella no iba a poder tener hijos y que debía aceptarlo con amor.

Pero no se preocupen, queridos lectores, porque esta historia sí tiene un final feliz. Y el **final feliz** de esta historia lo presentaremos más adelante. Pero ahora permítanme hacer un alto y contemplar las palabras de este tzadik tan grande, que surgen de la Torá:

A primera vista, este relato evoca emociones muy fuertes. ¿Por qué el rabino le respondió a la pobre mujer de esa manera? Vemos que se trataba de una pobre mujer que sentía una tremenda angustia por el hecho de no poder ser madre. ¿Acaso no debería haberle respondido con suavidad, con palabras de aliento? Incluso el Patriarca Jacob, que constituye la perfección de entre los tres patriarcas, es criticado por nuestros Sabios por haberle respondido a Rajel con palabras duras a pesar de que él le dijo la pura verdad. Entonces ¿por qué este gran rabino no tuvo más sensibilidad con esta pobre mujer?

No obstante, yo sabía que este tzadik, que era una persona de tan excelsos rasgos de carácter, no respondió con enojo o con insensibilidad. ¡Al contrario! Debido a que era una persona tan sensible, él sintió mucha compasión por aquella pobre mujer y precisamente debido a que él sabía por qué sus plegarias no habían sido respondidas, no tuvo otra alternativa más que estremecerla, para que tuviera el mérito de aceptar con amor lo que Hashem había decretado para ella y de ese modo pudiera tener el mérito de recibir la salvación que tanto anhelaba.

Antes de explicar nada

A continuación, me gustaría explicar el sentido profundo de este concepto de que el Creador no nos debe absolutamente nada, y por qué **en esto radica la clave de todas las grandes salvaciones que uno anhela en la vida.**

Yo le propongo a todo el que lee estas líneas que, como primera medida, adopte este concepto como un lema para toda la vida y que encare cada cosa en la vida que no le va bien, o cada cosa por la que viene rezando hace ya tiempo y que aún no ha podido obtener, que ahora mismo, empiece a decir: "Hashem no me debe absolutamente nada".

¿No tienes pareja? Di: "¡Hashem no me debe nada!". ¿No tienen hijos? Digan: "¡Hashem no está obligado a darnos hijos!". ¿No tienes casa propia? Di: "¡Hashem no está obligado a darme una casa propia!".

Y así con cada cosa que te falta o que te causa angustia en la vida. **Si realmente quieres obtener la salvación que tanto anhelas**, entonces **ya mismo** arranca de tu conciencia la idea de que alguien te debe algo. Esa idea, además de ser pura mentira e incluso una idea profana, es también la principal razón por la cual la salvación que tanto estás esperando todavía no ha llegado. Y no sólo que esa idea impide que tus plegarias sean respondidas, sino que además invoca una acusación muy grave en tu contra.

Por eso, no esperes ni un instante más, y en este mismo momento, decide que vas a arrancar de raíz esa sensación de que el Creador te debe algo. Obviamente, alcanzar esta concientización lleva tiempo; no es algo que puedas alcanzar en un segundo, sino que requiere de mucho estudio, mucha contemplación y muchas plegarias. Pero, a pesar de eso, empieza ahora mismo a transitar el camino verdadero y el camino que te va a conducir a la realización de tus sueños.

Más adelante explicaremos en mayor profundidad y en mayor detalle por qué esta actitud es tan grave y tan perjudicial, y por qué al librarte de ella estás recibiendo la llave de todas las salvaciones. Pero antes vamos a tratar de describir qué ocurre con la persona que siente que los demás le deben algo. Y luego veremos que, desgraciadamente, este modelo de pensamiento negativo es extremadamente común entre la gente. Analizaremos de qué forma los Sabios encaran este concepto y por qué esto es un impedimento para que la persona viva feliz y obtenga lo que tanto desea. Finalmente, aprenderemos la manera de erradicar esta actitud de una vez por todas de nuestras vidas.

Y comenzamos con un ejemplo:

El huésped descarado

Hace un calor infernal. Tú vas conduciendo tu automóvil. Al costado de la ruta ves un muchacho haciendo "autostop" sin éxito. El pobre muchacho está rojo de calor y transpira profusamente; da la impresión de que está a punto de desmayarse. Tú le tienes compasión; detienes el automóvil a su lado y lo invitas a subir e incluso le ofreces algo de beber y unas cuantas masitas que llevas. Qué gran acto de bondad...

El muchacho sube al automóvil y murmura algo. Tú supones que te dio las gracias y entonces le dices: "De nada. De todas maneras, yo viajo en esta misma dirección".

Entonces el muchacho alza la voz y te dice enojado: "No, no te di las gracias. Solamente pregunté por qué el aire acondicionado está tan bajo. Y dime algo - ¿qué es esta agua que me diste? ¡Está caliente! ¿Por casualidad no tendrás una gaseosa? Y discúlpame la osadía, pero no me gusta para nada la forma en que me trataste: ves a un muchacho asándose bajo el sol (estuve parado varias horas esperando que alguien me parara) - ¿no te parece que deberías por lo menos invitarme a un restaurant a comer un bife con papas fritas? ¿Qué es esto de servirme unas cuantas masitas secas y un vaso de agua caliente? ¡Debería darte vergüenza! ¿Qué clase de persona eres?".

Si te pasara algo así, ¿cómo reaccionarías? Yo estoy seguro de que cualquier persona normal le daría una patada a este sinvergüenza y lo haría bajar inmediatamente de su automóvil. Si se tratara de alguien que trabaja mucho para refinar su propio carácter y juzgar favorablemente a los demás, tal vez se quedaría callado sin poder creer lo que acaba de oír.

Sea como fuere, uno se preguntaría a sí mismo qué es lo que está ocurriendo, cómo es posible que este joven no haya dado siquiera las gracias por el gran favor que se le acaba de hacer, y que solamente tenga quejas con su benefactor. ¡Qué descarado! ¡Qué maleducado!

La raíz de la frustración

¿Cómo es posible que suceda algo así? Muy simple: esto es consecuencia directa de esa actitud tan despreciable que tiene tanta gente que siente que los demás les deben algo. Por ejemplo, en el caso de este muchacho autoestopista, es evidente que desde el momento en que se paró a un costado de la ruta, esperaba que alguien lo levantara. Él sintió que los conductores tenían la obligación de parar e invitarlo a subir. Y todos los que pasaron de largo lo pusieron furioso y despertaron su ira y muy posiblemente él los maldijo con las peores maldiciones. Las horas pasaron y el joven se ponía más y más furioso con todos esos conductores que no "entendían" que tenían la "obligación" de ser serviciales con este autoestopista. Y cuando por fin alguien le hizo el gran favor de parar y subirlo, justamente sobre él descargó toda su furia...

Cada uno de nosotros tiene momentos en la vida en los que espera que los demás hagan algo por él. Si dentro de su corazón, uno se cree con derecho a recibir de ellos todo lo que quiere, incluso si está absolutamente convencido de que se lo merece, al hacerlo está decretando que sentirá una tremenda frustración que será cada vez peor, hasta que finalmente va a "explotar" con alguien. Esto es algo inevitable. La pregunta es cuándo ocurrirá y cuánto daño causará.

La clave para vivir tranquilos y felices radica en comprender que nadie nos debe nada. Únicamente de esta manera podemos realmente tener paciencia y no ponernos nerviosos cuando los demás no hacen lo que esperamos de ellos.

¿Por qué estás enojado con Hashem?

Está bien. Eso está claro. Pero ¿qué tiene que ver todo esto con la emuná y la plegaria? ¿Acaso ustedes conocen a alguien que se enoje con Hashem y Le grite? La respuesta es que sí. Cada persona que se siente triste e insatisfecha con la vida que lleva de hecho está enojándose con Hashem. Así nos enseña Rabí Najman de Breslev: "La tristeza es como alguien que está muy enojado, que tiene quejas contra Hashem, Bendito sea Su Nombre, por no hacer Él lo que la persona desea" (Sijot HaRan 42).

¿Acaso no es lo mismo que sucede con el autoestopista de nuestro relato? Porque Hashem es un Dios Bueno y Benefactor y es un descaro que grites y hagas una escena o incluso solamente te enojes con tu más grande Benefactor, que continuamente te hace bondades.

¿Cuál es la raíz de todo este despropósito? Esto se origina en esa sensación que uno tiene por dentro, ya desde muy joven, de que todos le deben algo y que tiene derecho a obtener todo lo que quiera. Y en conformidad con esa sensación, trata a sus maestros y sus compañeros, e incluso a sus padres y luego a su esposa y sus hijos, y así trata también al Creador. Porque incluso cuando tiene el mérito de ser consciente de la existencia del Creador, él está seguro de que el Creador es como todos los demás: que es otro más que, por así decirlo, tiene que suplirle cada necesidad y cada capricho.

¿Verdad que suena horrible? Sin embargo, Rabí Najman de Breslev dice que cada persona que está triste es exactamente igual porque se está enojando con el Creador. ¿Acaso esto es razonable? ¡Por supuesto que no! El Creador no nos debe absolutamente nada. Al contrario: todos Le debemos a Él.

Nos ama pero no nos debe nada

Antes de explicar este principio en forma detallada, me gustaría hacer una aclaración muy importante para que podamos entender este tema como es debido.

Lo primero que quiero dejar en claro es que, cuando decimos que Hashem no nos debe nada, eso no significa en absoluto que nosotros no Le importemos ni que Él no quiera ayudarme. En absoluto. Es exactamente lo mismo que ocurre con los padres y los hijos. Los padres no están obligados a comprarles a sus hijos todo lo que les piden, pero eso no significa que no quieran comprárselo. Lo uno no quita lo otro.

Tenemos que diferenciar entre ambos conceptos: una cosa es "No está obligado" y otra cosa es "Hashem te ama con un amor infinito y quiere ayudarte". No son dos cosas mutuamente excluyentes.

Al contrario: el hecho de que Hashem no me deba nada y, a pesar de eso, me dé tantas cosas es la más grande evidencia de lo mucho que me ama. Porque el que le da algo a otro debido a que está obligado no está demostrando amor. Únicamente cuando uno le da al otro sin estar obligado y cuando el otro no puede devolverle el favor, eso es dar por amor; esa es la verdadera bondad que refleja un amor desinteresado e infinito, tal como es el amor del Creador por todos nosotros.

Por eso, cuando decimos que Hashem no nos debe nada, no debemos olvidar de Quién estamos hablando. Estamos hablando del Creador del mundo, que nos ama con un amor infinito e inmenso y que nos creó solamente para beneficiarnos. No tenemos forma de medir con parámetros humanos el amor que Él nos profesa. Hashem ama incluso a las personas más malvadas y quiere hacer el bien con todos y los espera a todos y ansía que todos retornen a Él y anhela su retorno aún más de lo que un padre anhela el retorno de su hijo, o una mujer, el retorno de su esposo.

Esa es la base de todo.

No debes olvidar ni un instante hasta qué punto Hashem te ama y quiere prodigarte todo lo mejor y salvarte de todos tus problemas. No debes olvidar que incluso en este mismo momento, Él te está dando todo lo mejor con mucho amor y mucha compasión. El solo hecho de saber que Hashem te ama es el principio básico para todo lo demás en la vida.

No te quebrantes

Otra aclaración que me parece importante hacer: uno lee lo que escribió Rabí Najman respecto a que la persona que está triste en realidad está enojada con Hashem y que la persona que siente que Hashem está en deuda con ella está avergonzando a Hashem y entonces se quebranta, porque piensa que es un malvado. Esto también es un error, porque Hashem nos ama y nos creó con esta mala inclinación. Y así como uno no se quebranta por el hecho de tener manos o pies ni por el hecho de no tener alas, de la misma manera, no tiene motivos para deprimirse y perseguirse a sí mismo por el hecho de tener una mala inclinación y por el hecho de no poseer aún humildad, sumisión y una emuná completa.

Esto no es motivo para deprimirse: así es como Hashem te creó. Esta es tu realidad. Y es una realidad que el Creador te dio por tu propio bien y con mucho amor, porque para eso hemos venido al mundo: para esforzarnos y superarnos y desarraigar la maldad de nuestros corazones. Esto no es motivo para sentir que somos malvados sino únicamente seres humanos, meros mortales, personas de carne y hueso, que hemos venido al mundo a cumplir con un objetivo y que necesitamos de la ayuda de Hashem para mejorar y avanzar. Eso es todo.

Vemos, entonces, que no tenemos motivos para deprimirnos. ¿Acaso te sorprende que tengas trabajo que hacer en esta vida? ¿O pensabas que tenías que ser un santo ya desde la cuna?

Así como el ser humano tiene una mala inclinación que lo insta a robar y a tener relaciones inmorales, de la misma manera, tiene otra mala inclinación que le hace sentir que tiene derecho a todo, incluso desde muy pequeño, tal como enseña el Midrash: "Enseña Rabí Meir: cuando el ser humano llega al mundo, tiene los puños cerrados, como diciendo 'todo este mundo me pertenece; yo lo dirijo'". Ya desde el momento en el que nace, el ser humano siente que es el centro del mundo y por eso cada persona tiene que hacer un trabajo espiritual para librarse de esa sensación.

Cuando decimos que creerse con derecho a recibir todo lo que uno quiere es un descaro, eso no quiere decir que uno sea un malvado. Solamente quiere decir que tenemos un trabajo espiritual que llevar a cabo, que tenemos un desafío que enfrentar.

Al hablar de este tema, no es nuestra intención que la gente se deprima, Dios no lo permita, sino únicamente que aprendamos a conocernos a nosotros mismos y nuestra mala inclinación, para que sepamos cómo superarla.

Justamente este tzadik cuya historia hemos relatado es un ejemplo de esto que estamos diciendo. Porque este tzadik era un modelo de afecto y de consideración, que siempre les sonreía a todos y los trataba con la mayor amabilidad, y por cierto él sintió una gran aflicción al ver el sufrimiento de esta pobre mujer y ciertamente quería ayudarla por todos los medios para ayudarla a que tuviera hijos. Cuando él le dijo: "Hashem no te debe nada y no está obligado a darte hijos", lo hizo con mucha empatía y mucho afecto, y al final, le fue de enorme ayuda, tal como veremos al final de la historia.

Ser benevolente no es "hacer un favor"

Ahora es necesario hacer una introducción muy importante, para definir qué significa exactamente el término hebreo "jesed" (benevolencia).

El concepto de "benevolencia" tiene dos acepciones: la acepción cotidiana (y errónea) y la acepción verdadera. En el hablar diario, se entiende, erróneamente, como "hacer un favor", o sea, cuando a uno no le importa realmente qué le sucede a la otra persona. Él solamente está dispuesto a "arrojarle un hueso" al otro. Si usamos una analogía:

Tú vas a la sinagoga a rezar. En la entrada ves a un hombre suplicando dádivas porque necesita dinero para pagar la boda de su hija y está con deudas hasta el cuello, además de varios problemas de salud. En este caso, el concepto erróneo de "benevolencia" es darle un par de monedas o un par de billetes y seguir de largo. Fuiste "benevolente" ; quedaste bien.

Según esta acepción errónea del concepto de jesed, cuando decimos que Hashem hace bondad con nosotros, pensamos equivocadamente que es lo mismo, como si nosotros, al fin y al cabo, fuéramos "mendigos insistentes" que nos cruzamos con Él en el camino y Él nos "saca de encima" con unas cuantas bondades que hace con nosotros. Eso es un error.

El verdadero concepto de "benevolencia", que es uno de los rasgos de compasión propios de Hashem, según la Kabalá, se denota como "inmenso amor". Ser benevolente significa hacer todo lo posible, y a veces hasta lo imposible, por ayudar al prójimo, no porque "te da vergüenza" seguir de largo sin ayudarlo ni porque sientes que estás obligado, ni por ningún otro motivo ajeno, sino únicamente por una cuestión de generosidad, empatía y solidaridad. Y no sólo con tus amigos o con tus familiares, sino con cada persona, incluso con perfectos desconocidos.

¿Quién es la figura que simboliza más que nadie el concepto de "benevolencia" ? El pilar de bondad de nuestra nación, o sea, el Patriarca Abraham, el campeón de la benevolencia. Al ver a unos árabes caminando bajo el sol ardiente, Abraham no pensó: "Voy a esperar a que ellos lleguen acá y entonces les voy a dar una botella de agua y sándwiches con ensalada de atún...".

¡No! No es esa la benevolencia a la que nos referimos. Nosotros estamos hablando de algo completamente diferente. Algo muy por encima del nivel de bondad al que estamos acostumbrados.

Dar sin límites

Abraham, con sus noventa y nueve años de edad, era obviamente muy anciano, y además estaba reponiéndose de una operación (la circuncisión). Afuera de la tienda, el calor era insoportable, pero, a pesar de todo, ¡Abraham se puso de pie y fue corriendo a recibir a los huéspedes! Esto no se entiende. ¿Acaso es normal que un hombre de esa edad y en semejante estado vaya corriendo a darles la bienvenida a tres perfectos desconocidos? No. Pero Abraham era un modelo de benevolencia y de amor al prójimo. Y exactamente así es como definimos el amor: sin cálculos, sin lógica, sin límites. Abraham les suplica a los desconocidos que se sienten a comer.

El Patriarca Abraham prepara un montón de comida. "Tres sacos de harina de sémola", o sea, algo así como veintitrés kg de harina que, al preparar la masa con agua y la masa leuda, la cantidad es mucho más grande. Pero además del pan, Abraham sacrifica ritualmente tres carneros – no uno - ¡tres! Y además todo el tiempo supervisa la cocina a ver si falta algo. Hay algo dentro de él que lo impulsa a hacer más y más bondades con personas que ni siquiera conoce.

¡Ese es el verdadero concepto de "benevolencia"! Ese es el aspecto que tiene el amor en su máxima expresión.

Volviendo a nuestro ejemplo, vamos a "mejorar" un poco la historia para que se adapte a la definición de "genuina benevolencia":

Imaginemos un empresario que se apresura para llegar al trabajo, donde le aguardan asuntos urgentes y varios acuerdos que tiene que firmar. El hombre llega a la sinagoga y allí encuentra al pobre hombre (¿se acuerdan?) que junta dinero de caridad para el casamiento de su hija. El empresario siente compasión de él, hasta tal punto que llama a su secretaria para postergar las reuniones que tenía programadas para esa semana y en lugar de ir a trabajar, el empresario viaja toda la semana yendo de una ciudad a otra a fin de recolectar fondos para ayudarlo a pagar los gastos de la boda; y como si eso fuera poco, también le consigue un departamento y muebles para la nueva pareja y además le consigue un trabajo al novio y, como broche de oro, les da su propio automóvil último modelo de regalo de bodas.

Si bien este relato puede parecer un tanto exagerado y estrambótico, aun así, está todavía muy lejos de reflejar el amor que Hashem siente por cada una de Sus criaturas, incluso la más malvada. Tal como afirmó una vez el Baal Shem Tov: "Ojalá yo amara al más grande tzadik (justo, santo) tanto como Hashem ama al más grande malvado".

Por eso, cuando hacemos referencia a que Hashem creó el mundo con Su benevolencia, y que Él hace bondad con nosotros a cada instante, y que no nos debe nada, ahora podemos comprender de qué grado de benevolencia estamos hablando, y entonces no nos sentimos seres diminutos ni prescindibles, sino que nos nos sentimos amados y envueltos en Su infinita compasión.

La triple deuda

Tras este prólogo y esta aclaración, podemos retomar el tema que nos ocupa, o sea, la clave de las salvaciones, que es comprender que Hashem no nos debe nada.

Y no es solamente que Hashem no nos debe nada, sino que nosotros Le debemos a Él una infinidad de cosas. Y la deuda que tenemos con Él es triple, tal como procederemos a explicar.

En primer lugar, estamos en enorme deuda de gratitud con Hashem y tenemos que darle las gracias por todas las bondades que hace con nosotros.

En segundo lugar, estamos en deuda con Él por todas las veces que Lo afligimos al actuar en contra de Su voluntad, o sea, todas las veces que transgredimos.

E incluso por las mitzvot (preceptos) que cumplimos y los méritos que tenemos, y por los cuales esperamos recibir una recompensa, también por ellos estamos en deuda con el Creador, ya que Él fue quien nos confirió el mérito de hacerlos y nos dio las herramientas y los medios para llevarlos a cabo y nos ayudó a llevarlos de la potencia al acto. Y esa es la más grande deuda que tenemos con Él, tal como explicaremos a continuación.

Por lo tanto, vemos que tenemos una deuda infinita con el Creador. Siendo así, ¿cómo es posible que sigamos esperando cosas de Él? ¿Qué cosas nos debe Él? ¡Absolutamente nada!

Si el ser humano contemplara esta realidad tan simple, y toda su vida se sintiera en deuda de gratitud con el Creador, y sintiera vergüenza ante Él, entonces jamás estaría triste, y jamás se quejaría ni perdería la paciencia. Porque la tristeza surge del hecho de sentir que Hashem te debe algo o de la sensación "melliza", o sea, de sentir que "tienes derecho" a algo. De hecho, ambas cosas son las dos caras de una misma moneda.

Sin pelos en la lengua

Si ves que alguien esté triste y le preguntas: "¿Por qué estás enojado con Dios? ¿Qué te hizo?", él seguramente lo negará, diciendo: "¿Yo enojado con Hashem? ¡Para nada! ¿Por qué dices algo así? Yo no estoy enojado con Hashem. Lo que pasa es que estoy pasando por muchas dificultades y tengo un montón de preocupaciones y me siento agobiado y por eso estoy así".

O también puede echarles la culpa a los demás:

"Yo no estoy enojado con Hashem. Con el que estoy enojado es con mi vecino, que me fue a denunciar a la Municipalidad, y estoy enojado con la vecina que estacionó en mi lugar y también con mi mujer, que no me deja un minuto en paz... ¡Pero con Hashem no estoy enojado!".

O es posible que atribuya sus nervios a causas espirituales:

"No, yo no estoy enojado con Hashem, Dios no lo permita. Solamente estoy en crisis conmigo mismo, porque no logro sobreponerme a mi mala inclinación. Estoy triste porque siempre vuelvo a caer en los mismos deseos físicos...".

No importa a qué o a quién le atribuyes tu tristeza.... Rabí Najman lo expresa "sin pelos en la lengua": "¡Estás enojado con Hashem!".

El enojo no llega "de ninguna parte". El enojo es porque piensas que te mereces algo mejor y no estás satisfecho con lo que Hashem te da. Esto se aplica tanto al ámbito material como al ámbito espiritual. En lo material, estás triste porque piensas que te mereces algo mejor, que se te debe todo tipo de cosas. Y en lo espiritual, estás triste porque Hashem no te ayudó a sobreponerte a tu mala inclinación. En ambos casos, estás seguro de que tienes derecho a algo, o sea que sí estás enojado con Hashem. Y esa es la raíz de la tristeza.

Llama a las cosas por su nombre

De hecho, todos caemos en este error en mayor o menor medida. El primer paso para librarnos de este defecto es ser conscientes de él. Y estremecernos de haber pensado así y de habernos sentido así con respecto al Creador. Luego aprenderemos cómo salir de esto.

Pero primero tenemos que tomar conciencia. Se cuenta acerca de uno de los grandes tzadikim de antaño que oyó a un hombre pidiéndole perdón a otro: "Perdóname por haberme enojado contigo. Perdón por haberte gritado". El tzadik le dijo: "¿Por qué le pides perdón de esa manera? Lo que tienes que decir es "Te pido perdón por haber cometido idolatría...". El hombre le respondió: "Es verdad, rabino, cuando yo digo que me enojé, de hecho, estoy diciendo que caí en la idolatría, porque todos conocemos lo que dijeron nuestros Sabios respecto a que todo el que se enoja es como si cometiera idolatría. ¿Por qué es tan importante si dije esto en forma explícita o no lo dije?".

El tzadik le respondió: "Es muy importante. Tú piensas que el enojo es algo natural y razonable. Estás acostumbrado a enojarte y no es algo que te estremezca. Pero la idolatría sí es algo que causa estremecimiento, tanto para un judío como para un no judío. Cuando llamas a las cosas por su nombre, y en vez de decir 'me enojé', dices 'cometí idolatría', ahí sí te estremeces y sientes la necesidad imperiosa de corregir tu comportamiento. Pero mientras encares tus graves problemas con tanta calma, como si se tratase de algo perfectamente normal, entonces nunca vas a poder mejorar".

No te acostumbres al descaro

Esto mismo se aplica también al tema que estamos tratando. Cuando le cuentas a tu amigo que rezas y no obtienes respuesta, que te va mal, o incluso que estás triste o deprimido, no digas "estoy triste" ; di las cosas tal como son: "Estoy enojado con Hashem". Y entonces sí te vas a estremecer.

Es verdad que nos resulta difícil incluso pensar algo así, y mucho más pronunciarlo. Y cuando uno toma conciencia de lo que dijo Rabí Najman, respecto a que estar triste es enojarse con Hashem, y llama a las cosas por su nombre, eso lo impulsa a corregirse, porque de repente "se da cuenta" de que es exactamente igual al autoestopista del que hablamos antes. Uno empieza a darse cuenta de que, con su comportamiento, sus palabras y sus emociones, esté revelando que piensa que todo lo que tiene le pertenece a él y tiene derecho a ello, en vez de admitir que es una bondad que el Creador hizo con él. Y no sólo que piensa que todo le pertenece, sino que incluso está convencido de que le deben muchas cosas más y no entiende cómo es que hasta ahora no las ha obtenido.

Únicamente cuando te dices a ti mismo: "Estoy enojado con Hashem", te estremeces, y entonces te surge la necesidad de negar eso y decir: "No es verdad". Pero ya hemos visto que sí es verdad. El hecho de que nos hayamos acostumbrado a pensar que la tristeza es algo natural y aceptable hace que ya no nos estremezcamos ante el descaro y la herejía que esto implica.

La verdad simple de la vida

¿De verdad estás tan sorprendido de no haber recibido respuesta a tus plegarias? ¿Realmente te crees con derecho a quejarte? ¿Acaso el Creador te debe algo? ¿Acaso eres consciente de todas las bondades que Él hace contigo a cada instante? ¿Eres consciente del enorme mérito que tienes de poder rezar y cuánta gratitud deberías sentir por el solo hecho de poder conectarte con Hashem?

Pero primero debemos aclarar que esto que estamos diciendo no son ideas novedosas. Todo esto figura en la Guemará y fue instituido como halajá (ley judía). Vale decir que el hecho de entender que Hashem no me debe nada y no tengo derecho a nada, y que todavía ni siquiera di las gracias en forma suficiente por todo lo que tengo, no es solamente un "nivel espiritual" propio de unos pocos selectos, sino que es la verdad más simple de la vida: nadie se tiene que sentir con derecho a nada. Nadie. Todos vivimos por gracia del Creador.

Hashem nos creó con Su benevolencia y Él nos sustenta y nos da vida con Su benevolencia, y todas las mitzvot que cumplimos las cumplimos gracias a Su benevolencia, ya que Él nos dio la fuerza y la inteligencia y la voluntad de cumplirlas. Tenemos que ser conscientes de que nada proviene del ser humano, sino que todo proviene de Hashem, desde lo más pequeño hasta lo más grande. Todo es por Su poder y por Su bondad.

Está escrito en la Guemará

El Talmud afirma que hay tres transgresiones de las cuales la persona no se salva cada día:

1. Pensar en pecar

2. Estar absorto en la plegaria

3.Las malas lenguas [1]

En el caso de pensar en pecar y hablar las malas lenguas es obvio que son cosas malas, pero ¿estar absorto en la plegaria? Uno pensaría que eso es algo bueno...

No contamos con el comentario de Rashi sobre este Tratado de la Guemará, pero en el Tratado Brajot, donde la Guemará afirma que estar absorto en la plegaria "recuerda los pecados del hombre", Rashi comenta que esto se refiere a que el hombre dice en su corazón que su pedido se ha de cumplir, debido a que rezó con concentración, y este pensamiento despierta una acusación contra el hombre y recuerda sus pecados, porque, por medio de este pecado, en el Cielo se analizan los actos de esta persona y se dice: "Esta persona está convencida de sus méritos. Pues bien.... Veamos si realmente tiene méritos...".

En el Tratado que estamos estudiando, tal como se ha dicho, no hay comentario de Rashi, pero sí contamos con el comentario del nieto de Rashi, que fue uno de los grandes Baalei HaTosafot, llamado Rabenu Shmuel ben Meir (Rashbam), quien muchas veces está en desacuerdo con su abuelo. Sin embargo, en este caso, él interpreta la Guemará exactamente igual que Rashi y explica que esto se refiere a que el hombre reza y pide con mucha concentración, y luego piensa en el corazón que tiene derecho a que Hashem escuche sus plegarias y lo recompense por haber rezado con concentración.

Cuatro conclusiones

Antes de analizar el hecho de que esta Guemará fue instituida como ley según el comentario de Rashi, debemos entender que de esta Guemará y de la otra del Tratado Brajot que hemos mencionado, aprendemos cuatro principios básicos y prácticos:

---

1 Bava Batra 164b

Lo primero que aprendemos es que incluso si es verdad que rezamos con gran concentración, el hecho de pensar que nos merecemos que nuestras plegarias sean respondidas es una transgresión. La Guemará dice "tres transgresiones", o sea que sí se trata de una transgresión y se refiere al pensamiento mismo, tal como explican Rashi y Rashbam.

Lo segundo que aprendemos es que se trata de una transgresión muy frecuente que casi todos cometemos. O sea que todos los que piensan "Esto no se refiere a mí. Yo no tengo ninguna queja contra el Creador", tienen que saber que no es así.

Lo tercero que aprendemos es que es una transgresión muy peligrosa, ya que invoca los pecados cometidos. Vale decir, la persona que cree que se le deben cosas, de hecho, está "presentando una solicitud" de un juicio expedito en el Tribunal Divino. Es como si alguien llamara a la oficina de Impuesto a las Ganancias y dijera: "Hola. Quisiera averiguar qué cantidad de dinero me deben por el Impuesto a las Ganancias". Y entonces el empleado le responde: "Con mucho gusto, señor. Enseguida vamos a chequear su expediente, a ver quién le debe a quién...". A nadie le conviene que le abran los registros del impuesto a las ganancias, y muchísimo menos los registros "Allá Arriba".

Lo cuarto que aprendemos, y que es un gran fortalecimiento espiritual, es que existe una forma de salvarse de esta transgresión.

La señal de "pare"

Ahora bien – surge el interrogante: si la Guemará da testimonio de que, prácticamente, es imposible salvarse de cometer esta transgresión, entonces ¿cómo es posible que Hashem nos acuse de haberla cometido? La base del cumplimiento o incumplimiento de los preceptos radica en el libre albedrío. Entonces ¿a qué se refiere la Guemará? ¿Qué ganamos con saber que casi todo el mundo transgrede con "estar absorto en la plegaria" ? ¿Acaso la Guemará se refiere a que no tenemos libre albedrío o que no tenemos chances de triunfar? ¡Pero eso es imposible!

De hecho, los comentaristas también se plantean este mismo interrogante. Y uno de los más grandes comentaristas de este Tratado, que vivió en España hace ocho siglos, Rabenu Meir HaLevi Abulafia (HaRama con la letra Hei – no como el Rama con la letra Alef, que vivió en Polonia en una época más reciente), afirmó lo siguiente: "Esto es para enseñarnos que la persona debe cuidarse 'demasiado', porque si no se cuida, es imposible que no transgreda". Vale decir que la Guemará no dice que es imposible salvarse de la transgresión, sino únicamente quiere que entendamos que tenemos que prestar mucha atención y que si nos cuidamos "demasiado", podremos evitar transgredir.

Las palabras de la Guemará son como una señal de "pare" que nos advierte: hay aquí un cruce peligroso y, si conduces a gran velocidad y sin cuidado, el peligro es enorme. Por eso, frena, ten cuidado, mira a ambos costados, y entonces no te sucederá nada malo.

La Guemará no nos está diciendo que sea imposible salvarse de cometer esta transgresión. Lo que hace es ponernos una "señal de advertencia" y nos dice que en el caso de estas transgresiones hay que tener mucho cuidado. No alcanza con una advertencia "normal". No podemos simplemente vivir la vida y esperar salvarnos de estas transgresiones sin demasiado esfuerzo, sino que debemos hacer un trabajo espiritual muy serio y entonces sí podremos salvarnos.

Un esfuerzo especial

La Guemará está hablando de tres temas diferentes:

1. Pensar en pecar

2. Estar absorto en la plegaria

3. Las malas lenguas

Con respecto al primero, todos sabemos lo difícil que es evitar el pecado. Si leyeron mis otros libros, sabrán que sobre el tema de la pureza del pensamiento yo aconsejo hacer media hora de plegaria personal todos los días y estudiar el tema a fondo. La Guemará misma nos dice aquí que si uno no se cuida en medida suficiente, no hay posibilidades de salvarse de esta transgresión. Y todo aquel que tenga aunque sea una idea de espiritualidad va a entender lo que estoy diciendo.

Lo mismo con respecto a las malas lenguas. Todos sabemos cuántos libros escribió el Jafetz Jaim y cuánta difusión tiene el tema y, a pesar de todo, cada persona es consciente de lo difícil que es evitar las malas lenguas, tal como afirma la Guemará misma. Pero la Guemará también afirma que, si nos cuidamos, podemos salvarnos de esta transgresión.

Así como hace falta un gran esfuerzo para salvarse de tener pensamientos pecaminosos, así también hace falta un gran esfuerzo para adquirir esta conciencia básica de que, incluso con todas las plegarias, y todos los méritos y todas las mitzvot, e incluso si hemos rezado mucho y con gran concentración, Hashem **no nos debe nada** y todo lo que tenemos o no tenemos, es todo con gran compasión, y tenemos una inmensa deuda de gratitud con Hashem, que cada día se hace más grande.

¿Qué hice, al fin y al cabo?

El interrogante que hay que responder es: ¿Cuál es el gran pecado en todo esto? Y para responderlo, veamos lo que dice el Shulján Aruj, el Código de Leyes Judías: el Shulján Aruj dice que no sólo que se trata de una transgresión, sino que es una transgresión que invoca una acusación inmediata contra la persona. Veamos, entonces, lo que establece la halajá, la ley judía sobre este tema:

En el libro Shulján Aruj, que es la base de la ley judía, y que es incumbente sobre cada persona judía, dice así: "El individuo deberá rezar por medio de súplicas, como un mendigo que pide en la puerta". [2] O sea que tenemos que presentarnos ante Hashem como un mendigo que tocó a la puerta para pedir caridad, y que no tiene derecho a exigir nada, que solamente pide que le tengan compasión y le den unas cuantas monedas. Ahora bien: esto no se trata de un mero "juego de palabras", como esas personas que te piden algo y dicen "por favor", pero con un tono que expresa exactamente lo contrario, como si les debiéramos algo. Obviamente, son personas educadas que aprendieron en el jardín de infantes a decir "por favor" cada vez que piden algo, pero lo que no aprendieron, ni en el jardín de infantes ni después, es el verdadero significado de esta expresión.

En el ámbito de plegaria no ocurre lo mismo. Para que la plegaria ejerza su efecto, tiene que ser dicha realmente como una súplica, como un mendigo que pide caridad en la puerta. Pero esperen, esto es solamente el comienzo...

Lo más "interesante" llega más adelante. El Shulján Aruj repite palabras muy claras: "Uno no debe pensar: 'El Creador debería cumplir con mi pedido debido a que recé con concentración' ya que eso, por el contrario, puede invocar los pecados cometidos por esa persona, sino que deberá pensar que Hashem actuará por bondad. Y dirá en su corazón: 'Quién soy yo, al fin y al cabo, alguien pobre y humilde, que viene a hacerle un pedido al Rey de Reyes, el Santo Bendito Sea, en aras de Su gran compasión'".

Vemos entonces que el Shulján Aruj afirma lo mismo que Rashi y el Rashbam en la Guemará, y además cita las palabras de la Guemará en el Tratado Brajot, respecto a que esto invoca los pecados del individuo.

---

2 Oraj Jaim, 98:3

Una exigencia básica

Es importante aclarar que no estamos hablando aquí de un "elevado nivel espiritual" sino de la ley básica, o sea, de una exigencia básica que se le exige a cada persona judía. Y da miedo pensar que está hablando de una transgresión muy frecuente, que, según la Guemará, casi toda la gente comete, pero que, por otro lado, es tan peligrosa. La única solución para esto son las palabras de los comentaristas de la Torá que mencionamos antes, y que dan testimonio de que, si uno procede con cuidado, puede salvarse de esta transgresión, rezando como es debido y obrando maravillas sin nadie que lo acuse.

Y la forma de salvarse es estudiando el tema y recordando esto a diario, pero la forma más segura es por medio de la gratitud, porque, al dar las gracias, uno da testimonio de que todo lo que posee en la vida es todo por bondad del Creador.

En términos generales, el principio básico de la gratitud es la emuná simple que también fue instituida como una ley en el judaísmo. Los libros de halajá no son libros de mística ni libros de ética, sino libros que contienen leyes incumbentes a cada persona judía, sea quien fuere.

¿Y por qué es tan importante recalcar que se trata de una ley? Para dejar en claro que no se trata de "niveles de piedad" ni de "hábitos opcionales o voluntarios" sino de reglas imprescindibles para todo ser humano.

En todos los libros que escribí sobre el tema de la emuná y la gratitud no pensé ni un instante en enseñar cosas que estuvieran más allá de las exigencias de la ley, sino que mi único objetivo es dar una guía sobre cómo cumplir con las leyes establecidas y despertar el corazón de la gente para que entiendan que se trata de una obligación absoluta relacionada con la emuná básica y la rectificación del alma de la persona en este mundo.

Por ejemplo, el Shulján Aruj establece que la persona judía tiene el deber de vivir según la premisa básica de que "todo lo que hace Hashem, lo hace para bien". Esta es una halajá, o sea, una ley del judaísmo[3]. Todos los libros y los artículos que escribí sobre el tema de la gratitud no son ideas mías propias, sino que son solamente indicaciones prácticas de cómo aplicar esta halajá básica en la vida cotidiana.

Y con respecto a la actitud de que "no me merezco nada", tenemos que ser conscientes de que se trata de una exigencia de la ley que figura en la Guemará y que fue establecida como ley. Y al ser una halajá, una ley, quiere decir que todo aquel que se fije bien, y se esfuerce por cumplir esto incrementando sus expresiones de gratitud, podrá vivir la emuná simple de que Hashem no le debe nada. Pero si no se esfuerza, la Guemará ya dice que no se podrá salvar.

¿Por qué es tan importante?

Volvamos a la pregunta que nos planteamos antes: ¿Por qué esta falta es tan grave? ¿Qué hizo esta persona al fin y al cabo? De hecho, esto se refiere sólo al pensamiento: esta persona no mató ni robó ni profanó el Shabat ni le hizo nada malo a nadie. Solamente tuvo un cierto pensamiento. Nada más.

No olvidemos además que, después de todo, se trata de una persona que rezó con concentración. La verdad es que se merecería una felicitación. Rezar con concentración no es cosa fácil. O sea que esta transgresión es una transgresión de personas "piadosas", porque es obvio que la persona que no reza con la debida concentración no se sorprende cuando Hashem no acepta sus plegarias...

Entonces, el hecho de que esta persona, después de rezar, se haya puesto a pensar que Hashem tiene que responder a su pedido, ¿realmente es algo tan terrible? En realidad, daría la

---

3 Ibid 230:5

impresión de que es un pensamiento absolutamente normal y aceptable, porque sabemos y está escrito que "Hashem escucha las plegarias" y por eso, uno espera que Él estuche también la suya, ¿no? Este "tzadik" que rezó tan bien, por un solo pensamiento "inocente" ¿acaso se convierte de repente en un pecador?

Otra pregunta que surge es que la expectativa de que la plegaria que hemos ofrendado sea aceptada de hecho está basada en muchas fuentes bíblicas y rabínicas que tratan del poder de la plegaria, como, por ejemplo, cuando se dice que la plegaria es capaz de modificar la naturaleza y que toda la abundancia que recibe la persona es en conformidad con sus rezos, etc. Entonces ¿por qué es un error tan grave pensar que después de haber rezado me merezco recibir la solución a mis problemas?

Otras tantas preguntas

Otra pregunta que surge es: ¿cómo se puede equiparar este pensamiento con un pensamiento pecaminoso o con el hecho de hablar mal de otra persona? Veamos... Los pensamientos pecaminosos son muy graves, porque pertenecen a la categoría de transgresiones relacionadas con la inmoralidad, y son incluso peores que el pecado mismo debido a que contaminan el cerebro. O sea que se entiende que esta clase de pensamientos se consideren como pecados reales. Lo mismo con respecto a las malas lenguas: a causa de las malas lenguas fue destruido el Templo Sagrado y por ese motivo hasta el día de hoy estamos en el exilio. Pero ¿pensar que mi plegaria tiene que ser aceptada es algo tan grave, hasta el punto de ser equiparado con estos otros dos pecados tan serios?

Y otra pregunta más difícil aún: ¿Por qué esta transgresión invoca nuestras faltas? Hay transgresiones muy graves que no invocan un juicio inmediato. Uno de los rasgos de Hashem es que es paciente: Hashem es paciente con los pecadores. Entonces ¿por qué en este caso hay una acusación inmediata sin ninguna manifestación de paciencia? ¿Cómo es posible que el premio por haber rezado con la debida concentración sea precisamente un castigo?

Y una última pregunta: ¿Por qué Hashem hizo que esta transgresión sea tan frecuente y tan peligrosa y exija un esfuerzo tan grande y un trabajo espiritual tan minucioso? Hashem nos creó con una mala inclinación y un sistema de mitzvot. Si hay una transgresión muy habitual, como, por ejemplo, el robo o la inmoralidad, al parecer se trata de algo básico en la rectificación del ser humano. Pero en lo relativo a esta transgresión, todavía no hemos logrado entender cuál es la transgresión en este caso y mucho menos cuál es el principio básico en este caso para que desde el Cielo quieran que hagamos un esfuerzo especial.

El más grande bochorno

Y ahora, con la ayuda del Cielo, vamos a responder a todas estas preguntas.

¿Por qué es tan grave pensar que "Hashem me debe" ?

La respuesta es que no existe un bochorno ni una vergüenza más grande que decir de alguien que no cumple con sus compromisos. Una de las cosas más avergonzantes que se puede decir de una persona es que le debe dinero a otra y no le paga. Piensen en una personalidad muy respetada que va por la calle y alguien le grita: "¡Estafador! ¿Por qué no me pagas lo que me debes? ¿Por qué me estafas?".

Qué tremenda vergüenza. Cualquier persona con un mínimo de auto-estima es incapaz de salir a la calle de la vergüenza que siente después de un bochorno semejante. Y la vergüenza es igual de grande incluso si las acusaciones son falsas, porque las demás personas que las escuchan no saben que, no sólo que no le debe ningún dinero, sino que, al revés, ¡le deben a él! Esas personas piensan que tal vez las acusaciones sean ciertas. Y además es obvio que la persona honesta que es acusada de algo así va a querer limpiar su reputación de inmediato.

Yo no estoy hablando de emuná. Estoy hablando de ética. No hacerse cargo de las deudas que uno tiene con otras personas es una total falta de ética. La persona que no les paga a sus empleados lo que les debe es considerado por la Torá un "estafador". Entonces puedes imaginarte que si sientes que te deben algo, de hecho, estás diciendo que el Creador tiene una deuda contigo y no te la paga. O sea que piensas que Él te está "estafando", (Dios no lo permita). Esta es una acusación gravísima y una falta de respeto hacia el Creador.

Además, es una falta de emuná, porque todos tenemos fe en que Hashem es la máxima expresión de bien, de bondad, de verdad, de justicia, de integridad. Acusar a Hashem de no que no cumple con Sus compromisos es una total herejía, ya que Su primer rasgo es el de la Verdad.

Y tal como ya hemos mencionado, el hecho de que estés acostumbrado a pensar así o escuchar quejas como estas de ningún modo hace dichas quejas sean legítimas. Tanto si lo calificas de "tristeza" o de "expectativa de recompensa después de la plegaria", o "amargura interna" o "impaciencia" por no haber recibido aún la salvación que esperabas, eso es solamente la fachada externa que oculta una gravísima acusación y una gran humillación al Creador.

Muchísimo más grave

Cuando nos referimos al Creador, la humillación es muchísimo más grave, por dos motivos:

El primer motivo tiene que ver con la corrupción ética implícita en el hecho de no pagar las deudas contraídas. Hay que diferenciar entre la falta de ética de aquel que tiene dinero para pagar sus deudas pero no las paga y la de aquel que no las paga porque no tiene los medios. Si bien el hecho de "no tener" no es una excusa válida para no pagar las deudas, de todos modos, el que sí tiene y no paga está cometiendo una falta ética muchísimo más grave, que borda en la corrupción.

Todos tenemos fe en que el Creador es el Dueño de todo y que todo Le pertenece. Por lo tanto, al alegar que Hashem te debe algo a lo cual tienes derecho, estás acusando al Creador de la peor forma de corrupción (Dios no lo permita).

Imagínense que un millonario que viaja siempre en automóviles último modelo y cena en los restaurantes más caros que le debe veinte mil dólares a un hombre pobre que está lleno de deudas y que quieren embargarle el departamento y además tiene que pagar una fortuna al banco por intereses de las deudas acumuladas y ¿saben por qué? ¡Porque el millonario no le paga lo que le debe! Para el millonario, veinte mil dólares es una nada, mientras que, para el hombre pobre, esa misma suma es como el mismo oxígeno que tiene para respirar.

Si rezaste por algo, obviamente es algo que te importa mucho, que anhelas con toda tu alma. Para Hashem no es ningún problema darte eso que Le estás pidiendo. Si piensas que Hashem no te da aquello a lo cual tienes derecho, quiere decir que, en tu opinión, Hashem es exactamente igual a ese millonario insensible (Dios no lo permita).

Este es el principal motivo por el cual pensar que Hashem te debe algo y no te lo da es **la acusación de corrupción más grave que existe.**

Un bochorno y un descaro

Otro motivo de lo antedicho es el grado de descaro que implica tal humillación. Porque incluso cuando una persona realmente te debe algo, tienes prohibido recordárselo a menos que sea absolutamente imprescindible. Esta es una prohibición explícita. ¿Y por qué está prohibido? Porque le causa a la otra persona una gran aflicción, ya que no hay nada peor que la vergüenza y, como ya hemos dicho, esta es la más grande vergüenza, y uno sufre más que si hubiera perdido dinero, **incluso en el caso de que uno realmente esté en deuda.**

Por lo tanto, si el hecho de recordarle a alguien que sí nos debe dinero es una humillación, mucho más es echarle la culpa a alguien que no nos debe nada. Y muchísimo peor todavía si sucede exactamente lo contrario: que el acusador es precisamente el que está endeudado con el acusado. El descaro en este caso es algo imposible de describir con palabras.

Entonces, la respuesta a la pregunta que habíamos formulado -por qué es una falta tan grave el hecho de pensar que tenemos derecho a que nuestras plegarias sean respondidas- es que se trata de una terrible humillación para Hashem y además una total insolencia. Porque estamos acusando a Hashem de, por así decirlo, comportarse como una persona corrupta que, teniendo la capacidad de dar, no lo hace y lo peor de todo es que, en realidad, ocurre exactamente lo contrario: que nosotros Le debemos a Él.

Esta clase de pensamientos son de hecho una manifestación de herejía, pero para entender mejor, enfatizamos precisamente el aspecto ético. Y si lo enfocamos desde el punto de vista de la emuná, ¿quién es capaz de pensar siquiera que Hashem le debe algo a alguien? Nosotros tenemos total emuná en que Hashem creó todo este mundo por benevolencia y que Él lo sostiene y nos sostiene a todos por pura bondad, como un regalo inmerecido que Él quiere darnos y tenemos total emuná en que Hashem es tzadik (justo, santo) y compasivo y misericordioso y solamente bueno y benefactor y que siente por nosotros un amor eterno e infinito.

Además debemos tener en cuenta que el ser humano es el que Le debe al Creador un sinfín de favores y de bondades que le hizo y en particular siendo que la persona tiene una deuda tan grande y una montaña de pecados y transgresiones y si en el Cielo deciden abrir los libros para ver cómo están las cuentas, la pobre persona no va a saber dónde esconderse de la tremenda vergüenza y el miedo que va a sentir. Pero, a pesar de todo, Hashem continúa dándonos y prodigándonos bondades, tal como reconocemos en la bendición llamada "HaGomel": "Aquel que le concede bondades a los deudores", cuya interpretación más simple es que Hashem les hace favores a las personas que están en deuda con Él, o sea, todos nosotros.

Incluso las mitzvot que nos dio Hashem son solamente para "darle méritos a Israel", o sea que el cumplimiento de las mitzvot es un mérito para nosotros y no convierten a Hashem en deudor en absoluto. Y la recompensa por las mitzvot es una enorme bondad del Creador. Hashem nos recompensa no porque nos deba algo sino porque Él es Bueno y Benefactor y nos da la oportunidad de recibir Sus bondades **como si** nos estuviera pagando por algo.

De hecho, incluso las plegarias que elevamos no son motivo para merecer un premio sino, al contrario, son un motivo más para estar en deuda con Hashem. Porque además de todas las bondades que Hashem te hace, se te da la increíble oportunidad de reunirte con Él y hablar con Él cuanto te plazca.

¡Hasta qué punto estamos en deuda con Hashem por el mérito de hablar con Él y rezarle a diario! Después de cada plegaria, deberíamos sentir todavía más vergüenza y deberíamos sentir que estamos más en deuda con Hashem. Siendo así, ¿cómo es posible que tengamos el descaro de pensar que "tenemos derecho" a que se respondan nuestras plegarias? ¡Es algo increíble! Después de una muestra de bondad tan grande por parte del Creador, ¡dar vuelta todo y encima humillar al Creador es la máxima expresión de ingratitud!

Me parece que ahora se entiende por qué esto es un pecado. E incluso siendo solamente un pensamiento, por ser un pensamiento de humillación y de herejía, es de enorme gravedad. Y también se entiende por qué invoca semejante acusación contra la persona: porque Hashem es Justo, y cuando en el mundo surge una queja y una acusación, es necesario "limpiar", por así decirlo, el Nombre de Hashem.

Cuando un dirigente público es acusado de corrupción, si realmente se trata de una persona honrada, entonces él mismo va a exigir que se lleve a cabo un juicio y va a estar dispuesto a pararse frente al tribunal a fin de aclarar su situación, desmentir los rumores y cuidar su reputación.

Lo mismo ocurre en el Cielo. Cuando alguien acusa a Hashem, en el Cielo de inmediato se encargan de aclarar el asunto y limpiar el Nombre de Hashem. Se convoca a un "juicio urgente" y se abren los libros de esa persona para ver si sus acusaciones son ciertas y tienen fundamento.

Todavía no hemos empezado a dar las gracias

Tenemos que ser conscientes de que todas nuestras mitzvot y nuestra gratitud son solamente un descuento en una larga fila de deudas que no hace más que crecer. Eso es lo que decimos en la plegaria Nishmat Kol Jai – El alma de todo ser vivo:

"Si nuestra boca estuviera llena de canto como el mar, y nuestra lengua de júbilo como el de sus muchas olas, y nuestros labios de alabanza como las amplitudes del cielo, y nuestros ojos alumbraran como el sol y las estrellas, y nuestros pies manos estuvieran extendidas como las águilas del firmamento, y nuestros pies fueran ágiles como los de los venados, no nos bastaría para agradecerte oh Eterno, nuestro Dios y Dios de nuestros padres, y bendecir Tu Nombre, nuestro Rey, por una de los miles y millones y billones de miles de veces, las bondades, milagros y maravillas que has hecho con nosotros y con nuestros padres"

Todos nosotros conocemos esta plegaria y la recitamos todo el tiempo, pero... ¿acaso realmente somos conscientes de lo que estamos diciendo?

Para poder hacer esto más accesible al lector contemporáneo, es como si dijéramos:

Si tuvieras el mérito de recitar los Salmos, no sólo de la mañana a la noche, sino las veinticuatro horas del día sin parar, durante mil años consecutivos, ¡todavía no habrías devuelto ni una millonésima parte de la deuda que tienes con el Cielo!

Ese es el significado de lo que dice el Nishmat Kol Jai.

Dices que te concentraste en el rezo. ¿Acaso eso significa que Hashem te debe algo?

No.

Al contrario. Eso hace que estés en deuda con Hashem un millón de veces más que antes, porque todo lo que decimos en Nishmat Kol Jai se refiere únicamente a las cosas materiales, a la vida, al aire que respiramos y a la comida que comemos, a la salud y a la ropa, e incluso por todo esto no llegamos a dar las gracias en la medida suficiente.

Pero con respecto a lo espiritual – de eso ni siquiera hemos empezado a hablar...

Por lo espiritual no hay forma de retribuir las bondades de Hashem, porque incluso si das las gracias un millón de veces, ni siquiera has empezado a dar las gracias por una sola mitzvá que tuviste el mérito de cumplir. **Porque por lo espiritual no podemos dar las gracias.**

Por lo tanto, por la espiritualidad, por la Torá, por las mitzvot, por la emuná, por la plegaria con fervor, por la gratitud a Hashem – no tenemos forma de empezar siquiera a dar las gracias. Todas las expresiones de agradecimiento que se dijeron en el mundo a cargo de todas las personas que han existido no son suficientes para empezar a dar las gracias siquiera por una sola mitzvá pequeña que el Creador con Su gran compasión nos dio el mérito de cumplir.

En la vida hay una sola deficiencia

Por eso, conviene que repitamos una y otra vez a lo largo de la vida que nosotros, al fin y al cabo, somos solamente "autoestopistas" y "huéspedes", que con enorme bondad fuimos invitados a la gran mesa del Creador del mundo y que hemos recibido de Él regalos inmensos de Su mano generosa, llena, rica y abierta. Y el principal regalo que hemos recibido es la vida misma. Y cada persona tiene otros tantos regalos propios e individuales que le hizo el Creador. Incluso un techo bajo el cual cobijarse, pan para comer, y ropa para vestir no son cosas que se puedan dar por sentadas, sino que son pura benevolencia y regalos inmerecidos. Y además de todo esto, Hashem nos da también esos diamantes tan preciados que son la Torá y las mitzvot. Después de todo esto, deberíamos sentir mucha vergüenza ante el Creador y una inmensa alegría y gratitud.

En vez de pasarnos el día pensando "qué me falta", deberíamos pensar "cuánta gratitud Le debo al Creador por todo lo que me ha dado, por cada segundo de vida". Deberíamos sentir a cada instante cuánta gratitud le debo al Creador y entender que tengo una sola deficiencia: ¡que todavía no Le he dado las gracias en medida suficiente!

Únicamente cuando sentimos esto, podemos hacerle un pedido al Creador. ¿Saben por qué? Porque el Creador es compasivo y nos dice a cada uno de nosotros: "¿Qué más quieres? ¡Solamente pídelo y Yo te lo daré! Más de lo que tú deseas recibir, Yo quiero darte y beneficiarte". Esa es la esencia del Rey de Reyes, y ese es Su único anhelo. Cuando Hashem nos da, Su Nombre se agranda y se revela Su soberanía en el mundo. Pero solamente a condición de que realmente Le pidamos un regalo gratuito y no vengamos con "exigencias".

Cuando uno comprende que nadie le debe nada, ahí es cuando empieza a pedir desde un lugar de vergüenza: sintiendo que no se lo merece y que todo lo que recibió hasta el día de hoy fue todo un regalo inmerecido, y que el solo hecho de poder pedir es un mérito que no se puede dar por sentado.

No ignores la realidad

El parámetro para ver si realmente sientes esto es cuando no te dan lo que quieres. Si en ese caso no te rebelas ni te quejas y no te lamentas ni te pones triste, ni te sorprendes por el hecho de que rezaste y no recibiste, eso quiere decir que realmente sientes que nadie te debe nada y que únicamente pides un regalo gratuito.

Sin embargo, si te pones triste y te desilusionas incluso en lo más profundo de tu corazón, sin mostrarlo hacia afuera, eso quiere decir que piensas que se te debe algo y que no has recibido aún todo lo que te mereces. Esto es un total absurdo.

La persona que no entiende que esto es la base y la premisa de todo en la vida está viviendo una mentira. La verdadera plegaria recién comienza cuando uno siente humildad y que nadie le debe nada.

Grábate esto bien profundo en el corazón: todo Le pertenece al Creador y todo es con gran compasión. Y con ese sentimiento, párate a rezar, y recuerda que el solo hecho de que desde el Cielo te den la oportunidad de rezar y dar las gracias es una tremenda bondad.

Esto es también lo que dice la Mishná: "Si estudiaste mucha Torá, no te adjudiques el mérito, porque para esto fuiste creado"[4]. Incluso por la Torá, que es la cosa más grandiosa que existe en el mundo entero, ya que "el estudio de la Torá equivale a todos los otros preceptos"[5], si te atribuyes el mérito a ti mismo, estás completamente equivocado.

---

4 Avot cap. 2

5 Peá cap. 1

Cabe destacar que no estamos refiriéndonos únicamente a los pensamientos que uno tiene de sus plegarias sino incluso a cualquier otro pensamiento. Por ejemplo, cada queja que uno emite por las cosas de la vida que no le van bien, etc, es ignorar la realidad y olvidar que somos meramente huéspedes a la mesa del Creador, Quien nos da de comer, nos sustenta, nos dirige y nos conduce con gran compasión. Nadie nos debe nada. Nosotros somos los que estamos en deuda eterna.

El punto de partida de la gratitud

¿Ahora entienden por qué hago esta introducción al empezar un libro que trata de las salvaciones de la gratitud?

¡Porque esta es la premisa básica de la gratitud!

Si uno no entiende esto, jamás podrá realmente dar las gracias. Al contrario: va a sentir que se merece toda la honra, todas las salvaciones, toda la abundancia, ya que él "Le hace un favor" a Hashem al darle las gracias... En ese caso, incluso si dice "gracias", no tiene idea de lo que está diciendo, y no siente verdadera gratitud. Es como si Le dijera a Hashem: "Si antes de dar las gracias, yo sentía que me debes algo, ahora siento que me debes mucho más, porque, además de todo, ¡ahora di las gracias!".

¿Qué clase de gratitud es esta?

Es tan absurdo que hay incluso quienes dicen: "Rabino, di las gracias media hora todos los días durante un mes entero. ¿Por qué no recibí la salvación que estaba esperando?". Tras esta pregunta se oculta la sensación de que, si he dado las gracias, entonces el Creador está obligado a salvarme. ¡Él **tiene** que salvarme!

Estas personas no se dan cuenta de que se están contradiciendo. Porque la esencia misma de la gratitud es sentir que no me merezco nada y que todo es pura bondad del Creador y por eso doy las gracias...

El único objetivo del agradecimiento es vivir la realidad simple de que Hashem no me debe nada.

La clave de la buena vida

Todo esto no es algo que yo diga recién ahora, sino que, gracias a Dios, es algo que vengo diciendo hace muchos años: "Siempre tenemos que dar las gracias, porque, al fin y al cabo, solamente somos huéspedes" "No me merezco nada; gracias, Dios mío, por todo". Estas palabras son la clave de la gratitud.

Cuando entendemos esto, podemos empezar a vivir una vida buena y dulce y cada cosa buena que recibimos la aceptamos con enorme gratitud y con alabanzas.

Y volviendo a la historia con la cual dimos inicio a este libro, la historia de la mujer sin hijos que fue a consultar al Rabino Shlomo Zalman Auerbach zt" l. Ahora empezamos a entender las palabras del rabino. Él simplemente quería salvarla. Ella lloraba desconsoladamente diciendo que rezaba y rezaba y Hashem no le respondía. O sea que ella sentía que Hashem le debía hijos a causa de sus plegarias. Y el tzadik se dio cuenta de que la queja de la mujer iba a despertar una acusación en su contra y por eso decidió decirle la verdad: que Hashem no le debe nada, y no tiene por qué darle hijos. El rabino le dijo esto sabiendo que ella se iba a estremecer ante semejante respuesta, para que, por un lado, ella se salvara de la acusación y, por el otro, hiciera un cambio drástico en su forma de pensar, para que así pudiera rezar de la manera debida y realmente obtener la salvación que tanto esperaba.

Plegaria o exigencia

Cuántas veces oímos que la gente se queja de que reza y no Hashem no los escucha, o que van a rezar a las tumbas de los tzadikim o cumplen con alguna segulá como, por ejemplo, los cuarenta días de rezos consecutivos en el Muro de los Lamentos (Kotel HaMaaraví) y a pesar de eso, no se salvan. Esto se debe únicamente a que no comprenden lo que acabamos de explicar: que su plegaria no es una plegaria sino una exigencia. Cuando uno dice: "Me lo merezco y tienes que dármelo" – esa plegaria no es respondida.

No digas "Pero yo pedí un regalo gratuito y además di las gracias". Es verdad. Diste las gracias con la boca, pediste un regalo gratuito de la boca para afuera, pero dentro del corazón estabas seguro de que te merecías todo lo que pedías. Y la prueba es que cuando no lo recibiste, te quejaste y te pusiste triste.

La plegaria se denomina "rajamei", o sea, "compasión". Eso significa que no me merezco nada y que Le pido a Hashem que me tenga compasión. Si sientes que te lo mereces, entonces no vas a pedir compasión, sino que vas a pedir lo que te mereces por derecho propio. Por eso, si esperas que tu pedido sea concedido, y te enfadas porque no entiendes por qué no se cumple tu pedido, entonces, incluso si dijiste "Apiádate de mí", esas son solamente palabras sin contenido. Pediste "trátame con compasión", pero en el corazón sentías "me corresponde".

Amor, compasión, regalo gratuito y gratitud son conceptos relacionados entre sí. No son "palabras mágicas" sino verdades que cada persona debe sentir dentro de su corazón.

¿De veras sientes lo que estás diciendo?

Llegó el momento de gritar a viva voz que la frase "regalo gratuito" no es una redundancia ni un juego de palabras. No es un lema ni un eslogan ni una palabra mágica. "Regalo gratuito" es una sensación real de que **Hashem no me debe nada**, y además, quién soy yo para pedirle algo a Hashem. Pero, a pesar de todo, yo creo que Él es compasivo y generoso y es todo amor y Él les da regalos gratuitos incluso a aquellos que realmente no se lo merecen

Llegó el momento de aclarar que la gratitud que obra maravillas es únicamente aquella que es verdadera, que proviene de la genuina humildad del corazón.

Esto no se limita a la hora del rezo, sino al momento mismo en que uno abre los ojos al despertarse a la mañana, cuando dice "Modé Aní" – Doy las gracias – con la conciencia de que el solo hecho de poder abrir los ojos una vez más es una inmensa bondad del Creador y la máxima expresión de amor de Su parte. Y como se suele decir: "El resto es bonificación...".

Pero si algo no te sale bien, y cada persona te pone nervioso, y cada cosa mala te saca de quicio, entonces quiere decir que cuando dices "Gracias a Dios que respiro. El resto es bonificación...", no lo dices de verdad. No lo sientes realmente. Son solamente palabras de la boca para afuera.

La emuná sincera

Para realmente sentir esto, ya empezando con la frase que decimos cada mañana, "Modé Aní", empieza a dar la gracias por toda la bondad que te rodea. Únicamente así podrás salvarte de todas las desilusiones y toda la amargura y la tristeza que te invaden. Y entonces tienes posibilidades de salvarte de esta transgresión tan común de "tener pensamientos" acerca de la plegaria, porque entonces tu plegaria será dicha con vergüenza y con alegría, con emuná y con valoración, y Le vas a pedir a Hashem solamente un regalo gratuito y verdadera compasión.

Si realmente quieres hacer algo bueno por ti mismo y por todo el mundo, adopta esta forma de pensar: ¡Hashem no te debe nada y todo lo que tienes es realmente un regalo gratuito y una bonificación!

Para esto, tenemos que rezar y pedir una "emuná verdadera y sincera", o sea, que esto pase a formar parte de nuestra conciencia

Esto se debe a siete motivos:

1. Esta es la verdad y nadie quiere vivir una mentira.

2. Este es el comportamiento ético que se espera de nosotros para con el Creador, Quien solamente nos beneficia. Nadie quiere ser ingrato ni descarado con el Creador, porque esas son las peores faltas que una persona pueda tener.

3. Esto constituye la base de la verdadera emuná. La emuná en que Hashem es bueno, que es tzadik (justo) y que es compasivo. La emuná en que todo es pura bondad.

4. Esta es la única manera de alcanzar el amor a Hashem. Porque mientras uno piense que Hashem le está negando aquello que le debe, no va a poder sentir el amor de Hashem y no va a poder devolverle ese amor.

5. Esta es la única manera de rezar de verdad y dar las gracias de verdad y así poder ver salvaciones y maravillas y salvarse de las cosas malas.

6. Esta es la única manera de alcanzar la verdadera humildad. La humildad empieza cuando uno se da cuenta de que nadie le debe nada y que sus propios logros espirituales son solamente una bondad del Creador.

7. Esta es la única manera de traer la Redención Final (Gueulá), ya que esta depende de la emuná, tal como enseña Rabí Natan de Breslev: "La esencia de la Redención

depende de la emuná"[6] y la Redención depende de la humildad, tal como enseña Rabí Najman: "Cuando veas que la humildad aumenta en el mundo, sabrás que está por llegar la Redención".[7]

Tenemos que internalizar este principio básico muy bien y por eso inicié este libro con él.

El mérito de dar las gracias es la más grande bondad que existe en el mundo, incluso más que la vida misma. Uno pensaría que es la vida, tal como está escrito: "¿Por qué habría de quejarse el hombre que está con vida? El hombre por sus pecados"[8]. El hecho de que estás con vida ya es motivo suficiente para no tener nada de lo que quejarte.

Pero ¿cuál es el propósito de la vida? El objetivo de la vida es agradecerle a Hashem. Si uno vive y no Le agradece a Hashem, su vida no es vida. Por lo tanto, si la vida es la más grande bondad que podemos concebir, entonces el objetivo de la vida, que es la gratitud, es una bondad más grande que la vida misma.

Por lo tanto, la más grande gratitud es dar las gracias por la gratitud misma, ya que este es el objetivo de la vida, el objetivo de cada cosa en la vida. Es el sentido de la vida y de la existencia.

Subiendo por la escalera

Si le das caridad a un pobre, te va a dar las gracias por el dinero que le diste.

Pero ¿para qué necesita dinero? Para comprar comida, ya que el objetivo del dinero es comprar comida.

Por lo tanto, la gratitud tiene que ser por la comida.

---

6 Kitzur Likutey Moharán – primera parte – 7:1

7 Sefer HaMidot – Humildad - 10

8 Lamentaciones 3:39

Pero ¿para qué necesita comida? Para vivir, ya que el objetivo de la comida es conservar la vitalidad.

Por lo tanto, la gratitud tiene que ser por la vida.

Fíjense que cuanto más alto sube la gratitud en la escala, más poderosa se vuelve.

La gratitud por la comida es más fuerte que la gratitud por el dinero. Y la gratitud por la vida es más fuerte que la gratitud por la comida.

Ahora, subamos un escalón más: ¿Para qué necesitamos la vida?

¿Para qué necesitamos salud? ¿Para qué necesitamos respirar?

O sea: ¿cuál es el objetivo de la vida?

El objetivo de la vida es conocer a Hashem y conectarnos con Él y darle las gracias y alabarlo.

"Este pueblo lo creé" – ¿para qué? Para que "cuenten Mis alabanzas".

El objetivo de la vida es darle las gracias a Hashem.

Resulta, por lo tanto, que la gratitud por la gratitud es la más poderosa que existe y la más significativa.

La gratitud por la gratitud es todavía más fuerte que la gratitud por la vida.

Dice el Rey David en el Libro de Salmos: "Pues Tu bondad es mejor que la vida; mis labios Te alabarán."[9]

¿Qué significa este versículo?

---

9 Salmo 63

Así lo explicaba el tzadik que parecía un ángel de Dios, Rabí Ezra Attia, director de la yeshivá "Porat Yosef":[10]

"Existe una benevolencia que es más elevada y más sublime que la vida misma. ¿Cuál es? "mis labios Te alabarán" – el mérito de alabar a Hashem es la más grande benevolencia que existe, más grande aún que la vida misma.

Pregunta la Guemará: "¿Qué dice el público cuando el jazán (cantor) dice "Modim" ?

El Amoraíta llamado "Rav", que fue el más grande amoraíta de la historia, dice así: "Nosotros Te agradecemos, Hashem, nuestro Dios, por poder darte las gracias".

Y Rashi explica: "Por infundir en nuestro corazón el estar apegados a Ti y darte las gracias".

El regalo más bello

"Gracias" no es una mera palabra. Gracias es emuná. Y no cualquier emuná, sino el conocimiento de todos los principios de emuná. Gracias es una verdad profunda. Gracias es humildad y sumisión. Gracias son los buenos modales básicos que toda persona debe tener. Y gracias es también "el deleite del mundo venidero", o sea, nuestro deleite en el mundo eterno.

El mérito de dar las gracias y alabar a Hashem en este mundo es el regalo más bello y más grande que el Creador nos dio.

Teniendo esto en cuenta:

Si cuando empiezas a darle las gracias a Hashem, crees que Le debes a Hashem un millón de gracias, entonces, después de que Le das las gracias, deberías sentir que ahora Le debes mil millones de gracias, porque además de toda la bondad que Él

10 Or LeTzion – Jojmá VeMusar

hizo contigo, también te dio el mérito de agradecer, ¡así que ahora Le debes mucho más!

Presten atención: en varias ocasiones he dicho que en el momento de aflicción es mejor agradecer que rezar. Esto se debe a que al rezar uno puede caer en el lloriqueo y sentir que "se merece" lo que está pidiendo y eso despierta una acusación en su contra, que cierra todas las puertas de las salvaciones. Por eso, solamente hay que dar las gracias, y al dar las gracias de verdad, uno tiene que saber que no merece nada y que todo es pura bondad y entonces se le abren todas las puertas y llegan todas las salvaciones maravillosas.

El objetivo es que des las gracias y entonces tus oídos escuchen lo que dice tu boca y te digas a ti mismo: "¿Qué estoy diciendo? Estoy diciendo "gracias" al Creador. ¿Y por qué digo gracias? En primer lugar, para recordar que el Creador no me debe nada y de esa manera sentiré que Él me ama y que todo lo que hizo conmigo hasta ahora es únicamente por mi propio bien. Y por eso doy las gracias con alegría: para vivir la verdad y la emuná verdaderas.

Si das las gracias y piensas que te mereces la salvación, entonces has errado el blanco. El objetivo de la gratitud es llegar a la emuná. Punto. Y cuando llegas a la emuná, te conectas con Hashem, que es la Fuente de la abundancia y de todo lo bueno y de todas las salvaciones y entonces ves milagros y maravillas.

La única salvación

Yo siempre digo que la más grande salvación es poder vivir la verdad, aferrarnos a la emuná y no caer en la herejía. Esa es la única salvación que existe en este mundo.

Cuando uno reza y Le pide a Hashem que le envíe la solución que necesita a sus problemas, ¿cómo tiene que rezar?

Tiene que rezar así:

"Amo del universo, el peligro más grande de este problema que tengo es que pierda la emuná en Ti, que piense que Tú haces algo malo, que viva una mentira, que caiga en la depresión y que me queje constantemente, que olvide cuánto me amas. Amo del universo, la más grande salvación que espero de Ti es, en primer lugar, vivir con emuná, vivir con verdad, tener fe en que todo es para bien, no sentirme con derecho a recibir todo lo que quiero. Porque ¿para qué vine al mundo? ¿para juntar dinero? ¿para tener pareja? ¿para que tengamos hijos? ¿para que sea una persona sana? No. No es ese el objetivo para el cual vine al mundo. Yo vine al mundo para conocerte y estar conectado a Ti todo el tiempo. Entonces, lo que quiero obtener por medio de mis plegarias es, en primer lugar, emuná. Porque si tengo emuná, ya tengo todo lo que necesito.

Y debido a que corro peligro de perder mi emuná debido a este gran problema que tengo, por eso Te quiero dar las gracias todos los días media hora por este problema en forma específica, para que siempre tenga presente que todo es para bien y que todo es con gran compasión, y que nadie me debe nada, y en especial Tú, no me debes nada, y que Tú siempre me amarás.

Que sea Tu voluntad que, en mérito de las gracias que Te daré, me salves y me protejas de todo pensamiento hereje, y que realmente sienta cuánto me amas, y entonces mi corazón se llenará de amor a Ti y, si logro eso, entonces habré hecho realidad mi más grande anhelo.

Tu escudo protector

Este es el motivo por el cual es tan importante hacer media hora de agradecimiento todos los días, que es un tema que ya traté en detalle en mis otros libros. Y es el principal consejo para arrancar de raíz esa sensación tan peligrosa de que los demás nos deben algo, o que Hashem nos debe algo. No hay otra forma. Lo principal es dar las gracias profusamente por cada carencia que sufrimos.

El Rabino Meir Abulafia dice que hay que esforzarse en forma especial con el tema de la gratitud. No es suficiente con dar las gracias una vez cada tanto. Así como debemos tener horas fijas para hacer hitbodedut (plegaria personal) e introspección, de la misma manera es necesario hacer una sesión de agradecimiento de media hora todos los días, porque sin eso, uno cae en la herejía.

Esta media hora de gratitud por las carencias, si la hacemos no con la intención de salvarnos de algún problema, sino de vivir con emuná, es un escudo protector espiritual que nos protege de todo tipo de errores, mentiras y pensamientos herejes. Y entonces nuestras plegarias son plegarias de emuná y obran salvaciones, tal como enseña Rabí Najman de Breslev: "Cuando uno tiene el mérito de alabar y agradecer a Hashem a cada momento por todo lo que le sucede en la vida, al hacerlo, logra rezar de verdad, lo cual constituye la perfección de la plegaria".[11]

El agradecimiento específico

Debido a que el peligro de caer en la herejía y la depresión nos acecha a cada momento, cada vez que nos va mal en algo, es por eso que el agradecimiento deberá ser por cada ámbito de la vida en el que no te va bien, y por cada carencia que sufres, por cada problema, tanto material como espiritual:

"Gracias por esta enfermedad. Gracias por no tener pareja. Gracias por no poder tener hijos. Gracias por tener problemas con este hijo/a. Gracias por las deudas. Gracias por las dificultades. Gracias por el sufrimiento. Gracias por la aflicción que me provoca el hecho de tener un hijo drogadicto. Gracias por el sufrimiento que tengo por sucumbir a cada tentación. Gracias por todo lo que sufro debido a mis malos rasgos de carácter, que no siempre logro superar".

---

11 Kitzur Likutey Moharán, 2da parte, 2:7

Tenemos que dar las gracias por todo, para poder vivir con total emuná y no caer en la herejía y los lamentos.

Tu misión en el mundo

Ahora podemos responder a la pregunta que había quedado pendiente: por qué Hashem hizo que el hecho de pensar que Él nos debe algo sea una transgresión tan frecuente que prácticamente ninguna persona se salva de ella.

Esto se debe a que para cada cosa que esté relacionada con el objetivo para el cual vinimos al mundo siempre vamos a encontrar obstáculos, porque de ese modo debemos realizar un esfuerzo extra y así podemos cumplir nuestro objetivo. Y debido a que el hecho de entender que Hashem no me debe nada constituye un principio básico de emuná y de la gratitud, por eso hay tantos obstáculos para alcanzar dicha comprensión.

Dado que la principal rectificación del alma en este mundo es vivir con una emuná completa, se nos exige un trabajo espiritual especial, que consiste de hacer una sesión de agradecimiento de media hora todos los días, el cual nos permitirá entender que es una herejía sentir que Hashem me debe algo y nos permitirá ser conscientes de las bondades de Hashem en cada ámbito de la vida.

Así como las malas lenguas y la inmoralidad son causa de destrucción en el mundo, y por eso la mala inclinación nos incita a caer en ellas más que en otras transgresiones, y tenemos que hacer un esfuerzo especial para protegernos, lo mismo ocurre con esto: la herejía corrompe el corazón y hace que nos surja un pensamiento aparentemente "inocente": que Hashem me debe algo. Esto provoca la destrucción de la persona y la destrucción del mundo entero y es la raíz de todo lo malo.

Por lo tanto, el pecado más grave del Pueblo de Israel, y por el cual se emitió el decreto más grave en su contra, es el pecado de las quejas y los lamentos, que están ocultando una herejía interna. Y dicho pecado también es producto de esa sensación de que los demás "me deben" algo...

La gratitud es la rectificación del mundo precisamente debido a que hace que la persona comprenda que es necesario dar las gracias y que nosotros somos los que Le debemos algo a Hashem, y no al revés. Esto, a su vez, es el conducto para que nos lleguen todas las salvaciones y milagros que esperamos y necesitamos.

¿Tienes contrato con el Creador?

Yo he hablado muchas veces del tema de la ingratitud, pero aquí encontramos un nuevo matiz con respecto a este tema. Se trata de algo mucho más básico. Uno puede escuchar mil conferencias sobre el tema de la ingratitud, pero si sigue pensando que los demás o que Hashem le deben algo, entonces todavía no entendió nada. En ese caso, uno puede dar las gracias media hora todos los días y seguir viviendo una mentira, porque no está aceptando la realidad de que todo lo que tiene en la vida es pura bondad del Creador, y un regalo gratuito y, de hecho, está renegando del Creador.

Precisamente debido a que este punto toca en la parte más sensible de los principios de emuná, Hashem nos "fuerza" a llevar a cabo un trabajo espiritual tan serio y tan profundo.

Sé consciente de tu posición. Acepta el hecho de que, al fin y al cabo, eres solamente un autoestopista, un huésped, un pobre mendigo que fue sacado de la villa miseria, y que lo único que tiene en la vida es un regalo gratuito. Llegó el momento de que tomes conciencia de todo esto.

Ahora bien: si tienes un contrato firmado donde dice que el Creador te debe algo, preséntale demanda. Y sabe que tu tristeza y tu amargura son una demanda contra el Creador. Y si ya decidiste dejar todo eso atrás, entonces veamos cómo puedes lograrlo.

¿Dónde se aprende esto? Obviamente, en la Torá.

Cada cosa que sabemos la aprendemos de la Torá. La Torá es el manual más completo para alcanzar todo lo bueno que hay en la vida.

¿Y quiénes son nuestros maestros y profesores? Los grandes sabios de Israel. No por nada una gran parte de la Torá está compuesta de "historias". No se trata de meros cuentos, sino que cada historia de la Torá contiene profundas guías escritas en forma de relato y que, al ahondar en su estudio, nos enseñan grandes lecciones de ética y de buena conducta.

Con respecto a la historia de Eliezer, el sirviente de Abraham, nuestros Sabios dicen que las conversaciones de los sirvientes de los Patriarcas tienen un nivel más elevado que la Torá de los hijos. Entonces, ¿qué podemos decir de los actos de Moisés, quien fue el fiel siervo de Hashem, y el más grande profeta que existió, además de ser el hombre más humilde sobre la faz de la tierra?

Imposible de entender

Cada pormenor de la biografía de Moisés es toda una lección de vida. Por eso lo llamamos "Rabenu", que significa "nuestro maestro". Él fue quien nos enseñó toda la Torá y quien nos sigue enseñando cómo vivir y cómo tener fe en Hashem. Estas lecciones se deducen de cada detalle de su vida.

En la Torá hay una parashá (sección) entera denominada "Vaetajanán", en la cual la Torá da testimonio de que Moisés, a la edad de ciento veinte años, contando ya con un sinfín de méritos, cuando él necesitó una salvación para sí mismo, él pidió un "regalo gratuito".

Esto resulta totalmente incomprensible.

Para poder entender esto mejor, contaremos una analogía intitulada "El padre del novio".

Había una vez un hombre que tenía un hijo al que amaba enormemente y al que crio con mucho sacrificio. El padre no le negó a su hijo ningún gusto; además le consiguió los mejores maestros y profesores y le ofreció su apoyo en forma constante. Cuando su hijo ya era un muchacho y conoció a su futura esposa, el padre se alegró muchísimo y le organizó una gran fiesta de compromiso, en la que le prometió darle un departamento con todo incluido y un automóvil último modelo, además de pagar todos los gastos de la boda y proveerle un estipendio mensual toda su vida.

Una semana antes de la boda, el padre llamó a su hijo y le dijo: "Hijo querido, puedes negarte si quieres, pero quiero pedirte algo que realmente no me merezco y no me voy a molestar si no lo haces. Quiero pedirte como un regalo de ti hacia mí, porque, de verdad, tú no me debes nada: ¿Acaso podrías invitarme a tu boda?".

El hijo se quedó callado y al final respondió: "Querido papá: lo lamento mucho, pero no. No puedo. No puedo invitarte a mi boda. Te pido por favor que no vengas".

El padre corta el teléfono y sin ninguna queja ni mueca de desilusión, se dice a sí mismo: "Mañana voy a intentarlo de nuevo".

Ahora, díganme ustedes, queridos lectores - ¿acaso esto es propio de un ser humano? Si te sucediera a ti, ¿verdad que te sentirías ofendido e insultado hasta lo más recóndito de tu ser? ¿Acaso a ti, el padre, se te hubiera ocurrido siquiera pedir permiso para asistir a la boda de tu hijo, como si fuera un regalo al que no tienes derecho?

¿Acaso es posible?

Esta analogía se refiere a la vida de Moisés.

¡Qué no hizo Moisés por amor a Hashem y por amor al Pueblo de Israel! Él literalmente dio la vida por ellos; se metió en la boca del lobo para hablar con el Faraón, el soberano de Egipto; fue humillado e insultado e incluso hubo varios que se le opusieron abiertamente. Él estudio y enseñó toda la Torá durante cuarenta años y todo el pueblo lo consultaba constantemente.

Moisés hizo muchísimo más de lo que un mero mortal es capaz de hacer, y todo lo hizo siempre con gran humildad.

¡Cuántos méritos tenía Moisés! La Mishná en Avot dice así: "Moisés tuvo méritos y le dio méritos al pueblo. Todo es de él"[12]. Esto se refiere a todo el Pueblo de Israel a lo largo de las generaciones. Toda la Torá y todas las mitzvot de los millones de judíos en cada generación – todas son en mérito de Moisés. Todo es de él.

Durante ciento veinte años, Moisés sirvió a Hashem a la perfección y alcanzó los más elevados niveles espirituales que puede alcanzar un ser humano.

¿Y por qué pecado fue castigado? Por un pecado que ni siquiera se entiende por qué es pecado. Un pecado mínimo, que todos los comentaristas de la Torá apenas logran explicar.

¿Qué pidió Moisés? ¿Ropa del lujo? ¿Mansiones? ¿Automóviles último modelo? ¡No! Él simplemente deseaba cumplir otras tantas mitzvot, sentir la santidad de la Tierra de Israel, a cuyo suelo él condujo a los israelitas con muchísimo sacrificio.

Ahora bien: este hombre, que más que hombre es un ángel, pide un "regalo gratuito". ¿Cómo es posible?

---

12 Pirkey Avot

Si la Torá dice esto, es porque así fue. Y no sólo su primer pedido fue por un "regalo gratuito", ¡sino que las quinientas quince súplicas fueron todas sin esperar nada a cambio y sin pensar que se merecía un premio!

Moisés no sentía ni una pizca de rencor. Aparentemente, esto es propio de un ángel, no de un ser humano. ¿Cómo es posible que este hombre no sienta aunque sea en mínimo grado que tiene derecho a que sus ruegos sean respondidos?

¿Acaso esta es una reacción humana normal? ¿Acaso es un nivel espiritual propio únicamente de alguien como Moisés o un nivel que todos podemos alcanzar?

El secreto de Moisés

Tal como en el caso de la halajá, esta es también una exigencia para cada persona, porque la halajá establece que así es como debemos rezar, sin sentir que alguien nos debe algo.

Vale decir que nosotros también podemos y debemos alcanzar este nivel.

Siendo así, ¿cuál fue el secreto de Moisés? ¿Cómo podemos alcanzar este nivel?

Moisés era perfectamente consciente de su propio nivel y sabía que Hashem podría haber elegido a cualquier otra persona en su lugar. Él no se sentía "con derecho" a nada y era perfectamente consciente de que, por ser quien era, tenía muchísima más responsabilidad y estaba más en deuda con el Creador y Lo alababa constantemente y así se salvó de sentirse "con derecho".

Moisés reza con enorme alegría

Al leer la parashá Vaetjanán acerca de las plegarias que ofrendó Moisés, podemos imaginarnos a Moisés rogándole a

Hashem con lágrimas en los ojos y con gran frustración por el hecho de que se le negó lo que más anhelaba en el mundo, que era entrar a la Tierra de Israel. Sin embargo, el Baal HaTurim nos revela que ocurrió exactamente lo contrario y que la palabra "Vaetjanán" ("Y rogó") tiene el mismo valor numérico que la palabra "shirá" (canción, alabanza), o sea que Moisés dijo Shirá ante Hashem para que Él escuchara su plegaria. Al expresar su ruego ante Hashem, Moisés entonó canciones ante Él, sintiendo una inmensa alegría, ya que "Uno no puede entonar Shirá si no es con alegría".[13]

¡Vale decir que las 515 plegarias fueron dichas con gran alegría!

Por medio de cantos y alabanzas, uno se salva de toda esa sensación de "derecho" a recibir de los demás y puede rezar una plegaria verdadera, pidiendo un regalo gratuito que no siente que se merece, una plegaria libre de todo rastro de orgullo, melancolía o frustración.

Este es un poderoso mensaje para toda persona que se apresta a rezar: uno no debe pensar que cuanto más "víctima" se sienta, su plegaria será recibida con más favor, sino todo lo contrari: cuanto más alegre esté, cuanto más baile y cante y se regocije ante Hashem, y cuanto más dé las gracias por todo lo que tiene en la vida, con mayor favor serán aceptados sus ruegos.

No me merezco Tu bondad

La persona que se acostumbra a agradecer por lo material, por lo espiritual (por cada fortalecimiento, por cada estudio, por cada agradecimiento, por cada plegaria), no sólo que no se siente "con derecho" a nada por el hecho de haber rezado, sino que ahora se siente todavía más en deuda con el Creador. Porque incluso el sacrificio que hizo para rezar con todas sus fuerzas es únicamente gracias a que Hashem se apiadó de él y le dio el

---

13 Erkin 11 71 y Rashi ibíd

mérito de rezar. ¿Acaso esta persona puede decir: "¡Hashem, mira todo el esfuerzo que hice por Ti!" ? ¡No! ¡Al contrario! Esta persona siente vergüenza y dice: "Hashem, ¡cuántas cosas hiciste por mí! ¡Cuántos méritos me concedes a cada instante! ¡Cuánta gratitud Te debo aún!".

Lo mismo cuando estudia Torá o le enseña Torá a otra persona, no se siente más "importante" por eso, sino que se siente "menos importante". De esta manera, cada persona puede llegar a este nivel de no sentir soberbia por nada de lo que hace, y de dar las gracias a Hashem por todo, pidiéndole siempre a Él regalos gratuitos que no siente que se merece.

No importa quién seas

Para ilustrar la gravedad de esta falta, incluso tratándose de grandes tzadikim, vamos a citar las palabras de la Guemará acerca de Nehemías.[14]

Nehemías era un importante ministro en el palacio del Rey de Babilonia y era admirado y respetado por todos. En Babilonia la situación en términos generales para los judíos y la comunidad de la Torá era muy buena. Por el contrario, en la Tierra de Israel, la situación económica era muy difícil y además los enemigos no los dejaban en paz. Desde el punto de vista espiritual, la situación tampoco era fácil y Nehemías actuó con abnegación y ascendió a la Tierra de Israel y llegó a liderar a la nación judía y rectificar todo lo relacionado con el cumplimiento de la Torá y la construcción del Templo Sagrado. O sea que realmente tenía méritos enormes.

El libro llamado "Ezra y Nehemías" fue escrito en su mayor parte por Nehemías, y en la época de la Guemará, el libro se llamaba solamente "Ezra" y por eso la Guemará pregunta: ¿Por qué su libro no se llamó como él sino como Ezra el escriba? Y la misma Guemará responde algo estremecedor: **"Porque**

---

14 Sanhedrín 93b

se adjudicó el mérito a sí mismo" y dijo algo así como: "Mira todo lo que he hecho por el Pueblo de Israel y que se me considere como una virtud y un mérito". **¡Y por eso fue castigado!**

O sea que este gran tzadik, que tuvo el mérito de escribir uno de los veinticuatro libros del Tanaj (Biblia) y que verdaderamente hizo muchísimo por el Pueblo de Israel y tuvo méritos increíbles, fue castigado por haberse "apropiado", por así decirlo, de sus méritos. ¿Saben por qué? Porque nada de lo que tenemos realmente nos pertenece, sino que es todo un regalo del Cielo.

No se trata de un "pequeño error", sino que Hashem fue estricto con él en conformidad con su nivel de piedad y por eso fue castigado.

Una "pequeña" diferencia

La Guemará pregunta por qué esto es tan problemático, siendo que también el Rey David dijo "Recuérdame, Hashem, cuando halles favor en Tu pueblo; evócame con Tu salvación". Y la Guemará responde que David solamente pidió compasión. Solamente Le pidió a Hashem que lo recordara, pero no se adjudicó sus propios méritos. Hay una "pequeña" diferencia entre una cosa y otra.

En primer lugar, vemos que dos plegarias que a primera vista parecen iguales de hecho son completamente diferentes. Una es una genuina plegaria y la otra es un pecado. Porque, en realidad, la diferencia es muy leve: si tú crees "con derechos", entonces eso es un pecado. Pero si sientes que no tienes derecho a nada y solamente pides compasión, entonces esa es una plegaria verdadera.

El Maharsha explica esta Guemará: "El Rey David no pidió ser recordado para bien debido a sus buenas acciones sino ser recordado con compasión, a diferencia de Nehemías, quien pidió ser recordado para bien debido a sus actos y no actuó de la manera debida, ya que **todas nuestras buenas acciones no alcanzan para darnos méritos, de no ser por la compasión de Hashem"**.

¿Se entiende? Aquí dice que incluso con todas las buenas acciones que uno pueda haber hecho, uno no tiene ningún mérito para adjudicarse y sentir que "tiene derechos". Vale decir, en realidad no se merece nada, por mucho bien que haya hecho. Y el que Le dice a Hashem que le recuerde sus buenas acciones se merece un castigo incluso tratándose de un gran tzadik. Y como escribió Rabí Najman de Breslev: "Todas nuestras buenas acciones y todas nuestras plegarias – todo proviene de Él, y no debemos pensar que nos merecemos una recompensa por ello".[15]

Todo es por bondad

Y esto es lo que explica el libro Anaf Yosef acerca de las palabras de la Guemará antedichas:[16]

"El tema es, por ley, la persona no obtiene ninguna recompensa por sus buenas acciones. Y de no ser por la ayuda de Hashem, no podría realizar ninguna buena acción. Pero, más allá de la letra de la ley, Hashem, en Su gran compasión y benevolencia, hace bondad con el ser humano como si no lo hubiera ayudado y apoyado, como si la persona misma hubiera hecho la buena acción ella sola. Y todo por medio de la benevolencia y la compasión, no por medio del juicio estricto...".

El Anaf Yosef añade aquí otro concepto muy profundo que ya habíamos mencionado más arriba:

"Sabrás que, no sólo que no te mereces recompensa por buenas acciones, sino que precisamente a causa de ellas, estás más en deuda con Hashem, porque Él te dio el mérito de

---

15 Likutey Moharán – primera parte 2:6

16 Ein Yaakov

hacerlas al proveerte las herramientas y ayudarte a elegir el bien. Y sin la ayuda de Hashem, no podrías hacer nada bueno. O sea que, si hiciste algo bueno, ¿acaso eso significa que te mereces recompensa? No, al contrario. Solamente significa que tienes mayor obligación de agradecer y alabar al Creador".

¡Estos son los principios básicos de la emuná!

No hay forma de dar las gracias

Estas palabras tan simples y tan claras ya fueron escritas en el libro "Jovot HaLevavot", Los Deberes del Corazón, a cargo de uno de nuestros grandes sabios, que redactó la primera enciclopedia del mundo acerca del servicio Divino; me refiero a Rabenu Bejaie, quien escribió un libro de ética y leyes espirituales en el que se detallan todos los deberes que se relacionan con el corazón del ser humano.

En "La puerta de la confianza", que es la sección más famosa de esta gran obra, Rabenu Bejaie escribe que el ser humano no tiene la capacidad de agradecerle a Hashem ni siquiera por el favor más ínfimo que Él le hace, y aunque la persona hiciera tantas buenas acciones como la cantidad de arena que hay en el mar, incluso así no le alcanzaría para devolverle al Creador aunque sea una sola bondad de todas las bondades que Él le prodigó. Y si cometió aunque sea una leve transgresión, entonces no tiene siquiera derecho a abrir la boca. Y la conclusión inevitable es que toda la recompensa que Hashem le otorga al ser humano es por Su bondad y Su generosidad.

A partir de todas las fuentes citadas, hemos llegado a la conclusión de que la persona no tiene derecho en esta vida a exigir ninguna recompensa, porque todo es por Su bondad y por Su compasión y como un regalo gratuito. Y el ser humano siempre está en gran deuda con el Creador y no tiene derecho a exigir nada.

¿El mundo fue creado para mí?

A esta altura, me gustaría hacer un alto y formular un interrogante básico que me plantearon a mí sobre este tema.

Los libros de Kabalá enseñan que, antes de la Creación del mundo, todas las almas se encontraban en el mundo superno, deleitándose con el resplandor de la Luz Divina. El Creador, que es Pura Bondad y es Bueno y Benefactor, siempre busca hacer el bien con las almas. Sin embargo, esa bondad no era completa en el sentido de que toda esa bondad era lo que se dice un "pan de la vergüenza", algo que uno recibe sin haber hecho ningún esfuerzo por recibirlo.

Vemos, entonces, que esta clase de bondad está lejos de ser una bondad completa, ya que el "pan de la vergüenza" no sólo que no es ningún placer, sino que es incluso humillante y causa mucho sufrimiento a aquel que lo recibe. Y el Creador, que es Bueno y Benefactor, quiere prodigarles a Sus criaturas una bondad completa, o sea, que tengan el mérito de recibir el pan como recompensa a su esfuerzo y su trabajo.

Para eso Hashem creó este mundo: para que las almas bajen aquí, a este mundo en el cual existe el libre albedrío (libre elección) y trabajen, se esfuercen y luchen, y de esa manera puedan alcanzar el deleite eterno en mérito a sus actos, por derecho y no por regalo: porque se lo merecen.

Y surge el interrogante: si el objetivo de la creación de este mundo es alcanzar ese nivel de "me lo merezco", que la recompensa sea por derecho, porque uno se la ganó con justicia, entonces ¿cómo encaja esto con todo lo que expliqué antes y con todo lo que dicen la Guemará y las demás fuentes respecto a que uno nunca se merece nada ni tiene derecho a nada, y que está prohibido sentir que alguien nos debe algo?

Hay más de una manera de responder a estos interrogantes.

La primera forma: Antes que nada, debemos reconocer que el solo hecho de que se nos dé la oportunidad de elegir y llegar a "tener derecho", por así decirlo, es una gran bondad. E incluso si nosotros mismos elegimos hacer el bien, es una bondad infinita que se nos haya dado la posibilidad, las herramientas y el libre albedrío para hacerlo.

En segundo lugar, las mitzvot que cumplimos las cumplimos por medio del poder que Hashem nos confiere, por medio de la salud, la riqueza, y los medios que Él nos confiere, ya que todo proviene de Él. Es verdad que esto implica una elección de nuestra parte, pero sigue siendo una gran bondad de parte de Hashem, porque nuestra elección es una fracción mínima del panorama completo.

En tercer lugar, incluso esa mínima fracción que nos corresponde es gracias al poder del Creador, ya que la elección es entre la buena inclinación y la mala inclinación. Y la Guemará da testimonio de que, de no ser por la ayuda de Hashem, no podríamos sobreponernos a la mala inclinación.

Por eso nuestros Sabios enseñan que toda la recompensa que recibimos por nuestras buenas acciones solamente **parecería** ser por nuestro propio mérito.

Competir con Papá

¿A qué se asimila esto? A un padre que le dice a su hijo: "Corramos una carrera, a ver quién gana". Por supuesto que el hijo no le puede ganar al padre, pero el padre deja ganar al hijo, y debido a que el hijo realmente se esfuerza mucho, siente como si realmente le hubiera ganado al padre en virtud de su propio esfuerzo y siente gran satisfacción por su logro. Pero si el hijo se fijara bien, de inmediato se daría cuenta que es incapaz de ganarle a su padre de no ser por la compasión y el amor que este le profesa.

Esto quiere decir que este mundo no es un campo desierto al que el Creador nos envía a trabajar con nuestros propios medios. Es como si Él nos dijera: "Hagan lo que Yo les digo y Yo les pagaré su recompensa" y entonces Él se va y nos deja solos, y nosotros tenemos que arreglarnos solos. ¡No es así!

En este mundo no hay forma de prosperar si no es con la ayuda de Hashem. Y Él está a nuestro lado a cada instante y nos ayuda todo el tiempo, incluso cuando nosotros somos los que elegimos.

La recompensa

Es verdad que el objetivo de este mundo es que cada alma reciba su recompensa debido a que se lo merece y no que reciba el "pan de la vergüenza".

La pregunta es: ¿qué tiene que hacer el alma para realmente merecer la recompensa? Y la respuesta es: llevando a cabo su objetivo en este mundo.

¿Y cuál es su objetivo en este mundo? Conocer a Hashem y tener conciencia de Él. ¿Y qué significa "conocer a Hashem" ? Significa saber, comprender y creer con una emuná completa que no hay nada fuera de Él, que todos los sucesos tienen lugar únicamente por Su intermedio, que todo Le pertenece, que el ser humano es una nada y no tiene derecho a nada y que todo es con gran compasión y benevolencia.

Eso, y únicamente eso, es lo que se llama "conocer a Hashem". Y cuando el ser humano alcanza el objetivo, que es tener una emuná completa, y es consciente de su propia nulidad y siente inmensa gratitud hacia Él, únicamente entonces tiene derecho a recibir recompensa y únicamente entonces se merece una recompensa por derecho y no como un "pan de la vergüenza".

¿Recompensa por una vida de mentiras?

No tiene ningún sentido decir que el ser humano tiene derecho a una recompensa si este vive una mentira toda su vida. Y si uno piensa que le deben algo y que todo lo que tiene lo obtuvo por sus propios medios, y todo el tiempo dice: "Yo logré esto, yo hice esto, yo obtuve esto, yo me merezco esto...", olvidándose de Hashem, y viviendo desconectado de Él, entonces está viviendo una mentira. ¿Acaso alguien que vive una mentira se merece una recompensa?

Por supuesto que no.

Únicamente la persona que vive toda su vida en conformidad con la verdad de la emuná y apegada a Hashem, percibiendo a cada instante las bondades de Hashem y su propia nulidad, y sabe que ni siquiera respirar puede si no es con Su ayuda- únicamente esa persona obtendrá su justa recompensa y el deleite eterno, en virtud de haber pasado la prueba y elegido en forma correcta.

O sea que no existe realmente una disyuntiva entre ambos conceptos, sino que, en realidad, se complementan.

¡Precisamente cuando tomas conciencia de que no te mereces nada, te haces merecedor de una justa recompensa!

Las mitzvot que cumplimos no son en sí mismas las que nos hacen merecedores de recibir una recompensa sino el hecho de tomar conciencia de nuestra propia nulidad y de vivir con total emuná, que es el objetivo final del cumplimiento de las mitzvot. La emuná es la que nos hace merecedores de una recompensa.

Varios siglos de rectificación

Volviendo al tema que nos ocupaba, ¿a qué se debe que, hoy en día, llamemos a este libro "el libro de Nehemías" ? En realidad, Nehemías y Ezra conforman un solo libro, que debería llamarse "Nehemías", pero a causa de la transgresión de Nehemías, se lo llamó solamente "Ezra" durante más de mil quinientos años. Y cuando se imprimieron los primeros libros del Tanaj, las editoriales dividieron el libro en dos: Ezra y Nehemías y así es como se los llama en la actualidad.

Pero los tzadikim de las distintas generaciones sabían que los sabios de antaño habían dictaminado que el libro debía llamarse solamente "Ezra", y por eso, uno de los tzadikim, que además era un gran sabio de la Kabalá, consultó con la Corte Divina y le dijeron que el pecado de Nehemías ya había sido expiado y así fue como el libro volvió a llamarse "Nehemías", pero como no querían anular del todo el nombre de Ezra, el libro porta ambos nombres.

Es estremecedor pensar que recién después de varios siglos Nehemías pudo expiar su pecado de pensar que "tenía derecho a algo". Y eso es una fuerte evidencia de lo que acabamos de explicar, respecto a que "no me merezco nada" también se aplica a los más grandes tzadikim, a pesar de todos los méritos que tienen.

¿No hay un solo tzadik en Sodoma?

Me gustaría recalcar algo muy importante. ¿Qué sucedió en la rebelión de Koraj? En realidad, todos los israelitas deberían haberse plantado a defender a Moisés, diciendo: "¿Cómo se atreven a hablar de esa manera de nuestro líder, de nuestro tzadik, de nuestro salvador, de este hombre que nos sacó de Egipto y nos dividió el mar y nos dio la Torá y a quien vimos hablando con Hashem? ¿Cómo se atreven a hablar así de este hombre a quien le debemos nuestras vidas y las vidas de nuestros hijos?". ¿Cómo es posible que en todo el Pueblo de Israel no haya habido nadie que defendiera el honor de Moisés? ¿Acaso no había ni una sola persona que se enfrentara a aquellos descarados?

Esto me hace acordar a un relato que oí hace un tiempo:

Hace muchos años, el rabino de la ciudad de Bnei Brak decidió cerrar con candado el Arca Sagrada (Arón HaKodesh) de la Gran Sinagoga de la ciudad para que no hubiera rezos demasiado tarde. Hubo varios descarados a quienes no les cayó bien aquella decisión y decidieron humillar al rabino en el rezo de Minjá.

Pero cuando se pararon para gritar y humillar al rabino, un joven estudioso de la Torá, que con los años llegaría a ser un gran rabino, se plantó frente a ellos y exclamó: "¡Malvados! ¿No les da vergüenza? ¿Cómo se atreven a humillar así al rabino? ¡Todo el que humilla a otra persona en público no tiene un lugar en el mundo venidero, y especialmente tratándose de un erudito de la Torá!". Ellos lo amenazaron, pero él no tuvo miedo y ellos se fueron de la sinagoga.

Esto nos demuestra que a veces una sola persona que se planta con dolor y con firmeza es capaz de evitar que se humille a alguien y se produzca un enfrentamiento. Y la pregunta es inevitable: ¿Dónde estaban los israelitas cuando se produjo la rebelión de Koraj? ¿Acaso no había ni una sola persona en todo el Pueblo de Israel a la que le doliera la humillación de Moisés? ¿No había nadie que recordara todos los milagros y todas las salvaciones y toda la abnegación de Moisés? ¿No había nadie que por lo menos se plantara con firmeza y lo defendiera?

La gratitud implica un esfuerzo

La respuesta a todos estos interrogantes es que, así como hace falta un gran trabajo interno para recordar las bondades que Hashem nos hace y sentir que estamos en deuda con Él, también hace falta un gran trabajo interno para recordar las bondades que nos hacen los tzadikim. Cuántas plegarias los tzadikim rezan por nosotros, hasta qué medida sus méritos nos protegen, cuántos sufrimientos deben soportar por nuestra causa.

Únicamente por medio de una seria contemplación y un trabajo interno de gratitud podemos alcanzar el nivel de amor verdadero hacia los tzadikim. Y entonces no importa qué payaso venga con cuentos, no lo vamos a escuchar.

Entonces ¿cómo es posible que Koraj tuviera la audacia de enfrentarse a Moisés? Es evidente que Koraj advirtió la falta de satisfacción de la gente. Se dio cuenta de que todo el tiempo se quejaban, que todo el tiempo criticaban a su líder, que no lo valoraban, que no lo respetaban. Eran unos ingratos; habían olvidado toda la bondad de Moisés con ellos y solamente sentían que se les debía algo. Sospechaban de Moisés y hablaban mal de él y malinterpretaban cada paso que él daba.

Cero valoración

Es imposible de creer, pero cada cosa buena que Moisés hizo por ellos, ellos lo tomaron como algo negativo: "Por qué nos sacaste de Egipto...". Este tzadik los salvó de la esclavitud, de los golpes, de los asesinatos, y no sólo que ellos no le dan las gracias, sino que, para colmo, lo acusan de todo tipo de cosas y le echan la culpa, pensando que él es el culpable de que ellos sufran.

Hashem les abre el mar y les da una fortuna, mucho más grande aún que lo que se habían llevado de Egipto, que ya de por sí era una fortuna considerable, y después de apenas tres días, ante la más mínima dificultad, ya están todos peleados con Moisés y casi lo apedrean.

En mérito de Moisés, Hashem les hace llover maná del Cielo, que es un alimento maravilloso con todos los sabores que uno quiera, y ellos, en vez de dar las gracias, se pasan el día quejándose.

El ambiente es tóxico. Cero de valoración y un sinfín de críticas y acusaciones. Únicamente en un ambiente así Koraj puede atreverse a enfrentarse a Moisés...

Koraj sabía que en una situación así, cuando no se respeta y no se valora al líder y no hay gratitud, cualquier acusación va a obtener el respaldo de todos y cada intento de rebelión tendrá éxito.

Esto no se puede explicar de ninguna otra manera.

Esta es precisamente la razón por la cual diez espías logran convencer a todo un pueblo de que tienen que quejarse, y ese es el motivo por el cual el pueblo come el maná todos los días en mérito de Moisés y son capaces, al mismo tiempo, de oponérsele y quejarse ante él y también es el motivo por el cual payasos como Koraj son recibidos con los brazos abiertos por los dirigentes de la generación.

Hacerle un favor a Moisés

Por eso, cuando hablamos de que "no nos merecemos nada", también nos estamos refiriendo a los tzadikim, a los grandes de cada generación. Todos deberíamos valorar, apreciar y expresar gratitud a aquellas personas que se sacrifican tanto por nosotros.

Este es un nivel que se alcanza con mucho esfuerzo y después de mucha reflexión.

La gratitud no es algo que surja de forma automática. Vemos que la generación del Desierto, que era la Generación del Conocimiento, , que recibió tantas bondades de parte del Creador, eran ingratos y no hacían más que quejarse. Esto nos enseña que, si uno no hace un trabajo espiritual a fondo, no va a saber valorar todo lo que recibe.

No estamos hablando de personas que estén a niveles espirituales muy elevados. De hecho, vemos que las personas más humildes y más simples de aquella generación, que amaban a Moisés con total inocencia, no participaron del conflicto originado por Koraj, tal como expresó uno de los grandes tzadikim, quien lograba recordar todas sus vidas pasadas.

¿Quién se enfrentó a Moisés? Todo aquel que se sentía "con derecho" y no sabía valorar todo lo que Moisés había hecho por el pueblo.

El egoísmo, que es un rasgo característico del ser humano, se manifiesta en esa sensación de que "yo soy el centro del mundo" y "todos me deben servir", "todo lo que tengo lo obtuve por mis propios medios". Y eso es lo que te hace pensar que el tzadik está a tu disposición, que te tiene que proveer todas tus necesidades y, por supuesto, es el culpable de todo lo que te va mal en la vida.

Y lo más absurdo es que uno piensa que es él el que le hace un favor al tzadik, al elegirlo como su guía espiritual, y que él es el que le da al tzadik el poder y la autoridad – porque él piensa que el tzadik, al fin y al cabo, obtiene su poder del pueblo, y que el pueblo le da riqueza material y honra y que, por lo tanto, el tzadik tiene que ocuparse día y noche del pueblo y que él tiene la culpa de todo.

Es verdad que los verdaderos líderes están al servicio del pueblo y se preocupan constantemente por su bienestar y hacen todo lo que está a su alcance por ayudarlos, pero eso no significa que le deban algo al pueblo.

Al verdadero tzadik no le importan en lo más mínimo ni la riqueza ni el prestigio. Para él, el liderazgo no es un "privilegio" sino un yugo. Él preferiría servir a Hashem en silencio y comer solamente pan con sal y que nadie lo conozca. Y todos los tzadikim, sin excepción, fueron forzados por el Cielo a darse a conocer y ocupar el cargo de líderes.

El verdadero tzadik no necesita del pueblo ni obtiene su poder del pueblo. Él obtiene su poder del Creador, Que fue Quien lo eligió y lo obligó a ocupar ese puesto, y el pueblo debe valorar a su líder y darle su total respaldo y su gratitud.

Es exactamente lo que ocurre entre nosotros y el Creador, Quien nos ama y nos hace bondades sin cesar, pero no nos debe nada, y nosotros no Le hacemos ningún favor – Él nos hace favores a nosotros. Es como los padres, que hacen todo por sus hijos, pero no les deben nada. Eso es exactamente lo que sucede con los verdaderos líderes. Exactamente lo mismo.

Uno no puede alcanzar la emuná verdadera y la sumisión verdadera y la verdadera gratitud ante el Creador hasta que no se sienta en deuda con los tzadikim y los pastores de Israel, porque todo el que es ingrato con su prójimo acaba siendo ingrato con el Creador. Y especialmente el que es ingrato con el tzadik y con el líder, que todo lo que tenemos es por su mérito.

El desprecio al líder

Por eso dice Rabí Najman que uno no puede librarse de la soberbia, que es pura idolatría y una abominación a los ojos de Hashem, y alcanzar la humildad a menos que siga a los tzadikim.

Y así dice Rabí Najman: "El consejo para anular la soberbia, que es idolatría, es principalmente siguiendo a los tzadikim". Los israelitas en el desierto, no sólo que no siguieron al tzadik, sino que hicieron exactamente lo contrario: pensaron que él les debía algo a ellos y que él se aprovechaba de ellos y que era malo con ellos; y por eso todo el tiempo se quejaban y se lamentaban, hasta que finalmente se le opusieron y se rebelaron abiertamente contra él.

La clave de la paz conyugal

Todos los problemas de paz conyugal, sin excepción, se deben a que el marido siente que su esposa le debe algo. La clave para la vida armoniosa de la pareja es amar la verdad y recordar que tu esposa no te debe absolutamente nada.

Cada hombre debe sentir una profunda valoración por su esposa: por cada vez que le lava la ropa, que le prepara comida, que le lava los platos y cada cosa buena que ella hace para él. Él tiene que literalmente avergonzarse de todos los favores que ella le hace con tanto sacrificio.

Incluso si una persona desconocida te hace un favor, por más simple que sea, y por más incompleto que sea, te va a dar vergüenza tener que recibir ese favor y vas a querer darle algo a cambio. Entonces qué podemos decir si esa persona que te hace favores constantemente es tu propia esposa, que te da toda su vida: ¡cuánto aprecio debes sentir por ella!

Si sientes que tienes motivos para quejarte, no es porque tu esposa haga algo mal, sino que esto te está demostrando hasta qué punto estás lejos de la verdad. Todas tus "quejas justificadas" se pueden resumir en una sola frase: "Todos me deben algo". En tu opinión, tu esposa no se ha portado bien. Dios no se ha portado bien (por así decirlo). El que te presentó a tu esposa no se ha portado bien. Nadie se ha portado bien. Porque tú te mereces, obviamente, todo lo mejor, y tu esposa "no entiende" que está obligada a hacer un millón de cosas por ti, y en tu opinión, el problema principal es ella.

Y tu soberbia te vuelve loco y piensas que todos te deben algo, cuando no es así, y no sabes valorar todo lo que ella hace por ti.

Con esto es suficiente

Pero, en realidad, ocurre exactamente lo contrario. El único problema en esta relación es que tú no sabes lo que es la gratitud. Los Sabios de la Guemará enseñan cómo debemos comportarnos. Rabí Jiá, que fue uno de los más grandes tzadikim de toda la historia, y de quien la Guemará dice que, de no ser por él, se habría olvidado la Torá del Pueblo de Israel, sentía una gran vergüenza frente a su esposa si bien esta lo trataba mal y le causaba gran aflicción. Pero a pesar de todo, él le suplía todas sus necesidades y cada vez que encontraba algo bonito, lo guardaba para dárselo a ella. Y de ningún modo la afligía. Una vez su sobrino le preguntó: "Tío, ¿cómo es posible que te preocupes tanto por ella, y la mimes tanto, cuando ella no hace más que tratarte mal?". Rabí Jiá le respondió: "Ellas ya hacen bastante con criar a nuestros hijos y savarnos del pecado".

¿Acaso podemos percibir el fuerte mensaje que contiene esta frase?

Rabí Jiá sabía que su esposa no le debía nada en absoluto y que el hecho de tener una esposa que criaba a sus hijos era una bondad increíble por parte de ella y que todo lo que él hiciera por ella durante toda su vida no sería suficiente ni siquiera para devolverle aunque sea un poco de todo lo que ella hacía por él. Por eso, él le restaba importancia a la aflicción que sentía a causa de ella y solamente sentía una profunda gratitud hacia ella y la trataba con afecto lo más que podía. Eso era lo que sentía él en lo más profundo de su ser. No era algo "de la boca para afuera".

Empecemos por casa

Cada uno puede y debe tratar así a su esposa. Piensa todo lo que le debes, todo lo que ella hizo por ti, y recuerda siempre que las cosas que no hizo en realidad no te las debe, porque no te debe nada. Y el hecho de que te trate mal a veces no te exime de la obligación que tienes de tratarla con afecto por todo lo bueno que sí hace contigo. Una cosa no tiene nada que ver con la otra. Si aunque una sola vez ella te hizo un favor, entonces todos los días de tu vida tienes prohibido tratarla mal, tal como enseña Rabí Najman de Breslev en el Sefer HaMidot: "A la persona que **alguna vez** te hizo un favor no la tratarás mal". Incluso si se trata de algo sin importancia y mucho más si te hizo un gran favor, como es el caso de haber parido a tus hijos. No tienes idea del sufrimiento y la preocupación que pasa la mujer durante los meses del embarazo, y culminando en el parto, cuando ella de hecho está llevando a cabo la mitzvá que **te corresponde a ti:** traer hijos al mundo. Recuerda siempre que todo lo bueno que tienes en la vida, cada bendición que tienes, es por mérito de tu esposa, tal como explica la Guemará. Y si piensas que ella es la causante de tus problemas, entonces sabrás que estás yendo en contra de las palabras de los Sabios. Porque de hecho todo lo que tienes en la vida es gracias a tu esposa y no tienes derecho a ir con ninguna queja, sino únicamente agradecerle y valorarla más que a nadie en el mundo. Y aquel que no valora a su esposa, sea cual fuese su excusa para no hacerlo, es un ingrato. Y dice Rabí Najman en el Sefer HaMidot que Hashem se apresura a pagarle al ingrato con ingratitud. Y también su esposa se vuelve ingrata hacia él. Por lo general, todas las cosas malas que la esposa le hace a su esposo se deben a que el marido no quiere entender y no sabe valorarla y piensa que todos deben servirlo (y ella, la primera). Pero cuando empiece a valorarla, se va a dar cuenta de lo buena que es y ella lo tratará muchísimo mejor.

El secreto del amor

Cuando el marido no está contento con su esposa, está siendo ingrato con Hashem, porque fue Él el que se la dio. Por eso, si no eres feliz con ella, en primer lugar, eso es una falta de gratitud hacia Hashem. Ese fue el pecado de Adán, quien le echó la culpa a Eva cuando dijo: "La mujer que me diste...". Y Rashi comenta que aquí Adán demostró ingratitud. Y cada marido debería alegrarse de que Hashem le tuvo compasión y le dio una esposa, que es Su hija amada. Y si el hombre decide que será feliz con su esposa, ella será feliz con él y vivirán en un Paraíso. Pero si él no está contento con ella, entonces no hay forma de que ella no sienta ese rechazo y entonces ella sentirá lo mismo hacia él y no podrán vivir en paz. La paz conyugal es amor y amor es sentir que mi pareja no me debe nada. Es como amar a Hashem: Lo amamos y Le damos las gracias por cada cosa. Pero si sientes que ella te debe algo, entonces cada cosa que hace es porque te la debe y no por amor. Y cuando no hay amor entre marido y mujer, la pareja se disuelve.

Amor verdadero

El Steipler (Rabí Yaakov Israel Kanievsky zatzal) dijo que el amor es únicamente gratitud, y es una relación de compañerismo, ya que tu esposa es tu compañera y tienen una vida compartida, y cada uno ayuda al otro. Y el marido debe pensar cómo sería la vida si no tuviera a su esposa y cuánto sufriría. Pero gracias a su esposa, su vida es infinitamente más placentera. Y Rabí Eliezer dijo: "Todo el que es ingrato con su amigo, al final es ingrato con Hashem".

La base de una relación sana entre marido y mujer se basa en la conciencia de que el otro no me debe nada. Y eso se aplica no sólo con respecto a la relación matrimonial sino también a la relación con todas las demás personas (hijos, hermanos, vecinos...).

De la misma manera, enseña Rabí Najman en el Sefer HaMidot: "La persona no debe ser ingrata con los demás, ya sean judíos o gentiles". Moshé Rabenu demostró gratitud incluso con algo inerte como el agua y la arena, y por eso no los golpeó. Nuestros Sabios nos enseñan que está prohibido maltratar el pan y la ropa, ya que el ser humano disfruta de ambos. Y si bien la ropa y el pan no se "ofenden" cuando alguien los maltrata, de todos modos, está prohibido, porque la prohibición tiene que ver con uno mismo. Vale decir, la persona debe actuar con gratitud hacia cada objeto que le produce alguna clase de deleite.

Y la persona que no sabe apreciar las pequeñas bondades que la rodean —ya sea personas, animales, vegetales o minerales— tampoco sabrá apreciar las bondades de Hashem.

Se equivocaron de dirección

Incluso si sientes que tu esposa o tu amigo te deben algo, porque te trataron mal o algo así, si a pesar de eso, los sigues tratando bien, Hashem te garantiza que vivirás una vida larga y buena, tal como enseña Rabí Najman en el Sefer HaMidot: "Aquel que paga mal con bien tiene una larga vida". O sea que incluso si estás convencido de que el otro te debe algo, siempre te conviene tratarlo bien.

El perfeccionamiento, la curación y la alegría del alma y todo el éxito y la bendición provienen de la sensación de que nadie me debe nada.

Rabí Zusha de Anipoli que, si bien toda su vida vivió una vida de pobreza y sufría tremendamente, siempre estaba contento con lo que le había tocado en suerte. Y cuando los discípulos de su maestro, el Maguid de Metzrich, quisieron saber cómo se acepta con amor el sufrimiento, él los envió a ver al Rabí Zusha. Este les preguntó para qué habían ido a verlo. Los alumnos le respondieron y entonces Rabí Zusha replicó: "Lo siento. Pero se equivocaron de dirección. Zusha no puede ayudarlos porque en toda su vida Zusha nunca sintió aflicción por nada".

Debido a que Rabí Zusha sentía que nadie le debía nada, y era inmensamente feliz con cada pedazo de pan y cada vestimenta que tenía para cubrirse, ni siquiera sentía aflicción.

El sabiondo y el simple

La siguiente historia nos ilustra este punto con claridad.

Rabí Zusha era muy valorado y muy querido en su ciudad. Y en su hogar siempre reinaba la dicha y la felicidad, a pesar de la pobreza en la que vivía. En esa misma ciudad, vivía un rabino que oficiaba de rabino de la ciudad, era un hombre muy adinerado. Pero era un hombre enojadizo y nadie lo quería, ni en la ciudad ni en su propio hogar. Y siempre se peleaba con su familia y vivía triste y enojado. Además, solamente veía lo malo de cada persona. Pero la persona que más odio le causaba era Rabí Zusha, porque era su antítesis, ya que Zusha siempre estaba contento, a pesar de no contar con medios materiales. Una noche, este rabino no lograba conciliar el sueño de tan enojado que estaba y entonces decidió ir a la casa de Rabí Zusha a preguntarle cuál era su secreto para vivir siempre feliz. ¿Cómo era posible que una persona tan pobre pudiera ser tan feliz y alguien tan respetado y honorable como él mismo viviera tan triste? Rabí Zusha lo recibió de muy buen semblante y escuchó la consulta del rabino. Y entonces Rabí Zusha le dijo:

"Mire, Zusha le va a dar un ejemplo: la semana pasada, se celebró con gran pompa la boda de la hija de Rabí Moshe, una de las figuras más destacadas de la ciudad. Cuando le llegó la invitación a Zusha, este se emocionó mucho por el gran honor, y pensó que Zusha jamás le había hecho ningún favor a Rabí Moshe y a pesar de todo, este lo había invitado a la boda. Entonces pensó: 'Si Rabí Moshe honra tanto a Zusha, entonces Zusha tiene que ser el primero en llegar a la boda a devolverle la bondad'. Así pensó él y le dijo al mensajero que le diera las gracias a Rabí Moshe de parte de él, de todo corazón. Pero cuando el mismo mensajero llegó a la casa de usted a invitarlo, y le dio el honor de ser el mesader kidushín (rabino que oficia la boda), no sólo que usted no se emocionó, sino que lo único que le interesaba era saber qué número ocupaba en la lista de invitados. Y cuando vio que solamente estaba en el décimo lugar, se puso furioso por no ser el primero de la lista y usted se enojó con él y lo maldijo en su corazón y decidió que Ud. también le faltaría el respeto a él y llegaría a la boda tarde en forma intencional, para que él se enojara y se pusiera nervioso. Y el día de la boda, Zusha llegó a la boda una hora antes de su inicio, muy contento y muy agradecido. Y cuando vieron que el rabino oficiante no llegaba, decidieron conferirle el honor de oficiar la ceremonia a Zusha. Después le confirieron también el honor de recitar una de las bendiciones matrimoniales y lo hicieron sentar en la mesa de las personalidades destacadas. Y Zusha disfrutó de todos los manjares que se habían servido y bailó con el novio muy alegre. Y usted, estimado rabino, llegó tarde, cuando ya casi no quedaba nada de comida y en la mesa de invitados de honor ya no quedaba lugar para nadie más y nadie le prestó atención. Su furia y su frustración aumentaron con cada minuto que pasaba y en especial cuando vio a Zusha sentado lo más cómodo en la mesa principal. Y cuando Rabí Moshe por fin se percató de su presencia, le pidió a un mozo que trajera otra silla y que le trajera las sobras de la comida. Usted se sintió tan avergonzado que ni siquiera quiso tocar la comida y se puso furioso con Zusha, con Rabí Moshe, con el novio, con la novia, con todos los invitados y por supuesto que no le quedaron ganas de bailar ni de festejar...

Y cuando llegó el momento de recitar la Bendición de Después de las Comidas, los demás se olvidaron de que usted estaba presente y le confirieron el honor del Zimún y las Siete Bendiciones (Sheva Brajot) a Zusha. Zusha volvió a casa lo más contento, bendiciendo a Rabí Moshe y a los novios, y usted volvió a su casa amargado y deprimido, ofendido y furioso con todos. Esa es la diferencia entre usted y yo".

Esta historia que acabamos de relatar nos demuestra hasta qué punto la actitud que uno tiene frente a la vida determina su grado de felicidad o infelicidad. El que siente que todos le deben algo de hecho está eligiendo vivir una vida de amargura y frustración. La gente suele decir: "No tengas razón. Sé sabio". Por eso, incluso si piensas que alguien te debe algo, es preferible que actúes con sabiduría y vivas feliz. Y siendo que, en realidad, nadie te debe nada, porque nada te pertenece, en el momento en que te das cuenta de que nadie te debe nada, tienes toda la razón y al mismo tiempo estás actuando en forma sabia.

El fin de la historia

Volvamos por un momento a la historia con la que iniciamos este libro. ¿Qué pasó al final con la mujer que no podía tener hijos?

Habíamos contado que fue llorando al Rabino Shlomo Zalman Auerbach zatzal diciendo que no podía ser madre y él le respondió que Hashem no le debía nada. Ella se estremeció ante aquella respuesta y ya se estaba por ir cuando el Rabino le dijo:

"Sin embargo, si bien es verdad que Hashem no te debe nada, es verdad que Hashem dirige este mundo medida por medida, y todo el que demuestra compasión por los demás, Hashem le demuestra compasión a él. Si haces por otra persona algo a lo que no estás obligada, Hashem también hará contigo algo **a lo que Él no está obligado**, y te enviará todas las salvaciones que no está obligado a enviarte. La mujer se sintió renacer y cumplió la directiva del Rabino, y empezó a distribuir golosinas en los hospitales, en las salas de oncología, y gracias a Dios, tuvo tres hijos en forma absolutamente natural, sin recurrir a tratamientos, y en contra de todos los pronósticos médicos.

La moraleja que aprendemos de esta historia es que, si hacemos aquello que no estamos obligados a hacer, Hashem también hará por nosotros cosas que no está obligado a hacer. Este mensaje es muy fuerte y muy poderoso. Y siempre debemos recordar que, por más que Le demos las gracias a Hashem por todo lo que nos da, jamás lograremos darle las gracias en medida suficiente.

CAPÍTULO DOS

NO TE OLVIDES DE LO PRINCIPAL

En este capítulo vamos a contar dos historias fascinantes que demuestran que la esencia de la Torá es la gratitud.

La primera historia tuvo lugar hace poco tiempo, y nos llegó por medio de una carta que escribió su protagonista a nuestra redacción. La segunda historia, por el contrario, es una historia que sucedió hace varios siglos, y tiene que ver con uno de los grandes rabinos de Israel, que tuvo una revelación Divina acerca de la esencia de la Torá.

El punto de inflexión

Estimado Rabino Shalom Arush:

Shalom

Gracias a Dios tuvimos el mérito de leer sus libros de emuná, que nos fortalecen y nos enseñan el poder de la gratitud y la emuná. Nos gustaría contarle nuestra historia personal. Hashem nos dio el mérito a mi esposa y a mí de formar un hogar basado en los principios de la Torá. Cuando recién nos casamos, esperábamos ser padres, pero pasó un año, pasaron dos, y nada. Durante todo este tiempo hicimos todo lo posible para hacer realidad el sueño. Y nuestros familiares nos ayudaron en lo que pudieron. Rezamos muchísimo y les pedimos bendiciones a muchos rabinos. Asimismo, fuimos a muchas tumbas de tzadikim a rezar y dimos mucho dinero para caridad y recurrimos a muchas segulot. Incluso nos hicimos todos los tratamientos de fertilidad que nos recomendaron los especialistas, ya sea en el ámbito de la medicina convencional como en el ámbito de la medicina alternativa. Pero todo esto no sirvió de nada. Obviamente, estábamos muy mal desde el punto de vista anímico. El punto de inflexión tuvo lugar cuando, gracias a Dios, conocimos sus libros y empezamos a asistir a sus clases en la yeshivá en Jerusalén. A partir de ese momento, nos cambió la vida completamente. Empezamos a vivir con emuná, y por, sobre todo, felices. Hasta tal punto que la gente que nos conocía y que sabía que no teníamos hijos nos decía que no dábamos la impresión de ser una pareja sin hijos, porque estábamos siempre contentos. Y no sólo eso, sino que también alegrábamos a los demás y distribuíamos libros, folletos y CDs de emuná.

La locomotora

Un día, teníamos una cita con usted y usted nos dijo que debíamos seguir dando las gracias: media hora por día, y que, con la ayuda de Hashem, íbamos a tener hijos muy pronto. Y así lo hicimos. Nuestra emuná se consolidó mucho, pero todavía no se hizo realidad nuestro sueño. Sentimos que Hashem al parecer no quería que diéramos las gracias de la boca para afuera. Durante varios meses empezamos a estudiar y escuchar clases sobre el tema de la gratitud. Empezamos a dar las gracias por cada dificultad y mucho más por todo lo bueno que tenemos en la vida gracias a Su compasión. Y al cabo de varios meses, mi esposa quedó embarazada, de manera natural sin ningún tratamiento de fertilidad. Sentimos que todas las buenas acciones que habíamos hecho se habían acumulado y nos habían ayudado a obtener por fin la salvación que tanto anhelábamos. Pero era como si tuviéramos varios vagones llenos de buenas acciones a los que les faltaba la locomotora. Y cuando empezamos a dar las gracias por todo, sentimos con claridad que ahora sí teníamos en nuestras manos la locomotora que logró activar todas las otras mitzvot y darnos el mérito de ser padres.

De hecho, Rabí Najman de Breslev enseña que, a veces, las plegarias de una persona pueden esperar durante años hasta que llegue una sola plegaria dicha de todo corazón y abra las puertas de la compasión, y entonces todas las plegarias que se habían acumulado pueden entrar y lograr su cometido. Y el sagrado Libro del Zohar dice que las puertas de la gratitud nunca se cierran. Por medio de la gratitud, se abren todas estas puertas y todas las plegarias que hasta ahora esperaban afuera, pueden finalmente ascender al Cielo.

Canciones y contracciones

Sin embargo, Hashem al parecer quería que nos fortaleciéramos un poquito más. Llegó la fecha estimada para el parto y no pasó nada. Esperamos una semana y media y todavía nada. Cada dos días íbamos a la clínica a monitorear el pulso del bebé. La verdad es que nos estábamos poniendo bastante nerviosos porque todavía mi esposa no había tenido contracciones y entonces yo le dije: "Digamos gracias también por esto". Pusimos música y empezamos a cantarle canciones de alabanza a Hashem. Mientras cantábamos, mi esposa empezó a sentir contracciones y al cabo de dos horas, ya habíamos llegado al hospital. Después de varias horas de espera, durante las cuales el plantel médico chequeó varias veces a mi esposa, nos dijeron que había un problema con el pulso del bebé y que había que practicarle una operación cesárea. Y así fue como nació nuestro hijo enhorabuena. Y así fue como, después de catorce años y medio, nació nuestro hijo en Purim, que es el día en el que el Pueblo de Israel canta: "Para anunciar que todos los que esperan en Ti no serán avergonzados ni serán abochornados nunca todos los que confían en Ti". Pero la historia no termina aquí. Resulta ser que el bebé había aspirado líquido amniótico, el cual le había llenado los pulmones y lo ingresaron a terapia intensiva. Durante un día entero le pusieron respirador artificial y nosotros estábamos angustiadísimos. Pero también en esos momentos difíciles nos fortalecimos en emuná y gratitud y recitamos el Salmo 100, que es el Salmo de Agradecimiento (Mizmor LeTodá) y después de las primeras veinticuatro horas, vimos que había una mejora en su estado. Le quitaron el respirador artificial y solamente le dejaron oxígeno. Los médicos mismos reconocieron que este era un milagro médico, gracias a que llegamos a tiempo, y nos dijeron que si hubiéramos llegado apenas unos minutos más tarde, quién sabe qué le habría ocurrido al bebé... Probablemente los médicos nos dijeron todo esto para que, si llegaba a pasar lo peor de todo, Dios no lo quiera, estuviésemos preparados. Nos dijeron que probablemente el bebé iba a tener que seguir internado bastante tiempo en el hospital y que esta complicación podía tener consecuencias muy graves en su estado de salud por el resto de su vida. Nosotros, a pesar de todo, nos llenamos de emuná y de gratitud y seguimos cantando canciones a Hashem junto a la cunita del bebé, porque sabíamos que, si Hashem nos había hecho llegar a este punto, con grandes milagros revelados, no nos iba a abandonar después.

Bueno y Benefactor

Hashem, en Su gran compasión, curó al bebé y cada día se fue poniendo un poquito mejor. Poco a poco fueron bajándole la dosis de oxígeno y cada vez que le bajaban el oxígeno quería decir que los pulmones funcionaban mejor. Finalmente se puso bien del todo y empezó a comer por sí mismo. Incluso el jefe de la sala, cuando vino a verlo, nos dijo que el ritmo de recuperación del bebé era increíble, teniendo en cuenta el estado en el que había llegado, y nos dijo que era un milagro. Nosotros sabíamos que todo fue gracias a la gratitud y continuamos por ese mismo camino. Le dábamos las gracias a Hashem por cada mejora en el estado del bebé, por más insignificante que fuese. Además, siguiendo los consejos del Rabino, Le dimos las gracias a Hashem por el hecho de que el bebé todavía estaba internado y por no haberle podido hacer la circuncisión al octavo día de vida. Realmente sentimos que todo era para bien. Al cabo de dos semanas, el bebé ya estaba bien y pudimos hacerle la circuncisión, que fue una ceremonia muy emotiva, ya que habíamos esperado este momento nada más ni nada menos que quince años.

El libro del padre

El padre, que es un erudito de Torá, decidió escribir un libro sobre la importancia de la gratitud y a continuación presentaremos un par de párrafos para beneficio de los lectores:

En la Torá hay una mitzvá de recordar las bondades de Hashem, tal como está escrito: "Y recordarás todo el camino por el que te llevó Hashem tu Dios durante cuarenta años en el desierto... Tu vestimenta no se desgastó; tus pies no se hincharon...". Rabenu Yona comenta sobre esto que cada persona debe aprender de esto – si se nos manda recordar las bondades que les hizo Hashem a nuestros antepasados hace ya miles de años, entonces mucho más cada persona deberá recordar las bondades que hace Hashem siempre con el Pueblo de Israel, salvándolos de las garras del enemigo, tanto físico como espiritual, como así también las bondades que Él hace con cada uno de nosotros a cada instante.

Está escrito en los Salmos: "La salvación proviene de Hashem. Tu bendición está en Tu pueblo". Y los comentaristas explican que la salvación Le pertenece a Hashem y que Su rol es obrar salvaciones para nosotros. ¿Y qué rol tenemos nosotros? Bendecir a Hashem sin parar, tal como está escrito: "Tu bendición está en Tu pueblo".

Enseña el autor del Jovot HaLevavot (Los Deberes del Corazón) que una de las señales que demuestran que la persona ama a Hashem es que esa persona menciona el Nombre de Hashem. Si con cada cosa que le pasa se conecta con Hashem y Le da las gracias por cada cosa a cada instante, "Gracias, Hashem, por la silla. Gracias, Hashem, por la mesa. Gracias, Hashem, por el aire...", incluso cuando le duele algo, y dice "Gracias, Hashem, por este dolor", eso significa que esta persona ama al Creador. Es nuestro deber moral darle las gracias a aquel que nos hace un favor y la emuná nos enseña que también debemos dar las gracias por las cosas que nos parecen malas. Y el autor recalca que cada persona debe mencionar siempre las bondades que le hizo Hashem y darle las gracias y alabarlo con el corazón y con los labios".

El tzadik nómade

Muchas personas, a pesar de haberse criado en hogares religiosos, no tienen claro que hay que dar las gracias por todo. Uno de nuestros más grandes sabios, que vivió hace ya varios siglos, cuenta que se le reveló una verdad de la sagrada Torá y que, gracias a esa revelación, que tiene que ver con el tema de la gratitud, realizó una modificación en el libro que había escrito.

La historia de Rabí Moshe de Coucy, que fue uno de los Baalei HaTosafot, que vivió hace aproximadamente ochocientos años, es una historia apasionante. Al igual que el Profeta Samuel en su momento, él también hizo el sacrificio de viajar por todas las comunidades israelitas (Francia, España, etc) para despertar el corazón de las personas a retornar a Hashem, y obtuvo gran éxito de su emprendimiento. En sus conferencias, el rabino reprendía al público por los pecados que cometían y los llevaba a cumplir las mitzvot de la Torá como es debido. Y así fue como decidió compilar un libro acerca de todas las mitzvot de la Torá y además sus discípulos pidieron que les escribiera una guía práctica. Pero él sintió que no era digno de semejante emprendimiento. Una noche, este sabio tuvo una revelación mientras dormía. Desde el Cielo se le reveló que debía escribir un libro que contendría dos partes: la primera parte trataría de los preceptos positivos y la segunda parte, de los preceptos negativos. Entonces empezó a redactar el libro, basándose en el Libro de Mitzvot del Rambam (Maimónides). Ese libro se denominó el Sefer Mitzvot Gadol (SMaG).

El segundo sueño

Rabenu Moshe de Coucy se sentía muy feliz de haber completado su obra y entonces tuvo otra revelación. Y en ella le dijeron: "Te olvidaste de lo principal. Olvidarse de cualquier detalle en lo que respecta a la halajá (ley judía) está muy mal y mucho peor es olvidarse de lo principal". Lo que había olvidado era el precepto negativo que figura en el Libro de Deuteronomio 8:11: "Cuídate de no olvidar a Hashem tu Dios".

Y esto es lo que escribe Rabí Moshe: "Los israelitas no deben ser soberbios por todas las bondades que les confiere Hashem y no deben atribuir a su propia capacidad todas esas bondades. Cada persona debe cuidarse de no volverse arrogante por todos los dones que le dio Hashem, ya sean materiales, físicos o intelectuales. Por el contrario, la persona deberá ser siempre muy humilde ante Hashem y también ante las demás personas y darle las gracias a Hashem por todo lo que le confirió".

Recordar a Hashem a cada instante

De sus palabras aprendemos que la más grande expresión de humildad es la gratitud. A diferencia de la persona soberbia, la cual se atribuye a sí misma todos sus dones, la persona humilde siente que todo es un regalo gratuito del Creador y no se atribuye sus dones a sí mismo, sino al Creador, y por eso siempre Le da las gracias por todo.

La persona que no Le da las gracias a Hashem desde lo más profundo de su corazón está olvidando a Hashem, que es la Fuente de todas las bendiciones y todo el éxito, y se vuelve soberbia e ingrata. Y el precepto de recordar a Hashem es uno de los diez preceptos que se deben recordar cada día.

La diferencia entre el ser humano y la serpiente

Dado que la esencia de la gratitud es la sumisión, nuestros Sabios nos mandaron postrarnos en la bendición Modim de la plegaria Amidá, porque la postración simboliza la sumisión ante Hashem. Y el acto de estar erguido simboliza la soberbia. En ese sentido, dice el Maharal de Praga que Hashem creó al ser humano distinto a todas las demás criaturas, porque el ser humano se parece a los Seres Superiores por el hecho de ir "en dos patas" y hay una sola criatura que también fue creada erguida, y esa es la serpiente. Y la serpiente es la raíz de toda la maldad y por eso, antes del pecado, no se postraba, pero el ser humano fue creado para postrarse y someterse a la voluntad de Hashem y esa es la diferencia entre ambos. Y la Guemará enseña que la persona que no se postra en la bendición Modim, entonces, cuando se vaya al otro mundo y ya esté en la tumba, su columna vertebral se transformará en una serpiente, que es el símbolo de la maldad y la soberbia. Porque la persona que no Le da las gracias a Hashem en señal de sumisión, es exactamente igual a la serpiente.

De hecho, el pecado relatado en Génesis surgió a partir de la envidia que sentía la serpiente por el ser humano, y a partir del deseo de apoderarse de Eva. Vale decir que la serpiente no estaba satisfecha con su parte. Pero si Le hubiera dado las gracias a Hashem por lo que le había tocado y por toda la maravillosa Creación, jamás habría sentido envidia. Pero cuando la serpiente habló con Eva, le infundió la misma impureza que le impidió a ella ver los otros árboles del Jardín, de los cuales Hashem les había dicho que podían comer. La serpiente hizo que Eva viera solamente el árbol del cual les estaba prohibido comer. Y debido a que Eva se dejó llevar por el consejo de la serpiente y solamente veía ese solo árbol, no Le dio las gracias a Hashem y así fue como la serpiente logró convencerla de que Hashem odiaba a los dos (Adán y Eva). Y eso es lo mismo que le pasa a cada persona que no da las gracias a Hashem por todo: que piensa que Hashem la odia y entonces peca.

Someterse a la voluntad de Hashem

La Guemará no dice que el que no recita la bendición de Modim, su columna vertebral se transforma en una serpiente, sino que el que no se postra en dicha bendición, sufre ese destino. Porque lo principal es la intención, o sea, si uno está dispuesto a someterse a la voluntad de Hashem, o si se mantiene erguido, convencido de que todo le pertenece.

Resulta, por lo tanto, que la gratitud, la humildad y la emuná son una misma cosa, tal como expresa el Rabino Moshe de Coucy cuando dice que no darle las gracias a Hashem equivale a olvidarse de Él y volverse soberbio. Es una de dos: si Lo recuerdas, Le das siempre las gracias. Y si no Le das las gracias, es porque te has olvidado de Él.

El sueño de Rabí Moshe de Coucy nos demuestra que en el Cielo se considera de enorme gravedad la transgresión de no darle las gracias a Hashem por todo el bien que le confiere, y por eso le dijeron que se olvidó de lo principal, como si todos los preceptos que había escrito en el primer tomo fueran secundarios en importancia en comparación con el precepto de dar las gracias a Hashem.

Un precepto que comprende a todos los demás

También el Rambam, (Maimónides), que no enumeró este precepto, no es porque no estuviera de acuerdo sino todo lo contrario. El método del Rambam consiste en no mencionar los preceptos generales y debido a que es tan importante y tan básico, ocupa un sitio de honor. Y el Gaón de Vilna explica que los buenos rasgos de carácter comprenden todos los preceptos de la Torá. Por lo tanto, según el método del Rambam, estos preceptos no se enumeran dentro de la lista precisamente debido a su gran importancia.

Y si bien no es fácil despojarse de la soberbia y alcanzar la humildad, la humildad es la más grande virtud, y de hecho, Moshe Rabenu fue el más humilde de todos los hombres. Pero cada uno debe hacer su parte, como vemos en el Sefer HaJinuj, que dice que el cumplimiento de las mitzvot es el cumplimiento por medio de los órganos del cuerpo y las acciones, y que las acciones influyen en el corazón y los acercan al servicio Divino. La persona que se acostumbra a dar las gracias al final se vuelve una persona humilde.

Maravillas sin plegarias

La gratitud trae éxito y salvaciones, tal como enseñan los libros de ética judía (Musar) y también nos hace merecedores de hacer realidad nuestros anhelos, incluso sin necesidad de rezar, tal como explica Rabí Moshe de Coucy:

"Incluso los anhelos de las personas humildes que Le dan las gracias a Hashem, Él los hace realidad, incluso sin que hayan rezado por ello, tal como está escrito: 'El anhelo de los humildes, Hashem, lo escuchaste". Y esto refuerza lo que yo recomiendo siempre en momentos de dificultad: que la persona dé las gracias por todo, incluso sin rezar.

Muchas veces las personas no se salvan de sus problemas debido a que tienen soberbia en su corazón. Y como dice Rabí Moshe, la ingratitud es una muestra de arrogancia. Pero el que es humilde, sus anhelos se hacen realidad, tal como dice en los Salmos: "El corazón contrito, Hashem no lo desprecia".

Un ruego lleno de gracia

Muchas personas que empezaron a transitar por el camino de la gratitud cuentan que jamás habían sabido valorar las bondades que les hacía Hashem (familia, salud, amigos, etc). Habían dado todo por sentado o bien habían pensado que todo lo que tenían era por mérito propio. Pero cuando aprendieron la importancia de la gratitud, empezaron a valorar cada cosa que tienen. Por medio de la gratitud, su vida cambió por completo y el más grande cambio es que se les abrieron los ojos y empezaron a ver toda la bondad que los rodea. De hecho, vemos en la realidad diaria que cuando una persona exige debido a que siente que todos le deben algo, eso produce rechazo y desprecio por parte de las personas que la rodean. Por el contrario, la persona que pide algo con humildad y sintiendo que nadie le debe nada, esa persona está llena de gracia y sus pedidos son aceptados con favor. Incluso sentir dentro del corazón que alguien me debe algo es una muestra de descaro. Únicamente aquel que siente que le da vergüenza pedir y cuando pide lo hace solamente como pidiendo un regalo gratuito es una persona humilde y sus ruegos son aceptados.

Qué es la humildad

Como conclusión, podemos decir que la humildad es saber que todo lo que tengo es por bondad de Hashem y que solamente Le puedo pedir regalos gratuitos, o sea, no cosas que Él me debe. La persona humilde es, por tanto, la persona que se siente en deuda de gratitud con Hashem.

Un rabino muy reconocido me contó lo siguiente:

Encontré en mi casa el libro **En el jardín de los milagros** y me puse a leerlo. ¿Qué le puedo decir? Después de leerlo, me sentí tan tranquilo... Yo estudio Torá a diario pero nunca en la vida sentí una tranquilidad semejante. Nunca sentí una alegría semejante. Nunca sentí que el corazón y la mente se abrían.

Es como lo que le sucedió a un joven estudioso de la Torá que soñó una noche con Hashem y a la mañana siguiente le contó a su esposa del sueño. La esposa le respondió que uno no sueña excepto con aquello en lo cual pensó durante el día. "Dado que todo el día piensas en Hashem, por eso a la noche soñaste con Él". Y el hombre le dijo: "¿Yo pienso en Hashem? ¿Cuándo tengo tiempo de pensar en Hashem? A la mañana madrugo para ir a rezar a la sinagoga y después voy a estudiar Torá en el kolel. A la tarde estudio con mi javruta y a la noche rezo otra vez en la sinagoga. ¿Cuándo me queda tiempo para pensar en Hashem?".

Esta es una broma un poco triste que describe una realidad: que hacemos todo lo que está escrito en el manual, pero nos olvidamos de lo principal.

CAPÍTULO TRES

LA REINA ESTER

Vino a verme un hombre joven casado con un hijo que vive en su propio departamento. El hombre me contó su historia:

Yo soy religioso de nacimiento y estuve varios años buscando pareja. Hice todo lo habido y por haber: recé, hablé con shadjanim (casamenteros), salí en un montón de citas, consulté a rabinos, hice promesas espirituales e hice muchas segulot, pero todo fue en vano. Y así pararon los años...

Un año, en la víspera de Purim, busqué un minián (quórum) para escuchar la Meguilat Ester y así fue como llegué a una sinagoga de Breslev. Entré a la sinagoga, recé el rezo vespertino y escuché la lectura de la Meguilá. Antes de irme, vi en un pupitre el libro **En el Jardín de los Milagros**. Lo abrí y me puse a leer algunas historias sobre el poder de la gratitud. Eso me alcanzó para darme cuenta de que debía cambiar de rumbo y la forma de rezar para conseguir pareja. Al terminar el rezo, nos informaron que estaban todos invitados a volver en Jatzot (medianoche) para ir al bosque a hacer hitbodedut en la noche de Purim, tal como acostumbran los seguidores de Breslev. Yo, en un momento de espontaneidad, decidí ir con ellos y rezar desde esta nueva perspectiva. Esa noche fui al bosque junto con los demás.

Sin embargo, esta vez no recé con autocompasión, como había hecho hasta ahora, porque no me sentí una víctima. No lloré. No me enojé. No recé lleno de frustración. Fue una experiencia fascinante. Solamente di las gracias y de repente empecé a dar las gracias de todo corazón por todo lo que Hashem me dio en la vida. De repente empecé a sentir cuánto Hashem me ama y cuántas bondades hace conmigo. Esos fueron los momentos de mayor cercanía con Hashem que sentí en toda mi vida: un estrecho lazo de amor. Empecé a sentir vergüenza por todos los años que me había quejado y lamentado de mi suerte, sin poder ver todo lo bueno que Hashem hace en mi vida. Por primera vez en mi vida, di las gracias por no poder encontrar pareja durante tanto tiempo. Porque si toda aquella demora había servido para aprender el valor de la gratitud, entonces todos esos años de soledad habían valido la pena. Jamás me sentí tan puro, tan alegre. La verdad es que podía concluir esta historia aquí mismo, porque este fue el verdadero regalo que recibí en Purim. Pero, como ya se habrán dado cuenta, al poco tiempo conocí a quien sería mi futura esposa. Nos comprometimos. Hoy gracias a Dios tenemos un hijo y todo en mérito de la gratitud. ¡Qué bueno es Hashem!".

El desacuerdo de Ester y Mordejai

Curiosamente, la salvación de este hombre llegó precisamente en Purim, porque dicha salvación está relacionada con el milagro de Purim. ¿Y cuál es la conexión entre una cosa y la otra? Que esa fue precisamente el desacuerdo que hubo entre Ester y Mordejai.

El Pueblo de Israel estaba en grandes aprietos y pendía sobre ellos la amenaza de la aniquilación general. Mordejai pensaba que la salvación llegaría por medio de ayunos y penitencias y grandes clamores, pero Ester no estaba de acuerdo. Ella pensaba que el método de Mordejai no sólo era ineficaz, sino que incluso podía llegar a ser muy peligroso. Según ella, todos tenían que ponerse a cantar y bailar y así anular el mal decreto.

En ese sentido, el Rebe de Klausenburg, sobreviviente del Holocausto, que perdió a su esposa y sus once hijos en los campos de exterminio, solía proclamar a sus compañeros: "¡Queridos amigos: nunca se olviden de que Hashem los ama!". El Rebe, que era un tremendo tzadik y sabio, sobrevivió el Holocausto, hizo renacer a su grupo jasídico a partir de las cenizas y construyó todo un imperio de Torá y de actos de benevolencia.

El Rebe plantea varios interrogantes:

a. ¿Qué significa el desacuerdo entre Ester y Mordejai, cuando él se rasgó las vestimentas y ella le envió vestimentas para vestirlo? ¿Acaso ella pensaba que a Mordejai le faltaba ropa? Además, él le dijo que fuera a ver al rey, pero ella se negó. No podemos pensar que la Reina Ester tuviera miedo de morir, porque sin duda estaba más que dispuesta a dar la vida por el Pueblo Judío. Entonces ¿por qué se puso a discutir con Mordejai? Ester era totalmente sumisa a Mordejai y cumplía con sus órdenes siempre – entonces ¿por qué justamente ahora se negaba?

b. Si la temática de Purim es dar las gracias por el milagro, ¿por qué los Sabios establecieron que se debía beber vino "ad deloiadá" – "hasta no saber lo que ocurre", o sea, hasta perder la cabeza? Porque cuando uno pierde la cabeza, no puede alabar a Hashem y alegrarse con Sus salvaciones.

c. ¿Por qué la Meguilá lleva el nombre de Ester en vez del nombre de Mordejai, siendo que él también redactó la Meguilá? Parecería que Mordejai fue quien obró toda la salvación, ¿no?

La verdad de la Torá

A fin de responder todos estos interrogantes, el Rebe explica:

"Uno puede anular cada dificultad que se le presenta en forma inmediata si cumple con la sentencia de los Sabios "La persona debe bendecir por lo malo como bendice por lo bueno, sabiendo perfectamente que '¿No salen de la boca del Eterno tanto el bien como el mal?'. Todo proviene de Hashem y agradezco y alabo al Eterno que me recuerda y no me olvida. Esto es únicamente la bondad de Hashem, de Quien no proviene ninguna maldad".

Lo que el Rebe está diciendo es que cuando la persona tiene emuná en que las cosas malas en realidad son buenas, Le da las gracias y alaba a Hashem por las cosas malas y al hacerlo, **las está anulando de inmediato**. Esto no lo digo yo, sino que está escrito en forma explícita en los manuscritos del Rebe, según su propia erudición y según la sabiduría que recibió de sus maestros. Y continúa el Rebe diciendo:

"Cuando la persona judía alcanza esta conciencia en lo más profundo de su corazón, y sabe y tiene emuná en que todo lo que Hashem decreta para él es muy bueno, no le puede ocurrir nada malo, porque en el momento en que piensa esto, se anulan todos los malos decretos. De este modo se puede anular el decreto de exilio. **Esta es la verdad de la Torá**".

Esto se relaciona con lo que enseñamos nosotros todo el tiempo en nombre de Rabí Najman de Breslev, respecto a que al darle las gracias por todo a Hashem se pueden anular todos los malos decretos y todos los exilios y el Rebe recalca que esta es la "verdad de la Torá".

La verdadera aflicción

¿Cuál es la verdadera aflicción? ¿Por qué sufrimos? El Rebe lo explica:

"La aflicción radica en que no estamos a este nivel y tenemos poca emuná, y somos incapaces de aceptar el sufrimiento. Cuando nos duele, nos quejamos y lloramos y cuando nos sentimos mal, y no sentimos que esto también es una bondad de Hashem, eso es lo que causa la aflicción".

El Rebe escribe en forma explícita e inequívoca que el sufrimiento es producto de la falta de emuná. Es exactamente lo mismo que dice Rabí Najman de Breslev: "Sabrás que todas las formas de sufrimiento y aflicción son producto únicamente de la falta de conciencia espiritual, porque la persona que tiene conciencia espiritual y sabe que todo proviene de Hashem no tiene sufrimientos en absoluto y no siente nada de aflicción".

La relación entre ambos textos es bastante clara, ¿verdad? Moshé es la Verdad y su Torá es la Verdad. Esta es la verdad de la Torá: por medio de la emuná completa de que no existe el mal y que todo es para bien, se pueden anular todos los sufrimientos. Por lo tanto, la única aflicción que realmente existe es la falta de emuná. El Rebe cuenta un hecho verídico:

"Había dos grandes tzadikim: uno que decía "esto también es para bien" con cada cosa mala que le pasaba. Y este tzadik tenía un amigo, también tzadik, que se 'reía' de él, diciendo: "Se ve que él no estuvo en la época del malvado Hamán, porque si hubiera estado entonces, no habría decretado ni el ayuno ni la lamentación, sino que se habría puesto la ropa de Shabat y habría proclamado por las calles que todo es para bien, bailando y cantando y alabando a Hashem...". Ese tzadik no tenía la intención de burlarse de su amigo y, en verdad, no se reía de él, sino que lo estaba alabando, porque si realmente hubieran actuado así en la época de Mordejai y Ester, se habría borrado el nombre de Hamán-Amalek totalmente".

Anular las desgracias de inmediato

El Rebe explica así la intención que tenía Ester cuando le envió las vestimentas a Mordejai. La Reina Ester tenía un extraordinario nivel de emuná, y estaba convencida de que todo era para bien y que cuando se presenta una desgracia, hay que alegrarse, cantar y bailar por las calles, sabiendo que es lo mejor que podía pasar. Pero cuando vio que Mordejai clamaba por las calles, vestido con saco, le dijo que eso infundía miedo en el pueblo judío y los hacía caer en la tristeza y la depresión, que es la más grande desgracia que existe y que además invoca una acusación contra ellos en el Cielo. Por eso dice en la Meguilá "Y la Reina se estremeció" y se negó a hacer lo que decía Mordejai, y le dijo: "Este no es el camino que nos enseñaste" y por eso le envió vestimentas festivas, para que se pusiera a bailar y tocara el tambor por las calles, que es la manera adecuada de reaccionar ante cada mal decreto, Dios nos libre y guarde.

Y esto es lo que dice el Rebe:

"La Reina Ester pensó que Mordejai no hacía bien en salir a clamar amargamente por las calles, porque eso causaría mucho miedo en el pueblo judío, quienes pensarían que si alguien del nivel de Mordejai clamaba así, eso quería decir que la desgracia era terrible y en cada lugar donde llegaba esa noticia, los judíos se lamentaban y lloraban. Y el acto mismo de llorar y lamentarse invocó una acusación aún mayor en el Cielo en contra de los judíos, debido a que no habían anulado el decreto de Hamán por medio de aceptar el sufrimiento con amor. Porque si hubieran dicho "esto también es para bien", se habría borrado el nombre de Ajashverosh y de Hamán y todos los malvados y se habría borrado la memoria de Amalek".

¡¿Gracias por el exterminio?!

El que no conoce el camino de la emuná se pregunta: ¿Cómo puedo dar las gracias por el hecho de estar enfermo? ¿Cómo puedo dar las gracias por el hecho de que el propietario me quiere echar del departamento? ¿Cómo puedo dar las gracias por el hecho de que mi vida está destrozada? ¿Cómo puedo dar las gracias por el hecho de que mi hijo va por mal camino?". Si te estás haciendo todas estas preguntas, presta atención a lo que el Rebe está diciendo. Hay un decreto firmado según el cual se han de exterminar todos los judíos de todo el mundo. ¿Y qué dice el Rebe, quien conoce perfectamente el significado de la palabra "exterminio" ? Él dice que hay que decir "esto también es para bien" y que "esto también es un milagro de Hashem". Y si todos dijeran esto, los malvados se eliminarían por completo. Esta es la respuesta a cada persona con cada problema que pueda presentársele. Si la persona pregunta "¿Acaso por un problema tan difícil como el mío también se puede dar las gracias?", le decimos que ningún problema es más grande que el exterminio de todo el pueblo judío. E incluso para la más grande desgracia debemos decir "Esto también es para bien" y no de la boca para afuera, sino que incluso tenemos que ponernos a bailar de la alegría.

El Rebe dice que el ayuno y los lamentos evocan aún más acusaciones en el Cielo en contra del pueblo judío. No sólo que no sirve de nada, sino que empeora el problema. Y él recalca:

"Y por eso su desgracia fue una desgracia". O sea que cuando la persona se aferra a la emuná, sabiendo que todo es para bien, y no pierde la alegría, incluso la más grande desgracia no es una desgracia. Pero si la persona cae en el llanto y en el miedo, entonces cada aflicción es verdaderamente una desgracia.

Por eso yo siempre digo que, en los momentos de grandes desgracias, tenemos que agradecer y fortalecer nuestra emuná.

Si te entra al corazón aunque sea una pizca de aflicción o de falta de emuná, entonces la desgracia se vuelve realmente una desgracia y la situación realmente empeora, pero mientras sigas alegre, cantando y bailando, agradeciendo y alabando a Hashem, hasta la más grande desgracia se anula completamente.

Señales de tránsito

Cuando falta emuná, la persona erra, pero cuando la persona retorna a la emuná, y cuando da las gracias, se salva de inmediato, porque Hashem ve que está volviendo al buen camino y está conectándose con el objetivo de su creación y su principal rectificación. Y todo el que vaya por este camino sin lugar a duda logrará rectificar todo lo que necesite.

La persona que no tiene emuná recibe su castigo ya en este mundo porque sufre. Y viceversa, la persona que tiene emuná recibe su recompensa ya en este mundo, porque vive feliz y no sufre.

¿Y por qué es así?

Porque tanto el castigo como la recompensa son señales de tránsito, que conducen a la persona rumbo a su objetivo final, indicándole por dónde debe ir. Hashem quiere que cada persona alcance su objetivo final, que es la emuná, y es conectarse con Él y por eso cuando uno va por el camino de la emuná, la vida es tranquila y placentera, tal como enseña el Rey David: "Él me conduce por aguas tranquilas".

Pero cuando la persona se aparte del buen camino, de inmediato lo acometen las aflicciones, que son señales de amor que le envía Hashem para mostrarle que se ha desviado del camino de la emuná y para inducirlo a retornar al buen camino y no se aleje más. Pero si la persona hace caso omiso de dichas señales y no entiende los indicios, y continúa yendo por el mal camino, está "dándoles una patada" a los sufrimientos y entonces estos no hacen más que incrementarse, como yo siempre digo: "O emuná o un infierno". Porque sin emuná, la vida se pasa la vida quejándose de los problemas y vive en un infierno. Pero cuando uno tiene emuná, acepta todo lo que le pasa con amor y mitiga todos los malos decretos y por eso vive en un paraíso. Por lo tanto, el peor problema es no tener emuná y al tener emuná completa, uno alcanza la rectificación completa y anula por completo todo el mal.

La ley judía según Ester

Finalmente, debido a que Mordejai insistió, e incluso se enojó con Ester, diciéndole: "Tú y la casa de tu padre se perderán", ella, sabiendo que la maldición de un sabio es algo muy peligroso, aceptó finalmente ir a ver al rey Ajashverosh y dijo que sí ayunaría, pero no participó en las lamentaciones públicas, y eso fue lo que la salvó. O sea que, en este caso, Ester se sometió a la voluntad de Mordejai y, sin otra alternativa, aceptó su mandato por lo menos en forma parcial. Da miedo escribir lo que estoy a punto de escribir, pero esto es lo que dice el Rebe:

que debido a que no le hicieron caso a Ester, Hamán no fue eliminado completamente, y el Rebe explica por qué la Meguilá lleva el nombre de Ester:

"Nuestros Sabios establecieron que la Meguilá llevaría el nombre de Ester y no el nombre de Mordejai, porque la ley judía se rige según Ester, quien, ante las desgracias, establece que es más eficaz anularlas por medio de la alegría, bendiciendo por lo malo, igual que se bendice por lo bueno".

Y basándose en esto, el Rebe comenta sobre el tema de la bebida de Purim que debemos alcanzar el nivel de "ad deloiada", o sea, que no podamos distinguir entre Hamán y Mordejai, entre las desgracias y las salvaciones, y que con cada cosa que nos pasa, cumplamos con lo que está escrito: "La persona siempre deberá decir: Todo lo que hace Hashem, lo hace para bien". Por lo tanto, no hay ninguna diferencia entre Purim y el resto del año para esta persona, porque esa persona siempre canta y baila en honor de Hashem, no importa lo que le pase. Purim nos enseña que no existen las desgracias y los malos decretos y que siempre hay que estar alegres y darle las gracias a Hashem.

¿Qué quiere decir que la persona tiene que emborracharse hasta que no distinga entre Mordejai y Hamán? Hamán es la desgracia que se convierte en bendición cuando la bendecimos, y por eso decimos "Bendito es Hamán". Precisamente a partir de la desgracia nos acercamos a la emuná. Por el contrario, si la persona que bebe de más y dice de Mordejai que es maldito, está aludiendo al camino de las lamentaciones, que invocan una acusación en contra del pueblo judío.

La desgracia en sí misma es la salvación

Según esto, podemos afirmar que la manera de alcanzar una emuná completa y percibir la compasión de Hashem en cada situación y ver cómo todo es para bien, es cuando uno está alegre y dándole las gracias a Hashem por las cosas malas, tal como dice el Rey David en los Salmos: "En la rigurosa justicia de Dios, alabo Su palabra; en la misericordia del Eterno, alabo Su palabra". Y la Guemará en el Tratado Brajot, afirma que la primera parte del versículo se refiere a bendecir a Hashem por las cosas buenas y la segunda parte del versículo se refiere a bendecir a Hashem por las cosas malas.

Un ángel disfrazado de hombre

De hecho, no hay ninguna diferencia entre Mordejai y Ester, que fueron los dos tzadikim de aquella generación y tenían una emuná completa. Ester aprendió toda la emuná de Mordejai. El principio básico de la emuná es que Hashem nos ama con un amor eterno e interminable, y jamás te hará nada malo. El Rebe cuenta que cuando bajó del tren de la muerte en el campo de exterminio de Auschwitz, anunció en voz alta: "Queridos amigos: no se olviden de que Hashem los ama incluso en estos momentos". Pero para poder entender de quién estamos hablando, recordemos que estas personas habían sido echadas de sus propias casas, despojadas de todas sus pertenencias, fueron torturados y asesinados de la manera más cruenta, separados de sus familiares y los pocos que habían sobrevivido hasta ahora se enfrentaban a la peor amenaza, porque a esta altura del Holocausto, todos sabían que subían a los trenes sin comida ni bebida, sin baño, sin ventanas para que entrara aire, sin dónde sentarse, porque estaban todos amontonados como sardinas uno encima del otro, con un olor terrible, con gente muriéndose en los vagones y otros volviéndose locos de tanto sufrimiento y después de una semana viajando en tren en estas condiciones indecibles, acababan llegando a algo todavía mucho peor. Las puertas del tren por fin se abrían, pero se abrían en el infierno de Auschwitz. Bajaban del tren en medio de golpes e insultos, en medio de perros ladrando y mordiéndolos, y veían únicamente esqueletos vivientes y olían el olor terrible de los cuerpos quemándose en los crematorios. No podemos imaginarnos siquiera ni hacernos una idea de lo que pensaron y sintieron estas pobres personas en aquellos momentos. Una sola cosa podemos decir: que el anuncio del Rebe, que por ese entonces era relativamente joven, respecto a que Hashem los amaba, era el testimonio de un ángel disfrazado de hombre, que poseía un nivel de emuná infinitamente más grande de lo que cualquier ser humano es capaz de concebir.

Mordejai sabía del nivel del pueblo judío

Este es el nivel de emuná al que todos debemos aspirar: creer que todo es para bien incluso en los momentos más difíciles. Y esta es la emuná de los tzadikim. Así eran Mordejai y Ester. Porque cuando Ester fue llevada al palacio, eso fue para ella una experiencia muy traumática: secuestraron a una joven huérfana, arrancándola del único familiar que tenía en este mundo, sacándola de un hogar judío puro para llevarla al palacio de un rey impuro. En ninguna parte está escrito que Mordejai se haya puesto saco cuando se llevaron a Ester y ni siquiera está escrito que él o ella se hayan lamentado. No tenían la menor duda de que todo esto formaba parte de un designio Divino para bien. Estos son los tzadikim, pero la gente en términos generales no se encuentra a ese mismo nivel espiritual. La gente está muy lejos de la emuná y todo el tiempo hablan de los demás: "Fulano me hizo esto", "Mengano decidió esto". La persona promedio que se enfrenta a una desgracia, si vas y le dices que se ponga a bailar, va a pensar que te volviste loco. Por eso es tan importante difundir estas historias verídicas. Ahora bien, en aquella época, el pueblo tampoco estaba a este nivel y por eso Mordejai, que era el líder, si les decía que se pusieran a bailar, no lo iban a aceptar, y seguramente habrían pensado que de tantos problemas se volvió loco.

O sea que, de hecho, no hay una verdadera diferencia de opinión entre Mordejai y Ester. Lo único en lo que no se ponen de acuerdo es cómo encarar el tema frente al Pueblo de Israel. Ester quería encararlo por medio de la emuná completa, que es la mejor manera de obrar salvaciones, pero Mordejai sabía que de esa manera no iba a funcionar y por eso decidió llevarlos a arrepentirse por medio del ayuno y el llanto. La persona promedio, cuando se encuentra frente a una desgracia, sabe que hay que llorarle a Hashem, porque, como está escrito, "Las puertas del llanto nunca se cierran", pero no sabe que la gratitud es incluso más eficaz que el llanto, porque la gratitud directamente arranca las puertas. No es que las puertas no se cierren, sino que desaparecen por completo y todo está abierto para que entren las plegarias. Mordejai quería que su mensaje llegara incluso a la persona más simple, y que sabe que cuando hay un problema, la manera de enfrentarlo es por medio del arrepentimiento (teshuvá), la plegaria (tefilá) y la caridad (tzedaká), por medio del ayuno y del llanto, ya que todo eso hace que el pueblo se estremezca.

Nuestros Sabios establecieron la ley judía según Ester, porque una vez que se anuló el decreto, y ya no había una amenaza en su contra, y los judíos se arrepintieron de sus faltas, ahora se les podía enseñar el nivel de emuná completa, o sea, que hay que dar las gracias por lo malo igual que se da gracias por lo bueno.

Vemos que Mordejai, en la situación en la que estaban, tuvo razón en actuar tal como lo hizo, mientras que el camino de Ester es el que debe servirnos de ejemplo, porque es el camino indicado y además ella lo aprendió del mismo Mordejai.

Ayuda Divina en nuestra generación

El momento indicado para aprender emuná y adquirir la conciencia espiritual de que todo es para bien es cuando no hay problemas, cuando uno está tranquilo o tiene dificultades mínimas. Cuando uno se acostumbra a ir por el camino de la gratitud mientras todo va bien, entonces, cuando le llega un desafío difícil, le resulta mucho más fácil enfrentarlo por medio de la gratitud, porque ya hace tiempo que viene entrenándose.

En la generación en la que vivimos, se percibe la ayuda Divina a pesar de toda la oscuridad que nos rodea y la luz de la emuná y la gratitud se vuelve cada vez más grande y más fuerte y sentimos la ayuda Divina, e incluso aquellos que enfrentan las pruebas más difíciles aprenden el camino de la emuná y se acercan a la emuná y se salvan de sus dificultades.

Por eso, también en nuestra generación, tanto Mordejai como Ester estarían de acuerdo en que la manera de anular todos los problemas es por medio de la emuná completa que se expresa por medio de la alegría y la gratitud.

No paramos con la gratitud

El desacuerdo entre Mordejai y Ester también se puede explicar de otra manera diferente. Ester tiene razón en el hecho de que se pueden anular los malos decretos por medio de la gratitud, que es la emuná completa, pero Mordejai "sabía todo lo que ocurría" y ya en el banquete de Shushán, que tuvo lugar varios años antes del decreto, él comprendió que debido a las transgresiones que cometieron los israelitas durante aquel festejo, se había emitido tal decreto. Mordejai pensaba que el método de Ester sí lograría anular el decreto, pero si el Pueblo de Israel no hacía teshuvá, o sea, no se arrepentían, entonces ¿de qué valía todo esto? La base sobre la cual se apoya la emuná es la conciencia de que no hay sufrimiento sin transgresiones. Y una de las expresiones más peligrosas de la falta de emuná es cuando la persona no siente que haya una conexión entre lo que hizo y lo que le pasa. Si le sobreviene una prueba difícil, puede decir: esto proviene de Hashem y es para bien, pero si no se percata de que lo que le está sucediendo es consecuencia de sus propios actos, entonces le falta algo lo principal, o sea, que es que no ha rectificado la transgresión cometida y no pidió perdón por esa transgresión.

Es importante que hagamos mención de este punto precisamente en este libro, que habla de la gratitud, porque, gracias a Dios, mucha gente que va por el camino de la gratitud y ve milagros, fortalecen su emuná y también en el cumplimiento de los preceptos y hacen plegaria personal y teshuvá a diario, y de ese modo rectifican las causas que dieron origen a las dificultades. Pero pueden pensar que al dar las gracias ya solucionaron todo el problema. Los problemas no vienen "porque sí": siempre debemos recordar que la persona vino a este mundo a estudiar Torá y cumplir los preceptos y conectarse con Hashem.

El tercer nivel

El libro principal de todos los que he escrito es **En el jardín de la fe**, donde expliqué que hay tres niveles de emuná:

a. Así lo dispuso Hashem

b. Todo es para bien

c. ¿Qué es lo que Hashem quiere enseñarme? ¿Qué me está indicando? ¿Qué quiere que yo rectifique?

Aquí es donde entra en juego el principio de que no hay sufrimiento sin transgresiones y la gratitud también se basa sobre esto: "Estoy muy contento y Te doy las gracias por haberme enviado este sufrimiento para impulsarme a buscar qué cosas tengo que rectificar". Esta es la gratitud completa.

Por eso, no podemos quedarnos en el nivel de "Di las gracias y vi milagros" sino que debemos continuar adelante y entender que la verdadera salvación es la teshuvá (sincero arrepentimiento y compromiso a no reincidir) y la rectificación.

Ahora podemos entender el comportamiento de Mordejai, quien ya conocía el camino de Ester (siendo que él mismo se lo enseñó), pero él no quería que la prueba pasara sin que el Pueblo de Israel se arrepintiera por haber participado del banquete de Ajashverosh, durante el cual cometieron muchas transgresiones.

La situación por aquel entonces era muy parecida a la actual. La gente vivía la política ("Fulano decretó X", "Mengano anunció que X"). Hoy también nos duele ver cómo la gente no conecta lo que sucede con las transgresiones que cometieron y no se detienen a pensar por qué Hashem actúa de cierto modo y qué es lo que Él quiere que corrijamos.

A mí me da mucha gracia cuando la gente viene a contarme que tuvo problemas con los negocios debido a que alguien le hizo "el mal de ojo". Como si esta persona fuera una santa que jamás en su vida hizo algo malo. Yo les digo: "Disculpa la pregunta, pero ¿Tú observas el Shabat? ¿Observas las leyes de pureza familiar? ¿No? Entonces ¿Por qué piensas que te va mal en los negocios por culpa del mal de ojo? ¿Cómo no te va a ir mal, siendo que vives sin Shabat, siendo que alejas a la Presencia Divina de tu hogar?".

El despertar espiritual

Obviamente, esto se lo digo sólo a aquellas personas que están dispuestas a escuchar y aprender. Pero así es la emuná. En realidad, deberías ponerte a bailar de la alegría si sufriste un revés en los negocios, porque gracias a eso Hashem te salvó la vida, ya que ahora vas a empezar a observar los preceptos como es debido y vas a empezar a hacer teshuvá, plegaria personal, introspección, etc.

Mordejai sabía que el Pueblo de Israel veía los avisos de los malos decretos y se estremecían y obviamente querían librarse de las pruebas. Y seguramente decían que todo era por culpa de Hamán, etc. Pero es lo que yo llamo "desperdiciar una oportunidad de oro": estas personas vivían totalmente desconectadas de la emuná. Porque estas personas están diciendo que lo que les está pasando es por equivocación, por casualidad, por injusticia... Si el Pueblo de Israel daba las gracias solamente para salvarse del mal decreto, tal vez lo lograrían, pero no iban a rectificar la raíz del problema.

Esto recién empieza

La gratitud es dar las gracias por la oportunidad de rectificar nuestras faltas y es muy importante que todos entiendan que con decir simplemente "gracias" no es suficiente.

De ninguna manera. Porque cuando damos las gracias, la cosa recién empieza. Una vez que diste las gracias y te salvaste, y lograste entender que todo es para bien y cuánto Hashem te ama, ahora puedes empezar a vivir con emuná verdadera y rezar una plegaria verdadera: "Hashem, muéstrame cuál fue la transgresión que me trajo esta aflicción". Y cuando la persona rectifica esa transgresión, dando las gracias y sintiendo el amor de Hashem hacia su persona, esa es su salvación completa. Ahora realmente podemos decir: "Di las gracias y me salvé".

Y lo principal es que, después de cada salvación, la persona fortalezca sus sesiones de plegaria personal y Le pida a Hashem que la ayude a rectificarse y a anular sus pasiones físicas y corregir sus defectos. Esa es la verdadera salvación y esa es la verdadera emuná y el Paraíso en este mundo.

CAPÍTULO CUATRO

LA SALVACIÓN MILLONARIA

En este capítulo me gustaría encarar el tema de la gratitud desde una perspectiva distinta, por medio de una historia muy especial que tiene que ver con una salvación inesperada.

La gratitud es una forma de vida. Y si queremos adoptar buenas costumbres de vida, no podemos esperar a cuando ya somos mayores, porque es mucho más difícil cambiar las costumbres o introducir hábitos adecuados cuando uno ya es mayor. Por eso, tenemos que educar a nuestros hijos ya desde la más temprana infancia para que vayan por el camino de la gratitud.

Cuanto más jóvenes absorban las enseñanzas, más formarán parte de su personalidad. Rabí Najman dice en el Sefer HaMidot que hay que inculcarles a los niños pequeños un buen comportamiento ya desde la más temprana infancia. Y no hay mejor comportamiento que la gratitud, que es la base de todos los buenos rasgos de carácter. Por eso, Hashem me dio el mérito y resolví transmitir mensajes de gratitud también a los más pequeños, por medio de CDs y libros infantiles.

Y esta es la historia que les quiero contar:

Tengo un alumno que se dedica a difundir estos CDs y así fue como conoció a Yaniv y se puso a conversar con él y Yaniv le contó que él no viajaba a Uman para Rosh Hashaná. Mi alumno le preguntó el motivo y Yaniv le contó su dolorosa historia personal:

"Mi historia es muy larga, pero te la voy a resumir en pocas palabras. Yo tenía un negocio con un socio y un día él me estafó y me dejó con el negocio en bancarrota y una deuda de varios millones. Yo casi me vuelvo loco. No tenía forma de afrontar las deudas y de dar la cara frente a los acreedores. Me embargaron todas las cuentas bancarias y casi me incautan mi propia casa. Además, las deudas se volvían cada vez más grandes por el interés y sentí que estaba frente a un tsunami de deudas que amenazaba con tragarme vivo. Y por todo esto, tengo prohibido salir del país y estoy en medio de un torbellino de burocracia por el tema de las deudas".

Mi alumno le demostró mucha empatía y al final le dijo: "Sin embargo, tengo en mi poder un libro llamado **En el Jardín de los Milagros.** Y te voy a decir algo: empieza a dar las gracias de todo corazón por las deudas y vas a ver que Hashem te envía la solución".

Yaniv, después de muchas vacilaciones, decidió hacer el intento. Y esto es lo que nos cuenta Yaniv:

"Decidí hacer la prueba y empecé dando las gracias sin pedir nada. Hacía plegaria personal en forma esporádica y empecé a hablar con Hashem pidiéndole que me diera una señal de que Él era quien me había enviado la prueba, y no mi socio. Y Le dije así: 'Tú quisiste que yo contraiga todas estas deudas y en el momento en que Tú decidas que deben finalizar, así será. Tú eres Bueno, Bondadoso y Perfecto. Te doy las gracias por las deudas. Y por favor, concédeme el mérito de entender qué es lo que debo rectificar y que solamente Te dé las gracias y no me queje ni me lamente... Así empecé a dar las gracias por la deuda de varios millones de pesos. Al poco tiempo, el juez convocó a una audiencia en la Corte de Justicia y antes de que empezara, el depositario se me acercó y me amenazó, tratando de bajarme la moral antes del juicio. Y esto fue lo que me dijo: 'Vine acá para arruinarte la vida. Ten en cuenta que no me importa en lo más mínimo tu situación financiera. Eres un hombre joven y si es necesario, vas a tener que trabajar en cuatro trabajos diferentes en forma simultánea. Pero a mí me vas a pagar una suma fija de X pesos todos los meses sin falta...'. La verdad es que me asustó con sus amenazas, pero yo, dentro de mi corazón, Le di las gracias a Hashem y tuve emuná en Él y así Le dije: 'Dios mío, no es el depositario. Eres Tú. Tú le pones las palabras en la boca. Gracias por todo, tanto lo que tengo como lo que no tengo. Tú decides qué va a pasar conmigo. Estoy únicamente en Tus manos. No hay fiscales, no hay acreedores... Solamente estás Tú. Y Te doy las gracias por todo'.

"Mientras aguardaba el turno de la audiencia, escuché las audiencias anteriores, en que la jueza trataba con extrema severidad a los acusados, pero yo no me inmuté y seguí dándole las gracias a Hashem: 'Dios mío, no es la jueza. Tú eres el Único Juez. Y Tu compasión es infinita'.

"Cuando llegó la hora de mi audiencia, ella me mandó ponerme de pie y antes de empezar a hablar, le pidió al depositario que saliera. Dentro del recinto nos quedamos ella, mi abogado, el especialista que trajo el depositario, y el encargado del caso del fiscal. La jueza escuchó el testimonio del fiscal, quien me acusó de no pagar lo que debo cada mes y entonces mi abogado tomó la palabra. Mientras tanto, el fiscal se quedó callado. Y entonces la jueza me preguntó: '¿A qué se dedica?'. Le dije que estudiaba Torá medio día y a la tarde y a la noche me dedico a hacer "tahará" (purificación de las personas fallecidas) y las familias me dan una propina y mi esposa es cosmetóloga y trabaja en casa. Entonces la jueza me preguntó: "¿Y cómo explica que no logra pagar las cuotas mensuales de la deuda?". Le respondí: "La verdad es que no sé qué decir. Solamente puedo dar las gracias por todo lo que tengo y por todo lo que no tengo". Al escuchar estas últimas palabras, la jueza cambió de tono. Es como si se hubiera ablandado y sintiera compasión de mí. Sentí cómo Hashem le ponía las palabras en la boca: 'Okay, entonces usted estudia Torá y tiene cuatro hijos... Muy bien, entonces de todos modos va a tener que pagar una suma...'. Entonces la jueza se dirigió a la estenógrafa y le dijo: 'Por favor escriba que el veredicto es que el deudor debe pagar noventa dólares por mes durante un año y después trescientos dólares durante cuatro años, o sea, un total de 15.480 dólares, y fuera de eso se le anulan todas las otras deudas y queda exento de toda otra obligación'.

"Como si no fuera suficiente con este milagro inmenso, la jueza se dirige al fiscal y le pregunta: '¿Está usted de acuerdo?'. Y el fiscal dice que sí. Mi abogado no podía entender lo que había ocurrido. Salí de allí boquiabierto y solamente pensé hasta qué punto la gratitud obra milagros y Le dije a Hashem: 'Gracias, Dios mío, me acabas de hacer un milagro imposible de creer'. Y desde ese momento, todo se fue arreglando y en muy poco tiempo vino mi hermano y encima me dio un coche nuevo de regalo...".

Esta es la historia de Yaniv y lo que es más sorprendente es que conoció el camino de la gratitud por medio de un simple CD infantil. Esto nos demuestra hasta qué punto la luz de la gratitud llega a todos por igual.

La rectificación de esta generación

La gratitud es el camino a la salvación en esta generación. En todas las generaciones anteriores, para obtener la salvación, era necesario hacer ayunos, plegarias y mortificaciones. Pero en nuestra generación, las salvaciones llegan por medio de canciones, alabanzas y gratitud. ¿Saben por qué? Nuestros Sabios predijeron hace ya miles de años cómo iba a ser la época en la que vivimos y sintieron mucho miedo: "¡Ojalá que el Mashíaj venga pero que yo no esté allí!". Esta es la generación llamada "Ikveta di Meshijá" (Pasos del Mashíaj), porque vieron lo difícil que iba a ser esta época. Y la gran dificultad de esta generación es el descaro y la osadía, tal como describe la Mishná: "¿Qué sucederá con la generación previa a la Redención Final?". Y tal como vemos en nuestra generación, sobrevendrá el descaro...

Luego la Mishná describe cómo será ese descaro: "Los jóvenes humillarán a los ancianos; los ancianos se pondrán de pie ante los más jóvenes; el hijo indignará a su padre; la nuera se alzará contra su suegra; los miembros de la familia del hombre serán sus enemigos; el rostro de la generación será como el rostro de un perro; el hijo no se avergüenza ante su padre y ¿en quién podemos confiar? ¡En nuestro Padre Divino!".

O sea que el descaro es una prueba muy difícil de esta generación y el Arizal dice que la rectificación de cada persona tiene que ver precisamente con aquello que le resulta más difícil. ¿Cómo puedes saber qué es lo que tienes que rectificar? Si ves que hay algo que te cuesta en forma especial (alguna pasión física o un mal rasgo de carácter que no logras superar), sabrás que allí se encuentra la esencia de tu rectificación. Te trajeron al mundo precisamente para que rectificaras esta falta. Por ejemplo, si una persona iracunda, o sea, no logra contener su ira, y al mismo tiempo es generosa y da mucho dinero para caridad, sabrá que no ha venido al mundo a rectificar el rasgo de la avaricia, sino el de la ira.

Este principio se aplica también a todo el Pueblo de Israel. Si en nuestra generación reina el descaro, entonces eso quiere decir que para poder rectificar, debemos hacer todo lo posible por hacer justamente lo contrario, o sea, comportarnos con buenos modales; y la más grande expresión de esto es la gratitud. Cuando una persona siente gratitud hacia sus padres y hacia sus maestros, jamás se atreverá a faltarles el respeto. Entonces ¿por qué Hashem hizo que en esta generación aumentara el descaro? Para obligarnos a fortalecer el tema de la gratitud y superar el descaro, y así rectificar el pecado de las quejas y las lamentaciones.

Una rectificación para todas las generaciones

Adán expresó ingratitud y actuó con descaro ante Hashem. Y entonces Hashem le preguntó por qué había pecado y él, en vez de avergonzarse, Le respondió: "La mujer que me diste...". Hashem le había dado a la mujer porque no es bueno que el hombre esté solo. Pero el hombre, en vez de avergonzarse por el hecho de no haber pasado la prueba, Le echa la culpa a Hashem:

"¡Si pequé, fue por Tu culpa! Porque si no me hubieras dado a esta mujer, no habría pecado". ¡Qué descaro!

Posteriormente, la generación del Desierto tampoco pudo rectificar aquel pecado y no sólo eso, sino que, para colmo, empeoró la situación al quejarse y lamentarse, y eso causó un llanto por todas las generaciones que dura hasta el día de hoy, porque todavía no se ha rectificado esta falta. Y el llanto de aquella generación es otra muestra de descaro: ¿cómo es posible que toda una generación que vive rodeada de milagros, aprovechen cada oportunidad para llorar, quejarse y echarle la culpa a Moshé, el siervo de Hashem? ¿Acaso hay una muestra de insolencia más grande que recriminarle a Hashem el hecho de haberlos sacado de Egipto?

Hashem nos quiere redimir y por eso Él nos "obliga" a trabajar sobre el tema de la gratitud y rectificar el descaro desde su raíz. Esta es una perspectiva diferente del trabajo espiritual de la gratitud: que tenemos que aprender a actuar con buenos modales y con vergüenza ante el descaro de la generación.

A continuación, presentaremos varias frases tomadas del Sefer HaMidot sobre el tema del descaro y cómo se relacionan con la gratitud:

- El descaro viene por medio de la ira y, tal como hemos dicho en nombre de Rabí Najman, cada vez que uno siente tristeza, está demostrando que está enojado con Hashem. Y cuando uno se enoja y olvida todo lo que Hashem hizo por él, eso se manifiesta en una muestra de descaro.

- Por medio del descaro, no se aceptan las reprimendas. Mientras uno no abandone las quejas, no aceptará las reprimendas. O sea que por más que le hables, no servirá de nada. Y se entiende, si tenemos en cuenta que el descaro revela una grave falta de emuná. Y cuando no hay emuná, falta la base y no se puede construir nada.

- Por medio del descaro, uno se vuelve cruel. Y es sabido que no ha rectificado las transgresiones de su padre. Esto tiene que ver con lo que hemos dicho antes, respecto a que mientras uno no se domine a sí mismo y no sienta vergüenza ante Hashem, no podrá rectificar las faltas de sus padres.

- El que es descarado – que se ponga tefilín que usó un tzadik. Los tefilín del tzadik simbolizan la conciencia espiritual y la perfección de la emuná, así como también el apego del tzadik a Hashem, o sea, una manifestación de su emuná.

- La persona descarada no está conforme con lo que tiene. Cada persona tiene un montón de cosas en la vida y la más grande causa de sufrimiento es que no logra ver todo lo que tiene. Lo único que ve es lo que le falta y por eso llega a toda clase de pensamientos distorsionados, tal como hemos visto: cuando uno siente que todos le deben algo y que Hashem no lo ama. El descaro es solamente la consecuencia natural de todo esto. Y Rabí Najman explica que la causa del descaro es que la persona no está conforme con lo que tiene.

El descaro es la causa directa de todos los pecados y por eso el Vidui (Confesión) empieza con las palabras: "No somos descarados...", porque si somos descarados, no podemos ni siquiera pensar en confesarnos. Por el contrario, aquellas personas que logran rectificar el descaro y logran sentir vergüenza genuina ante Hashem, les está garantizado que "el que se avergüenza no se apresura a pecar".

Esto nos permite entender por qué hoy en día Hashem salva a todo aquel que da las gracias: porque cada persona que se une a las expresiones de gratitud se está uniendo a la rectificación del mundo y de la Creación y la Redención de Israel y logra obtener salvaciones inmediatas.

CAPÍTULO CINCO

CINCUENTA MIL DÓLARES

La historia que voy a contarles es una historia que me llegó desde los EEUU.

Gracias a Dios, los libros y los folletos de emuná han sido traducidos a varios idiomas y hay muchísima gente en el mundo entero que no conozco personalmente y con los que nunca en mi vida crucé una palabra, pero que, a pesar de eso, viven la vida según las enseñanzas expuestas en mis libros.

Prácticamente todas las semanas me vienen a visitar personas extranjeras que llegan a Israel por cuestiones familiares o asuntos de negocios y me dicen: "No puedo creer que esté hablando con usted.... En casa, escuchamos los CDs y vemos sus charlas, leemos sus libros (en inglés, en español, en francés). Y sus palabras nos acompañan de la mañana a la noche. De no ser por esta guía, no sé cómo haríamos para enfrentar la lucha diaria".

¡Cuánta fuerza nos da la emuná! ¡Cuánta fuerza nos da la gratitud! Estas enseñanzas son como oxígeno. Y esta historia me la contaron precisamente durante una de estas charlas.

La rueda de la fortuna

Un norteamericano me contó de un amigo suyo que es observante y que empezó a leer los libros de emuná. Este joven norteamericano, llamado Yoni, era un hombre de negocios en muy buena posición económica que vivía en una de las principales ciudades de los EEUU. Pero, como todos sabemos, la rueda de la fortuna da vueltas todo el tiempo. Y Hashem, en Su gran compasión, hace que la persona se vuelva rica o pobre. Porque cada persona debe recorrer un ciuerto trayecto para que pueda conocer a Hashem. Eso fue precisamente lo que ocurrió con Yoni, que sufrió un revés financiero muy grande y tuvo que enfrentar varios gastos inesperados y pérdidas monetarias considerables. Yoni estaba ya casi al borde de la bancarrota, sin saber qué hacer. Los bancos se negaron a extenderle más préstamos y los acreedores lo acosaban día y noche. Pero además de las tremendas dificultades financieras, él estaba nervioso y preocupado y no encontraba salida al pozo depresivo en el que se había sumido. No es fácil sufrir una caída tan brusca. No es fácil mirar a los ojos a tu esposa y tus hijos cuando sabes que no estás en condiciones de procurarles el sustento. El pobre estaba tan mal que ni siquiera tenía fuerzas para salir del pozo. Y precisamente en esta situación tan precaria, alguien le dio el libro **En el jardín de la fe** en idioma inglés. Yoni lo leyó de punta a punta y más de una vez se puso a llorar mientras lo leía. Según su propio testimonio, fue una experiencia estremecedora. Prácticamente todos los errores que había cometido y todos los pensamientos que había tenido figuraban en aquellas páginas. Pero también figuraban allí las soluciones y las respuestas a sus interrogantes.

Este nuevo conocimiento le infundió esperanza y optimismo. El libro pasó a ser su compañero inseparable y su manual de vida. Yoni empezó a hablar a diario con Hashem con sus propias palabras y así fue como decidió fijar horas para hacer plegaria personal.

Su situación financiera siguió siendo igual de precaria pero su estado de ánimo cambió por completo. Ni siquiera en los mejores momentos de su vida se había sentido tan feliz como se sentía ahora: "Hoy entiendo que yo lo tenía todo y no tenía nada. ¡Qué desconectado estaba! Hashem me quitó todo lo que tenía, pero me dio algo mucho mejor: hoy no tengo nada y lo tengo todo".

Yoni se sentía una persona libre y volvió a creer en sí mismo. La emuná y el hecho de saber que Hashem estaba junto a él y no lo iba a abandonar le infundieron nuevas fuerzas. Y sus amigos le insistían para que retomara sus negocios. Yoni aceptó la propuesta y sus amigos le consiguieron un préstamo muy grande: cincuenta mil dólares y ellos mismo salieron de garantes. El préstamo debía devolverlo en diez cuotas, o sea, una pequeña fortuna cada mes. Yoni no tenía la menor idea de cómo iba a hacer para pagar cinco mil dólares todos los meses, pero confió en Hashem.

Yoni le entregó diez cheques de cinco mil dólares por adelantado al acreedor, pero sabía que, en las circunstancias en las que se encontraba, no era para nada seguro que pudiera pagar esa deuda. Por eso, llegaron a un acuerdo según el cual los cheques no se iban a debitar del banco, sino que el acreedor los iba a guardar como un depósito y cada mes, Yoni le iba a pagar los cinco mil dólares en efectivo. Así fue el primer y el segundo mes, pero el tercer mes ocurrió algo muy desagradable. El acreedor se olvidó del acuerdo al que habían llegado y depositó el cheque en el banco. Esa noche, Yoni estaba fuera de la ciudad y recién bien tarde a la noche volvió a casa, pero antes de llegar a casa, se acordó de que tenía que cargar combustible. Él no sabía nada de lo que había ocurrido con su cuenta bancaria y pensó que podía pagar el combustible usando la tarjeta de crédito. Pero cuando quiso pagar, el pago fue rechazado y así fue como Yoni se enteró de lo que había sucedido. Yoni estaba solo en un lugar apartado, en medio de la noche, sin combustible, sin dinero en efectivo, sin tarjeta de crédito, sin nadie conocido, sin saber qué hacer, sin nadie a quien recurrir...

Un rayo de luz

¿Qué le pasó por la cabeza a Yoni en esos momentos tan difíciles?

Lo primero que sintió fue mucho enojo con el acreedor. ¿Cómo había sido capaz de hacerle algo así? Ya estaba pensando cómo le iba a gritar cuando lo viera...

Después de los primeros momentos de ira, empezó a sentir compasión de sí mismo.

Volvió a sentirse igual que se había sentido antes de conocer el camino de la emuná.

Y nuevamente sintió que se sumía en un pozo.

Yoni decidió estacionar el coche cerca de la estación.

Un rayo de emuná logró disipar la oscuridad de la noche.

Y así fue como retornó al camino de la conexión con Hashem.

Se acordó de todo lo que había aprendido: que todo lo que hace Hashem es siempre para bien y que por todo hay que dar las gracias.

Pensó que estaba vivo y sano y que su negocio estaba por repuntar y además tenía esposa, hijos, etc. Y además tenía este coche. Y lo más importante de todo: tenía emuná, que le daba esperanza. Y si bien la situación era bastante desagradable, tampoco era el fin del mundo. Hay cosas muchísimo peores. Y la verdad es que tenía un millón de razones para dar las gracias.

Se dio cuenta de que este problema también era por su propio beneficio. Y entonces allí, sentado en el coche, empezó a dar las gracias...

"Gracias por las deudas, gracias por el hecho de que el acreedor depositó el cheque, gracias por no tener combustible, gracias por no tener tarjeta de crédito ni efectivo, gracias por estar aquí estancado...".

Estos momentos fueron como una ducha fresca para el alma: se sentía como nuevo. La gratitud lo había limpiado y lo había llenado de alegría.

Yoni se puso a pensar y llegó al tercer nivel de emuná: qué es lo que Hashem quiere enseñarme por medio de todo esto.

Yoni se dio cuenta de Hashem estaba enseñándole una lección de emuná: que incluso cuando alguien le hace daño, debe recordar que no es esa persona la que le hace daño, sino que es Hashem Mismo el que le está enviando esa prueba, porque no hay nada fuera de Él. No es el acreedor el que depositó el cheque, sino Hashem. Y todo es para bien.

Yoni tenía que subir a un nuevo nivel de emuná. Ahora debía aplicar todo lo que había aprendido para superar esta prueba. Se llenó de alegría y Le dio las gracias por la lección de emuná. Ahora sabía que la emuná vale muchísimo más que toda la fortuna que había tenido antes y que esta noche, con todo lo difícil que había sido, le estaba enseñando la más grande lección de toda su vida.

Yoni decidió buscar en el coche a ver si encontraba algo de valor: y, en efecto, encontró veintitrés dólares. Muy tranquilo, y con una sonrisa en el rostro, volvió al empleado de la estación de combustible y le pidió cargar combustible por esa suma. El empleado, que estaba bastante aburrido, le preguntó qué le había pasado y Yoni le contó todo, sin mencionar la palabra "emuná". El empleado no lograba entender cómo era posible que, con tantos problemas, Yoni estuviera sonriente. Entonces Yoni le dijo que había aprendido que todo es para bien y entonces tenía que dar las gracias por estar estancado con el auto. Pero ahora, gracias a que había fortalecido su emuná, estaba lo más tranquilo. El empleado no podía creerlo. Y esto fue lo que le dijo: "Dame solamente veinte dólares por el combustible y los tres dólares restantes utilízalos para comprar un boleto de lotería. Esa misma noche, Yoni se ganó la lotería. ¿Y el premio? ¡Cincuenta mil dólares!

Tremendamente emocionado, Yoni dijo: "Todo lo que hace Hashem, lo hace para bien". ¡Qué milagro que el acreedor se olvidó de lo que habíamos pactado y depositó el cheque! ¡Qué milagro que me quedé sin combustible! ¡Qué milagro que el banco me rechazó el pago de la tarjeta! ¡Qué milagro que no me quedó nada de efectivo! ¡Qué milagro que llegué a este lugar! ¡Qué milagro que di las gracias por todo! ¡Qué milagro es percibir las maravillas de la gratitud!

En el momento de la prueba, todo parece muy difícil, pero la verdad es que todo es para bien. Si conociéramos los cálculos Divinos, daríamos las gracias por cada dificultad.

Preguntas de otro mundo

A veces nos olvidamos de esta pequeña "diferencia" y ahí es donde surgen todos los "cuestionamientos" acerca de la emuná: que la lógica dice otra cosa completamente diferente. Pero, en realidad, esto no es un cuestionamiento sobre la emuná, porque la emuná es precisamente eso: **la emuná no es la lógica** – entonces ¿por qué cuestionas la emuná desde el punto de vista de la lógica? Estás mezclando dos cosas que no tienen absolutamente nada que ver entre sí.

Por eso, a todos los que preguntan "¿Cómo es posible dar las gracias por algo malo?", a la luz del prólogo anterior, la respuesta es clara.

Cuando hablamos de "gratitud", estamos hablando del mundo de la emuná. Y cuando alguien dice que algo es "malo", está hablando del mundo de la lógica. No existe ninguna conexión entre ambas cosas.

Pongamos por ejemplo a Yoni, que está sentado dentro de su automóvil, que se quedó estancado en medio de la ruta en medio de la noche, sin combustible y sin dinero. ¿Acaso esto es algo bueno? ¡No, para nada! Desde el punto de vista de la lógica, esto es algo terrible. Nadie lo pone en tela de duda. Desde la perspectiva de la lógica, es terrible y el que diga que la lógica dice que es algo bueno es totalmente ilógico.

Pero cuando Yoni decidió dar las gracias y "arrojar la lógica", no estaba tratando de entender esto según la lógica, sino que decidió salirse del ámbito de la lógica y subir al ámbito de la emuná. Él sabía que lo que le estaba sucediendo era algo muy malo, pero eso solamente desde el punto de vista de la lógica de este mundo. Él se dio cuenta de que, en este caso, el desafío consistía en contemplar la situación únicamente desde el punto de vista de la emuná.

En el mundo de la emuná, no se percibe la realidad como se la percibe en el mundo de la lógica. En el mundo de la emuná, ponemos los ojos en el Creador del mundo, que es Quien supervisa todo lo que acontece y que es Bueno y Benefactor y que es Quien hace bondades con cada persona a cada momento, sin importar qué aspecto tengan esas bondades desde el punto de vista de la lógica, porque lo que hace está a un nivel muchísimo más elevado que el nivel del entendimiento humano.

Cambiar de frecuencia

A veces, uno al final acaba entendiendo que, en realidad, todo era para bien. Pero eso no tiene nada que ver con la emuná. Yoni jamás habría podido imaginarse lo que le sucedería aquella noche. No habría podido imaginar que acabaría bendiciendo al acreedor desde lo más profundo de su corazón. Porque, en el momento en que uno enfrenta una prueba, no puede entender de qué manera eso es bueno y tampoco se espera que trate de entender. Lo único que uno tiene que hacer es subir del ámbito de la lógica al ámbito de la emuná, porque en el ámbito de la emuná, no hay nada malo. Allí no existe ese término. En el ámbito de la emuná, solamente existe el bien. Todos los cuestionamientos pertenecen a otro ámbito.

Lo que hemos explicado en el libro **Las puertas de la gratitud** y en el otro libro **En el jardín de los milagros**, respecto a que hay que dar las gracias por las cosas malas que nos pasan, no quiere decir que la lógica está equivocada o que, desde el punto de vista lógico, estas cosas sean buenas. Solamente quiere decir que tienes que salir del mundo de la lógica y subir al mundo de la emuná y empezar a contemplar la realidad con los anteojos de la emuná, que es lo que Hashem espera de ti. Este es el desafío y para esto viniste al mundo.

Preguntas sobre la vida

La gente se pregunta: "¿Qué tiene de bueno el hecho de que yo sea estéril/no tenga pareja/esté con deudas hasta el cuello/tenga un problema de salud/esté internado/mi hijo haya tomado el mal camino/haya perdido todos mis ahorros/ me haya quedado paralítico para toda la vida/ etc?"

(Cada uno puede agregar sus propias desgracias a esta larga lista de problemas).

Pero, de acuerdo con lo que hemos aprendido, la respuesta es muy sencilla: desde el punto de vista de la lógica, es verdad que todo esto es terrible. Tienes toda la razón del mundo. En el mundo de la lógica a veces resulta imposible dar las gracias. La gratitud recién se pone en práctica cuando salimos del mundo de la lógica y entramos al mundo de la emuná y, para eso, tenemos que deshacernos de la lógica.

Tú dices que esto que te sucedió es malo y tienes toda la razón. ¿Acaso alguien puede decir que no? Tienes toda la razón, pero no viniste al mundo para tener razón ni para "entender" que lo malo realmente es malo. Viniste al mundo para tener emuná, para creer.

La emuná —o sea, creer que lo malo es en realidad bueno, dado que no existe el mal— es un nivel de intelecto muchísimo más elevado. La lógica dice que X es algo malo y tú dices que X es algo bueno. ¿Por qué? Porque así es – no hay forma de explicarlo, porque las explicaciones entran en el ámbito del intelecto inferior de este mundo material. En el mundo de la emuná, la explicación está muy por encima de la lógica; la explicación es que el Creador hace solamente el bien. Tanto si logras entenderlo como si no. Esa es la emuná, y la emuná no va a cambiar por el hecho de que no logras entenderla.

¿Creer o saber?

Alguien me pregunto si Najum Ish Gamzu, quien dijo que "Gamzu letová – esto también es para bien", sabía que lo que le pasaba era para bien o si creía que era para bien, pero sin tener la menor idea de cómo. Me parece una pregunta muy inteligente y muy importante que debemos tratar de elucidar, porque la respuesta a dicha pregunta constituye un principio básico de emuná y del servicio Divino.

Está claro como el agua que Najum Ish Gamzu no tenía la menor idea de cómo lo que le pasó era para bien. Najum no era ningún "volado". Najum era un sabio y un tzadik, pero él también sabía que, de acuerdo con la lógica, lo que le había pasado era muy malo y también podía llegar a ser terrible para el pueblo de Israel.

Para aquellos que no conocen la historia, se la voy a contar:

Najum Ish Gamzu había sido enviado como representante del pueblo de Israel para anular un decreto de aniquilación. Con tal fin, emprendió el viaje, portando un cofre lleno de piedras preciosas. En el camino, Najum se hospedó en una posada y allí le robaron todas las piedras preciosas que llevaba en el cofre, reemplazándolas por arena. Cuando se dio cuenta de lo sucedido, Najum dijo enseguida: "Esto también es para bien" y prosiguió su camino.

Najum arribó al palacio y le ofrendó el regalo al emperador. Al ver que el "regalo" del pueblo de Israel era pura arena, el emperador se puso furioso y prometió vengarse de los judíos y entonces Najum dijo una vez más: "Esto también es para bien".

¿Acaso Najum no sabía que el emperador iba a emitir decretos terribles en contra del pueblo judío? Por supuesto que lo sabía. Él no era ningún tonto. ¡Pero él era un hombre de emuná!

Él sabía que la misión del judío no es saber sino creer, o sea, deshacerse de la lógica y subir al mundo de la emuná. Najum no tenía la menor idea de cómo lo que le había sucedido era bueno, pero tuvo fe, o sea, emuná. Si hubiera sabido de qué manera eso era bueno, entonces no habría sido una muestra de grandeza creer que era bueno.

¿Acaso esto es una prueba?

Si le dices a un conductor que si conduce su automóvil una hora entera sin tocar la bocina y sin enojarse va a ganarse un millón de dólares y que cada vez que se le adelanten y cada vez que le toquen la bocina a él y le griten, va a recibir mil dólares adicionales, ¿cómo va a reaccionar?

Va a subirse al auto lo más tranquilo, súper contento. Si ve que hay un embotellamiento, se va a matar de la risa. ¿Qué le molesta? Nada. ¡Al revés! ¡Se va a poner contento! En el momento en que alguien baje la ventanilla y lo insulte, ¿acaso va a perder la calma? ¡Al revés! ¡Va a estar feliz de la vida! Porque gracias a esos dos minutos de "sufrimiento", ¡va a recibir de regalo el sueldo de todo un mes!

Resulta que el hombre completó una hora entera conduciendo sin enojarse ni perder los estribos ni una sola vez. ¿Acaso podemos decir que es una persona de emuná o una persona de un cierto nivel espiritual, que es una persona que se sabe dominar a sí misma?

No. En absoluto. Todo eso no sirve de nada.

La alabanza que se hace de los tzadikim es que se apegaron a la emuná sin entender cómo ni por qué. De eso se trata. Esa es la mitzvá de tener emuná: **creer en contra de lo que te dice la lógica.**

La emuná es el intelecto superior

Este es un mensaje muy importante a tener en cuenta cada vez que enfrentamos una prueba en la vida. Es verdad que hay casos en los que la persona ve "todo negro". Puede tratarse de pequeños incidentes como, por ejemplo, quedarse sin combustible, o de incidentes de envergadura, cosas que preferimos no mencionar, no sea que le ocurran a alguien, Dios no lo permita. Puede tratarse de alguien que te trató mal, que te hirió, que te lastimó, que te hizo daño, que te arruinó la vida... o puede ser que tú mismo cometiste errores en la vida y echaste a perder tu paz conyugal, o la educación de tus hijos, o te sumiste en un mar de deudas y en situaciones realmente difíciles.

En todas estas situaciones, ves todo negro y, según la lógica, tienes toda la razón. Pero la lógica no te conduce a ninguna parte y no te va a dar la oportunidad de ver milagros ni la increíble Providencia Divina, y la lógica no es aquello para la cual viniste al mundo.

Por eso, deja de "tener razón" y empieza a actuar con sabiduría. Con verdadera sabiduría.

¿Qué es ser sabio? Es creer, o sea, tener emuná, en que Hashem es infinitamente más sabio que tu intelecto y tu lógica. Arroja la lógica y sube al mundo de la emuná, que es el mundo en el que se anula la lógica propia para alcanzar la lógica del Creador, la lógica infinita del Creador. El mundo de la emuná es un mundo en el que no existe la oscuridad, en el que todo es luz. El mundo de la emuná hace que ocurran milagros y transforma la dura realidad en una realidad maravillosa.

Hay un punto que debemos aclarar: no es que en el mundo de la emuná no haya lógica, sino que el mundo de la emuná constituye un intelecto muchísimo más elevado que el de la lógica de este mundo; es tan elevado que no podemos pretender entenderlo ya que, a decir verdad, la emuná es el intelecto más elevado que existe.

¿Sabes por qué? Porque la emuná es el intelecto del Creador del mundo, Quien ve el panorama completo. Y cuando la persona se eleva al mundo de la emuná, no es que logre entender la lógica del Creador, sino que uno cree que el Creador existe y que el Creador la ama y quiere solamente lo mejor para ella, y sabe que el Creador sabe lo que ella no sabe y Él ve lo que ella no ve y Él entiende lo que ella no entiende.

Por eso, tenemos que deshacernos de la lógica, que es el intelecto de este mundo material, y ascender al intelecto del Creador, que equivale a "anular tu propia voluntad ante la voluntad del Creador" – anular tu propia opinión frente a la sabiduría infinita del Creador, que eres incapaz de comprender, pero en la que sí tienes la capacidad de creer, y cuando creas en ella, quedarás incluido en el intelecto infinito del Creador, y entonces vas a poder afirmar que hasta el hecho más terrible que es algo bueno y podrás dar las gracias por ello, ya que el Creador hace solamente el bien.

Hay cosas que jamás podrás comprender

Muchas veces, tal como ocurre en el caso que hemos relatado, Hashem dispone las cosas de forma tal que se alcance un objetivo determinado, que al final también va a resultar ser el mejor para ti incluso según la lógica de este mundo, pero el inicio del proceso por el que te lleva Hashem no concuerda con la lógica de este mundo.

Por ejemplo, en la historia que hemos relatado, el Creador quería darle a Yoni 50.000 dólares en determinado lugar y a determinada hora y en determinadas condiciones. Desde el punto de vista de la lógica de Yoni, esto era algo malo, pero, no obstante, él tuvo emuná y se sometió al intelecto del Creador,

Quien ve cosas que Yoni no logra ver y dirige las cosas de una cierta manera que Yoni no llega a comprender y, al final, Yoni pudo comprender de qué manera todo era para su propio bien.

Pensemos qué habría sucedido si Yoni hubiera seguido enojado y hubiera gritado o insultado y hubiera insistido en sentirse triste. Evidentemente, la conversación con el encargado de la estación de gasolina no habría tenido lugar y Yoni se habría quedado sin los 50.000 dólares, y si se hubiera peleado con la persona que le prestó el dinero o con el banco, quién sabe qué más habría sucedido...

En realidad, es una bendición que nosotros, los seres humanos, no podamos comprender la forma en que se conduce el Creador, porque entonces, no habría lugar para el concepto de "emuná". La emuná solamente puede existir cuando con tu lógica ves que algo que pasa es malo, pero, a pesar de eso, tienes emuná, o sea, crees, que, de acuerdo con la lógica del Creador, eso es bueno. Eso es lo que llamamos "ascender al intelecto de la emuná".

Incluso cuando no logramos percibir esto en forma inmediata, esa es la verdad y este es el objetivo para el cual vinimos al mundo: para aferrarnos a la emuná. A veces ocurre que la persona queda estancada en la ruta para que no pueda llegar a un lugar peligroso, y no tiene forma de saber que, si llegara a ese lugar, eso implicaría un enorme peligro.

El verdadero premio

Lo más importante es que Hashem siempre quiere enseñarnos una lección de emuná, que es lo más importante de todo, como en este caso, que Yoni, antes de recibir un premio, se alegró mucho por el hecho de haber aprendido una lección de emuná. Porque ese es el verdadero premio. El Creador dispuso todo de manera tal que Yoni aceptara esta lección de emuná y se acercara a Él y al objetivo final de este mundo. Esa es la más grande muestra de bondad de Su parte.

Entonces ¿qué es la gratitud? La gratitud es el parámetro con el que se mide hasta qué punto uno tiene emuná. Porque, de hecho, no se puede dar las gracias por algo malo. Y si uno no logra dar las gracias por el sufrimiento, eso quiere decir que todavía se encuentra en el mundo de la lógica humana, y no logra ver el objetivo para el cual vino al mundo ni los milagros y las maravillas que Hashem le está preparando.

Pero en el momento en que uno da las gracias, incluso si al principio no lo hace de todo corazón, poco a poco empieza a deshacerse de la lógica humana, y dejar atrás la oscuridad, y comienza a avanzar y a ascender a un mundo en el cual todo es bueno, todo es luz, todo es bondad y todo es compasión.

Si todavía tienes cuestionamientos, entonces todavía estás en este mundo. Cuando asciendas al mundo de la emuná, allí no vas a tener más preguntas.

Un mundo sin preguntas

Este es el mensaje del famoso cuento que aparece en el Meam Loez acerca del Rambán (también conocido como Najmánides):

Nuestro maestro el Rambán (Rabí Moshe ben Najman), fue uno de los más grandes sabios judíos españoles de la Edad de Oro del judaísmo en España. El Rambán fue un gran sabio de la Torá y la Kabalá y fue autor de numerosas obras muy profundas sobre distintas partes de la Torá. Una vez, un discípulo suyo estaba a punto de morir y el Rambán fue a visitarlo y le hizo un pedido muy especial: "Te voy a dar una kamea que contiene un nombre sagrado. Con esta kamea se abrirán ante ti todas las puertas de los recintos Celestiales. Te pido por favor que vayas al recinto superior, que es Sala del Juicio, donde se encuentra la Shejiná, la Presencia Divina, y que formules varias preguntas muy importantes que tengo con respecto a la forma en que Hashem dirige al Pueblo de Israel. Las preguntas te las daré por escrito y te pido por favor que cuando llegues a los recintos superiores, vengas a través de un sueño a transmitirme las respuestas que te den.

El discípulo falleció y el Rambán aguardó a que viniera en un sueño.

Transcurrieron los siete días de la shivá (semana de duelo); transcurrieron también los treinta días posteriores, y el discípulo no se le apareció. El Rambán aguardó un tiempo más y al final rezó y Le pidió a Hashem que el discípulo se le apareciera en un sueño.

En el Cielo percibieron su sufrimiento y le enviaron al discípulo. El Rambán se dirigió a él y le preguntó: "¿Por qué no viniste a verme tal como me habías prometido?". El discípulo le respondió: "Mi rabino y mi maestro, qué puedo decirte... Sabrás que a cada lugar al que llegué con la kamea que me diste, se me abrieron las puertas de todos los recintos y me dieron autorización para entrar también al recinto superior, pero no vine a verte debido a que no puedo llevar a cabo tu pedido. Me pediste que formulara ciertas preguntas, pero cuando llegué al recinto superior, y quise formular las preguntas, me di cuenta de que en realidad no había ninguna pregunta, porque en el Mundo de la Verdad, el Mundo de la Justicia y del Juicio, no existe ninguna pregunta; entonces ¿qué iba a preguntar?".

Esta historia es una gran dosis de fortalecimiento: en este mundo no hay respuestas, pero en el Mundo Venidero no hay preguntas.

Podemos afirmar que en el mundo de la "lógica" no hay respuestas, pero en el mundo de la emuná no hay preguntas. Se trata de dos mundos diferentes.

Por encima de todas las leyes

A continuación, explicaremos por qué todas las maravillas comienzan recién cuando la persona asciende al mundo de la emuná. Este mundo funciona según las leyes naturales que estableció el Creador para el funcionamiento de este mundo. Y si percibes la realidad con la lógica de este mundo estando en este mundo, entonces estás sujeto a las leyes naturales que lo rigen. En este mundo hay leyes y estadísticas.

Pero en el mundo de la emuná solamente existe el Creador. Y, en consecuencia, no existe allí ninguna ley natural. Allí solamente está el Creador. Y allí todo es posible: incluso cosas "ilógicas" como apagar fuego con combustible y secar ropa con agua. Las leyes naturales no existen en ese mundo, como tampoco existe el "azar". Allí todo se dispone según la precisa y exacta Providencia Divina.

Cuando la persona decide deshacerse de la lógica y ascender a la emuná, está ascendiendo por encima de todas las leyes naturales de este mundo físico.

Por eso es que tantas veces escuchamos historias de personas a las que los médicos les aseguraron que tenían los días contados o que no iban a poder tener hijos o que les iba a nacer, Dios no lo permita, un bebé con malformaciones —y es muy probable que, de acuerdo con la lógica y las leyes naturales de este mundo, los médicos hayan tenido razón— pero estas personas arrojaron la lógica diciendo: "El médico puede o no tener razón en lo que dice; eso no importa. Pero yo tengo emuná en que no existe ninguna lógica y que solamente existe el Creador". Y cuando la persona asciende al nivel de la emuná, deja de estar sujeta a los diagnósticos y las leyes de los médicos.

El médico solamente tiene razón en el mundo de la lógica

Si te quedas en el mundo de la lógica, y piensas que lo que te sucede es malo, y estás triste y eres incapaz de dar las gracias, entonces sí estás sujeto a este sistema de leyes naturales y por eso todo lo que te dicen efectivamente se hará realidad.

Pero si das las gracias sin entender, entonces estás demostrando que en la realidad no estás viviendo la lógica de este mundo, sino únicamente la emuná, y entonces todas las leyes naturales se anulan y puedes ver milagros.

Es conocida la historia del Baal Shem Tov respecto a un médico que le dijo al paciente que iba a morirse en cuestión de días y el Baal Shem Tov le dijo que iba a vivir y así fue: el hombre vivió y recobró la salud. El médico dijo entonces: "Es imposible. Mi diagnóstico fue exacto y preciso". El Baal Shem Tov le dijo al médico que era verdad, que su diagnóstico había sido correcto; no es que el médico se hubiera equivocado. Lo que sucedía era que el médico se regía por las leyes naturales, pero el Baal Shem Tov se regía por las leyes de la emuná, que anulan todas las leyes naturales y por eso todo podía darse vuelta, ya que en el ámbito de la emuná solamente existe la voluntad de Hashem.

Cuando decides ascender a la emuná, estás ascendiendo al nivel de Hashem. Estás dejando atrás toda la lógica y las leyes de la naturaleza y todo lo que dicen los médicos, y estás entrando al mundo de la emuná, en el cual hay milagros y maravillas.

Así es como se explican las salvaciones milagrosas que reciben aquellos que tienen emuná.

Dos clases de maravillas

Resulta por lo tanto que hay dos explicaciones para la división entre lógica y la emuná.

La primera explicación - según la lógica de este mundo material, tienes razón: lo que te ocurrió es algo malo, pero según la lógica del Creador, es algo completamente distinto, porque Él ve cosas que nosotros no podemos ver y entiende cosas que nosotros no podemos entender y Él solamente hace el bien. Y aunque a nosotros nos parezca algo malo, en realidad es algo bueno. Ese es el mundo de la emuná, o sea, el mundo del intelecto

Divino, que no podemos entender, sino solamente podemos tener emuná en él.

La segunda explicación: la lógica de este mundo hace que te quedes en este mundo, o sea, bajo el dominio de las leyes naturales y el azar, pero cuando asciendes al mundo de la emuná, estás subiendo al nivel del Creador y estás saliendo del sistema natural de este mundo físico que conoces, y estás llegando a un mundo en el cual solamente existe el Creador y Él es el único que determina cada cosa que sucede, por medio de Su Providencia Divina (también llamada "Supervisión Individual").

El intelecto del Creador es oculto, porque si pudiéramos comprenderlo, no tendríamos necesidad de tener emuná y no habría diferencia entre nosotros y Él, Dios no lo permita.

Entonces ¿qué debemos hacer? ¿Cómo podemos obtener las salvaciones que necesitamos? Tenemos que subir del mundo lógico al mundo de la emuná, que es el intelecto abarcador, el intelecto del Creador, y entonces subir al mundo de las maravillas, o sea, al mundo en el que podemos obtener las salvaciones que necesitamos de manera milagrosa, y sobrenatural.

Para concluir...

Algunas palabras de fortalecimiento para todos:

Si ves que tienes preguntas difíciles sin responder, si ves que todo te resulta negro y estás pasando por momentos difíciles, no te confundas ni pienses "No tengo emuná". ¡Eso no es verdad! No es que no tengas emuná, sino que estás mirando las cosas desde el punto de vista de la lógica. Lo que tienes que hacer es aprender a subir al mundo de la emuná y contemplar todo con ojos de emuná, incluso cuando la emuná va en contra de la lógica. Y cuanto más te acostumbres a arrojar la lógica y actuar según la emuná, más desaparecerán las preguntas y los cuestionamientos.

Esta historia, como tantas otras, nos enseña un principio básico sobre el concepto de la gratitud. Es un principio que a mucha gente le resulta difícil comprender debido a que se confunden entre los dos conceptos y entre los dos mundos. Pero ahora que hemos explicado las diferencias, se aclaran todas las dudas y cada uno puede obtener las salvaciones que necesita.

CAPÍTULO SEIS

UNA SEÑAL DIVINA

El pasado Lag BaOmer, estando yo en Merón, vino a verme una pareja. Me dijeron que me querían dar las gracias por el milagro que les había sucedido en mérito de la gratitud. Yo escucho muchas historias milagrosas que me cuenta la gente, pero esta historia es realmente algo extraordinario. Le pedí a esta pareja que por favor escribieran la experiencia que vivieron, para que la gente tome conciencia del poder de la emuná y la gratitud y que sepan que Hashem controla las leyes de la naturaleza y cura a los enfermos, revive a los muertos y nos da hijos sanos; que todo proviene de Él, y que, cuando Le damos las gracias, vemos milagros.

Pronóstico sombrío

Y esto es lo que nos cuenta la señora S. Z., madre de familia:

En el verano del 2017 yo estaba embarazada de cinco meses. Un día me di cuenta de que estaba sintiendo los movimientos del bebé, de modo que me dirigí a la clínica de seguridad social y de allí me mandaron a hacer un ultrasonido. La doctora me dijo que había un problema con el cerebro del bebé (en realidad, una beba) y que esperaba que dicho problema se solucionara, pero que, en su opinión, parecía ser un problema complejo y por eso me derivó a un par de especialistas.

Ya al día siguiente, gracias a una amiga que intervino para que me dieran turno urgente, me dirigí al hospital Shaarei Tzedek en Jerusalem, a la sala de anomalías congénitas de neonatología. Con sólo escuchar el nombre de la sala ya es suficiente para cualquier madre en la dulce espera se suma en un pozo depresivo... Allí me hicieron un ultrasonido de una hora y media durante el cual todos los médicos neonatólogos entraron y salieron a cada rato con signos de preocupación en el rostro, consultándose los unos con los otros.

Yo había ido sola al hospital con mucho miedo. No sabía qué me iban a decir. Una vez finalizado el ultrasonido, pasamos a la etapa de análisis de los resultados. Vi que los médicos de turno mandaron a llamar a los especialistas para consultar con ellos. Mis temores se hicieron realidad y además ya estaba agotada después de tantas horas en el hospital y tanta preocupación. Por fin, me llamaron al consultorio y me dijeron que todos los médicos estaban de acuerdo en que se trataba de un caso muy grave, uno de los más complejos que habían visto en todas sus carreras: el cerebro del bebé sufría de una malformación terrible.

Los médicos me dieron cita para la semana siguiente para que fuera junto con mi marido, y allí nos iban a explicar las implicancias del caso si es que decidíamos seguir adelante con el embarazo. Estas fueron sus palabras textuales: "Esperamos que usted entienda lo que le estamos diciendo, así que no se haga muchas ilusiones...".

Yo no sabía qué hacer, cómo reaccionar. Todo había sido tan rápido y tan repentino.... Estaba tan feliz sabiendo que iba a tener un bebé y ahora... esto. En apenas veinticuatro horas se me dio vuelta el mundo, y pasé de la ilusión a la desesperación.

En esta sala del hospital hay una asesora de halajá (ley judía) que está en contacto con el rabino del hospital Shaarei Tzedek. Ella me llamó después de los exámenes y me preguntó qué pensaba hacer. Le dije: "No sé cómo voy a enfrentar todo esto yo sola. Me parece que me doy por vencida...". Y me fui, desesperada.

A la semana siguiente, volví a la misma sala del hospital, esta vez con mi marido. Al llegar, vi que se habían reunido un montón de médicos especialistas de distintas salas, que nos explicaron la complejidad de la situación. Según ellos, se trataba de un caso muy inusual y muy grave. Me dijeron que habían detectado varias malformaciones en el feto. La directora de la sala de neurocirugía infantil del hospital nos dijo que en toda su carrera no había enfrentado un cuadro cerebral tan complicado como este. Y todos estuvieron de acuerdo en que tenía que poner fin al embarazo. No es que me "recomendaban" abortar, sino que era un imperativo. "¿Para qué traer al mundo un niño que solamente va a sufrir?", preguntó la doctora.

Yo todavía tengo en mi poder los diagnósticos y las cartas de los médicos.

Esta cita tuvo lugar cerca de Rosh Hashaná 5778 (2017) y debido a que no había urgencia por realizar el aborto, porque daba lo mismo si lo hacía en ese momento o un mes más tarde, mi marido y yo decidimos esperar a después de la fiesta de Sucot y mientras tanto íbamos a trabajar sobre nuestra emuná e íbamos a rezar. "Cuando pasen las fiestas", pensamos, "vamos a hacer otro chequeo más, por las dudas, y entonces vamos a decidir qué hacemos".

Ahí fue cuando empezó nuestro gran esfuerzo, que habría de culminar con un inmenso milagro. ¡Bendito sea Dios!

No existen las "casualidades"

De más está decir que después de aquella cita en el hospital, mi marido y yo sentimos que se nos venía el mundo encima, y tanto como él como yo depositamos toda nuestra confianza en el Creador y fortalecimos nuestra emuná, esperando que Él nos hiciera un milagro. Varios días después, fui con una amiga a la tumba de la Matriarca Rajel en Betlejem y allí lloré sin parar pidiéndole a Hashem que se apiadara de nosotros y nos enviara el milagro que tanto anhelábamos. Además, un talmid jajam (erudito de Torá) al que consulté allí mismo me dijo que en un momento de crisis extrema se puede hacer un neder (una promesa): que, si Hashem me concedía el privilegio de tener una beba sana, la iba a llamar Rajel, como la Matriarca Rajel. Al terminar el rezo, Le pedí a Hashem que me enviara una señal del

Cielo que me indicara que mi plegaria había sido aceptada. Y la señal no tardó en venir…

Por esa época, mi hijo mayor estaba por festejar su bar mitzvá y yo fui al barrio de Guivat Shaúl en Jerusalem para acordar los detalles finales con el propietario del salón de fiestas. Inmediatamente después de salir de la tumba de Rajel, viajé a Guivat Shaúl. El dueño del local estaba en una reunión con un cliente, y yo me senté a esperarlo.

Mientras estaba esperando, sin querer, oí fragmentos de la conversación entre ellos. El tema del que estaban hablando despertó mi interés:

"…Y los médicos nos dijeron que el bebé sufría de una malformación cerebral muy grave y que hay que hacer un aborto. Los médicos están todos de acuerdo en que hay que hacer un aborto, porque el bebé va a nacer va a ser anormal y va a sufrir toda su vida. Mi mujer me dijo: 'No nos vamos a dar por vencidos. No importa lo que pase, esto es lo que Hashem nos dio y nosotros lo aceptamos con alegría'. Y, gracias a Dios, hoy nuestro hijo ya tiene once años, y fuera de algunos problemas para concentrarse y de que sufre de epilepsia, que apenas si le da síntomas (y que, obviamente, no es motivo para practicar un aborto), este niño es cien por ciento sano: funciona, sonríe, estudia, y lo amamos muchísimo".

Un milagro para el próximo libro

Yo me quedé escuchando esa conversación con los ojos llenos de lágrimas. Enseguida me acerqué a ellos y les dije: "Disculpen que me meta, pero yo ahora estoy precisamente en esa misma situación. A mí también los médicos me dijeron que tengo que abortar".

El cliente me dijo así: "No se preocupe. Este es el teléfono de la Rabanit Miriam Arush. Llámela y, con la ayuda de Hashem, va a ver que todo sale bien".

Inmediatamente después de esto, llamé a la Rabanit y le conté mi historia, llorando como loca. Ella se compadeció mucho de mí, me consoló, me dio aliento y me dijo así: "Dile a tu marido que venga a ver al Rabino". Le dije que mi marido no iba a poder ir, así que ella me dijo que hablara yo directamente con el Rabino por teléfono.

El Rabino habló conmigo unos quince minutos y me dijo exactamente lo que tenía que hacer. En pocas palabras me dijo lo siguiente: "A partir de hoy tienes que concentrarte en el tema de la gratitud. Solamente dale las gracias a Hashem. No Le pidas nada. No llores. Solamente dale las gracias y vas a ver grandes milagros y maravillas, gracias al poder de la gratitud". Y al final me dijo: "Con la ayuda de Hashem, tu milagro va a publicarse en mi próximo libro".

Yo me emocioné muchísimo por esta conversación y eso fue exactamente lo que hice. Empecé a hablar con Hashem algo así como treinta o cuarenta minutos por día y Le doy las gracias por todo. Esta nueva forma de ver la vida por medio de la gratitud nos dio muchísima fuerza a mi marido y a mí y mucha emuná en los tzadikim, en la fuerza de la plegaria, y en las plegarias dichas en las tumbas de los tzadikim. Por lo menos tres veces a la semana, viajamos a rezar en el Muro de los Lamentos, en la tumba del Rabino Ovadia Yosef, zatzal, en la tumba de Shimon HaTzadik o en la tumba del Profeta Samuel (Shmuel HaNaví) y además damos tzedaká (caridad) todo el tiempo.

Decidimos afrontar el desafío

Empecé a sentir la ayuda de Hashem. Él se encargó de traerme a todas las personas que necesitaba. Conocí a una señora que tenía el teléfono del secretario del Rabino David Abujatzira y así fue como tuve el mérito de recibir su bendición. También le envié un fax al Rabino Jaim Kanievsky, quien también me envió su bendición. Todo lo que podíamos hacer, lo hicimos. Hashem me facilitó todo y, por así decirlo, me lo "sirvió en bandeja".

Pero lo más importante de todo fue que hablamos muchísimo con Hashem y Le dimos las gracias por todo. Hablé con Él usando mis propias palabras. Debo señalar que, gracias a las indicaciones que me dio el Rabino Shalom Arush, a pesar de la prueba tan difícil que estaba afrontando, por mi aspecto, nadie se daba cuenta de lo que me estaba pasando. Estábamos llenos de emuná y de alegría y por eso nadie de nuestro entorno familiar cercano —padres, hermanos, nuestros cinco hijos— nadie se dio cuenta de que estábamos pasando por una situación tan difícil. Fuera de varias amigas con las que conversaba y me asesoraba, no se lo contamos prácticamente a nadie. Incluso hoy, que esto ya es cosa del pasado, casi nadie de mi entorno sabe nada de esto.

Las fiestas terminaron y volvimos al hospital para llevar a cabo otra ecografía más. Los médicos me examinaron y me dijeron: "No hay ningún cambio. Todo sigue igual. El problema es muy grave. Ustedes deciden. Nuestra recomendación sigue siendo la misma: que se haga un aborto. Pero ustedes deciden". Les dijimos adiós y salimos del hospital. En esos mismos momentos, mi marido dijo algo que hasta hoy me acompaña: "Esto es lo que Hashem nos dio y lo que decretó para nosotros. Y nosotros tenemos que afrontarlo. Si no aceptamos con amor todo lo que Hashem hace con nosotros y seguimos adelante, quién sabe, Dios no lo permita, qué otro golpe nos va a traer después, en lugar de este...".

Está todo bien

Unos dos meses más tarde, empezaron las contracciones y fui al hospital en el mes de diciembre del 2017 a dar a luz. Decidí que iba a dejar mi historial médico en la cajonera de mi casa. Al entrar en la sala de parto, me preguntaron cómo había sido el embarazo. Les respondí: "Todo normal, gracias a Dios". Curiosamente, no tenían mis datos en la computadora.

Y entonces sucedió el gran milagro: en un parto absolutamente normal y natural, ¡di a luz a una beba **completamente**

normal! Una beba cien por ciento sana y completa, sin ninguna malformación. Sin ningún problema neurológico. Sin ningún problema cerebral, ¡bendito sea Su Santo Nombre! ¡Un milagro absolutamente sobrenatural!

Lo que sentí en ese momento no lo puedo describir con palabras. Si después de cada parto, la alegría y la emoción son inmensas, ¡imagínense cómo me sentí al enterarme de que había dado a luz a una beba completamente normal después de todo lo que había pasado en el embarazo!

Por supuesto que a partir de ese día y hasta el día de hoy no he dejado de dar las gracias cada día. Tras el nacimiento hicimos una **seudat hodaiá** (comida de agradecimiento) en casa. Y obviamente que quise darle las gracias al Rabino Shalom Arush y busqué la forma de contactarlo e, igual que la primera vez, esta vez también encontré la forma de contactarlo, en Lag BaOmer en Merón, cuando tuvimos el mérito de verlo y darle las gracias personalmente.

Gracias por las palabras de fortalecimiento

Me gustaría señalar que no solamente Le doy las gracias a Hashem por el milagro de la beba que nació sana sino también por lo todo lo que nos pasó antes. Le doy las gracias por este gran desafío que tuvimos que afrontar y que nos ayudó tanto para acercarnos a Hashem y crecer en emuná. Yo había estado un tanto "dormida" en varios ámbitos de mi vida y esto que me pasó me hizo despertar. Hashem me envió esta prueba para que fortaleciera mi emuná y me acercara a Él todavía más.

¿Cómo iba a poder alcanzar el entendimiento de que Hashem me ama de no ser por esta prueba?

De repente, me doy cuenta de todas las cosas buenas y las bondades que Hashem hace conmigo: mis padres, que gracias a Dios están con vida y me apoyan, mi marido y mis hijos, mi casa, mi sustento, etc. Y todo gracias a la bondad de Hashem.

No tengo motivos para quejarme. De verdad que no me falta nada. Eso fue lo que el Rabino me enseñó y esa es la lección que me sigue acompañando hasta el día de hoy. ¡Gracias, Hashem!

Sara Z.

La gratitud nos da herramientas para vivir

Este es, entonces, el increíble relato de la señora Sara Z., que nos demuestra que la gratitud es capaz de obrar milagros sobrenaturales.

Pero, además del milagro, podemos apreciar que el camino de la gratitud le dio a esta pareja las herramientas necesarias para enfrentar el desafío con heroísmo, con emuná y con esperanza. La prueba que estaban enfrentando no era nada fácil y la desesperación amenazaba con apoderarse de ellos. Incluso si se hubieran pasado el día entero rezando, esas plegarias no habrían sido correctas, porque habrían sido desesperadas, y es muy posible que les habrían causado todavía más desesperación y más amargura y además habría suscitado una acusación espiritual en su contra, como ya explicamos al comienzo de este libro.

En situaciones tan difíciles como estas, en las que la persona está tan necesitada de un milagro, uno puede empezar a pensar que, Dios no lo permita, Hashem le debe algo. Por eso, tenemos que tener siempre presente que, si bien sentimos que necesitamos la salvación, eso no significa que Hashem esté obligado a dárnosla. En este caso, la gratitud salvó a esta pareja de enojarse con Hashem, porque derivó su atención del problema que enfrentaban hacia la infinidad de bondades que Hashem hacía con ellos continuamente.

La gratitud da vida

Lo más terrible de esta historia es el continuo sufrimiento físico y mental que esta pareja habría tenido que soportar durante todo ese tiempo de incertidumbre, hasta el parto mismo, de no ser por la emuná y la gratitud.

Y es que, de hecho, la plegaria incorrecta ocasiona una gran tristeza y una tremenda amargura, porque la persona siente que se merece toda la lástima del mundo y Le "exige" a Hashem y a los demás que se apiaden de ella. Vale decir, se siente muy cómoda en esa posición de autocompasión. Si no hubieran abierto los ojos y no hubieran tomado conciencia de la enorme bondad del Creador, habrían caído en un pozo depresivo del que habría resultado casi imposible salir.

Y lo más terrible de todo es lo que habría sucedido si hubieran hecho el aborto, acabando con la vida de una niña sana y entremetiéndose con la Providencia Divina, que había determinado que esa niña debía nacer. Si Hashem decidió que esa alma debía venir al mundo, nosotros no somos quiénes para ser más "compasivos" que Hashem, Quien sabe mejor que nadie qué es lo mejor para cada alma.

Sin embargo, la gratitud nos prodiga conciencia espiritual, haciéndonos sentir bien a pesar del sufrimiento, porque sabemos que Hashem es Bueno y solamente hace el bien y por eso conservamos la alegría, el optimismo y la esperanza. O sea que la gratitud nos salva de muchas crisis y nos posibilita continuar funcionando. Los demás no logran entender cómo es posible que con todos los problemas que tenemos podamos seguir sonriendo y manteniendo un buen estado de ánimo. No sólo que vivimos con emuná y con alegría, sino que irradiamos emuná y alegría a los demás.

La verdad nos redime de todos los problemas

La gratitud es la pura verdad. Es la realidad. El peor castigo que puede existir en esta vida es vivir una mentira, vivir sin emuná, vivir con fantasías, pensando que lo que nos está pasando es algo malo, como si Hashem, por así decirlo, no fuese bueno con nosotros, o que nos debe algo. Y de ningún modo podemos rezar ante Él si creemos en esta mentira, porque la virtud de la plegaria es cuando se ofrenda desde un lugar verdadero: "Cerca está Hashem de todos los que Lo llaman; de todos los que **Lo llaman de verdad**".

Y la verdad tiene el gran poder de redimir al ser humano de todas las dificultades, tal como enseña Rabí Najman de Breslev.[17] Y cada problema que existe viene con una ventana a la luz y a la esperanza y es por eso que, en hebreo, la palabra "problema" – tzará – y la palabra "ventana, apertura" – tzohar-, tienen las mismas letras. Dice Rabí Najman que el tzohar que ilumina la oscuridad es la verdad.[18] Cuando uno no percibe la verdad en medio de la dificultad, entonces verdaderamente no hay una apertura hacia la esperanza y no hay quien lo ilumine en la oscuridad. Pero cuando uno vive con emuná, vive la verdad, ya que la verdad y la emuná son una misma cosa. Y entonces tiene el mérito de percibir una gran luz que lo ilumina en medio de las tinieblas.

Muchos alumnos me han contado que cuando pasaron por épocas difíciles, precisamente en medio de las dificultades que estaban atravesando, lograron ver una gran luz y sentir alegría interna y una elevación espiritual.

Esto se debe a que cuando uno pasa por momentos realmente difíciles, como este que hemos relatado, su emuná se debilita, porque piensa que lo que le está sucediendo es terrible y

---

17 Sefer HaMidot – emet – verdad, 20

18 Likutey Moharán primera parte 9 y 112

entonces, cuando empieza a rezar, cae en la autocompasión y empieza a lamentarse de la situación en la que está y está seguro de que todos están en su contra y está seguro de que se merece que Hashem escuche su plegaria y se olvida por completo de la emuná simple de que Hashem siempre se apiada de él y solamente le trae cosas buenas.

La emuná atrae gran bondad

Por lo tanto, en los momentos difíciles, se recomienda incluso dejar de rezar, porque uno corre peligro de rezar una plegaria indebida, que lo único que logrará será alejarlo de la emuná, Dios no lo permita.

Por el contrario, la gratitud fortalece y consolida la emuná y nos hace sentir a cada momento la bondad de Hashem y recordar todas las cosas buenas que Él hace por nosotros. Y además nos salva de caer en las quejas y el lloriqueo y, al hacerlo, hace que surja la salvación que tanto estamos esperando.

El Rabino de Komarna, en nombre del Baal Shem Tov, explica por qué la persona que da las gracias se salva de sus problemas:

"Dar las gracias por las dificultades es tener una emuná completa en que todo lo que hace Hashem es pura bondad y pura compasión. La emuná simple obra salvaciones más que la plegaria. Es por eso que, cuando alguien tiene un problema en la vida —no tiene pareja, no tiene hijos, está enfermo, etc—, al tener fe y creer que Hashem está junto a él y que todo es por pura bondad, las salvaciones le llegan incluso sin necesidad de rezar.

"Pero cuando uno no tiene emuná, entonces, por mucho que rece, no tendrá el poder de transformar los problemas en salvaciones. Vale decir que la dificultad persistirá, aunque con menos fuerza. Este es el principio sobre el que se basa el método de "dar las gracias y ver milagros.

El sufrimiento se transforma en compasión

"El Baal Shem Tov enseña que cuando la persona cae en el sufrimiento y la pobreza, y a pesar de todo, sigue creyendo que Hashem está a su lado y todo es con gran bondad, realmente Hashem le hace una bondad revelada.

"Vale decir que dentro de cada desgracia se oculta una bondad de Hashem, porque Él es Compasivo y hace todo con gran compasión. Y cuando la persona cree que así es, está transformando la bondad oculta en bondad revelada.

"La persona que tiene una emuná simple... ve las bondades de Hashem. Y entonces no es necesario rezar ni pedirle compasión a Hashem, sino que, al tener emuná, todo se revela como una bondad de Hashem".

"Pero si no tiene emuná completa y no cree que todo lo que hace Hashem es con gran bondad y no acepta el sufrimiento con emuná, entonces hacen falta muchas plegarias y uno no tiene el poder de transformar todo en bondad revelada y la maldad en bondad.

"En ese caso, solamente logra mitigar los decretos y suavizar el sufrimiento pero no logra revelar la bondad de Hashem. Porque por medio de la plegaria solamente se pueden mitigar los sufrimientos y los decretos, pero no se puede transformar lo malo en bueno".

¿Por qué no obtuve la salvación?

Las palabras del Rabino son muy poderosas y significativas y es necesario analizarlas muy bien, puesto que contienen la respuesta a las preguntas que muchos se plantean. La gente se pregunta por qué rezan y sus plegarias no son respondidas. Es verdad que nosotros no tenemos conocimiento de los cálculos Divinos, pero los tzadikim de las distintas generaciones, que fueron personas con espíritu profético, nos revelan secretos y reglas de la conducta Divina, y el Rabino de Komarna nos proporciona una respuesta explícita y detallada al consabido interrogante, en nombre del santo Baal Shem Tov, que nos explica desde otro ángulo por qué yo les recomiendo a las personas que están en graves problemas que solamente Le den las gracias a Hashem y dejen de pedir.

Y esta es también la respuesta a otra pregunta que a veces me hace la gente: "Usted dice que la gratitud suscita salvaciones. Pues bien: yo doy las gracias todo el tiempo y hasta la fecha no me salvé del problema que tengo".

A partir de las palabras del Rabino de Komarna aprendemos que la salvación no llega únicamente al decir gracias, sino al tener una emuná completa y una total conciencia de que Hashem está a tu lado y que todo lo que Él hace con tu vida es todo con enorme bondad. Cuando la persona toma conciencia de esto, eso es lo que atrae las más grandes salvaciones, incluso sin necesidad de rezar y sin dar las gracias.

La gratitud no es una fórmula mágica

El motivo por el cual le digo a la gente que dé las gracias es para que trabajen sobre su emuná, al dar las gracias de todo corazón, y alcancen la conciencia de que, efectivamente, todo es para bien, tal como afirma el Rey David: "Sólo el bien y la benevolencia me perseguirán todos los días de mi vida". La gratitud es la forma más poderosa de alcanzar la emuná y de entender este concepto en profundidad, y la emuná fuerte es la que hace que llegue la salvación.

Por lo tanto, el hecho de que tantas personas dieran las gracias y no hayan obtenido la salvación que esperaban se debe a que no lo hicieron con una emuná completa. Pensaban que dar las gracias es una especie de "abracadabra" que hace que se produzcan todos los milagros que uno desea. O sea que no entendieron nada...

La gratitud no es un atajo para obtener salvaciones, sino un atajo para alcanzar la emuná, siempre y cuando el objetivo sea ese: alcanzar la emuná.

La manera indicada de dar las gracias es con sumisión, con verdad, con todo el corazón, no "de la boca para afuera". Recuerda: lo que trae la salvación es la emuná. Si uno da las gracias solamente para obtener la salvación que está buscando, entonces no va a poder obtener grandes salvaciones ni bondades reveladas.

Creer y salvarse

Esto es lo que deberías decirle a Hashem: "Dios mío, Te doy las gracias por todo. Yo quiero creer en Ti. Por eso, Te pido que por favor me des emuná, para que entienda que no tener pareja es lo mejor para mí en este momento. Es verdad que quiero y necesito encontrar pareja, pero es más importante que tenga emuná en Ti, porque la emuná es algo que necesito ahora y voy a necesitar siempre. Por el contrario, la pareja es algo que, cuando Tú así lo decidas, me lo darás, porque Tú no me debes absolutamente nada y todo lo que haces conmigo es solamente por mi propio bien...".

Así deberíamos hablar con Hashem sobre cada problema que nos aqueja. Primero: pedir emuná. "Dame emuná y dame pareja", "Dame emuná y dame hijos", "Dame emuná y dame sustento". Pero, ante todo, dame emuná. Primero quiero tener emuná. Quiero vivir con emuná.

El hecho de pedir primero emuná y recién después pedir tu salvación personal no es una "segulá" ni una fórmula mágica. Es que realmente uno tiene que vivir la emuná primero y recién después puede pedir lo que quiera. De hecho, nuestro único anhelo debería ser que tengamos emuná y recién después uno realmente puede rezar por todo lo demás.

Una emuná inquebrantable

Recuerda que viniste a este mundo a luchar por la emuná. A cada momento de la vida uno debe luchar por su emuná y no dejar que le entre al corazón ningún pensamiento hereje. Si te viene a la cabeza un mal pensamiento, como, por ejemplo, que no tienes éxito, que todo te resulta difícil, que eres un fracasado, etc... recuerda que todos esos pensamientos son pura herejía y son la causa de todos los problemas. Luchar por la emuná significa quitarte de la cabeza todos esos pensamientos y aceptar con amor todo lo que te sucede y darle las gracias a Hashem por todo.

Dile a Hashem: "Incluso las cosas que no me has dado son lo mejor para mí. ¿Me duele? ¡Gracias por el dolor! Lo que más me duele es que no doy las gracias de todo corazón. Me duele que no tengo una emuná completa en Ti. Me duele que no crea que todo lo que me pasa es para bien. Primero quiero vivir con emuná y saber que eres un Padre Afectuoso. Quiero alcanzar el nivel de emuná en el que todo me dé igual: tanto si me das como si no me das - ¡yo quiero darte las gracias de todo corazón! Si el sustento no me alcanza, ¡gracias! Si no tengo hijos, ¡gracias! ¡Yo quiero tener una emuná completa! Quiero creer con emuná completa que todo lo que me pasa en la vida es bueno. No para obrar salvaciones, sino para estar alegre y dar las gracias de todo corazón.

A este texto básico, puedes agregarle tus propias frases de agradecimiento según tu situación personal. Y en mérito de esto verás grandes bondades y te salvarás de todos tus problemas.

CAPÍTULO SIETE

CAMBIA DE DISCO

Esta es la historia de un hombre casado que, por medio de la gratitud, tuvo el mérito de ser padre, de boca del propio protagonista:

Yo nací en una familia religiosa de orientación lituana. Todo lo que tuviera que ver con jasidut estaba muy lejos de mí, y en especial, la jasidut Breslev. Pasé por todas las etapas normales de la vida. Estudié Torá desde muy pequeño; terminé el Talmud Torá (la escuela primaria) y continué mis estudios en la yeshivá ketaná y luego en la yeshivá guedolá. Al llegar a los veinte años Hashem me envió una excelente proposición de shiduj, una joven de muy buena familia.

Desde mi punto de vista y desde el punto de vista de mis padres, siempre fui lo que se dice un "hijo exitoso". Yo estaba seguro de que al cabo de un año iba a tener la dicha de ser padre. Sin embargo, no fue así. Pasó un año y después otro año más, y nada. Pasaron cuatro años. Y todavía no teníamos hijos.

El que no lo vivió no lo puede entender

Muchas veces escuchamos historias de parejas que no tuvieron hijos diez años, veinte años y es por eso que una demora de uno o dos años no parece gran cosa, pero, en realidad, cada mes que transcurre "sin noticias" es una prueba muy difícil. El que no vivió esta prueba no puede darse una idea de la vergüenza y la angustia que sufre la pareja. Por supuesto, yo me refiero a la época antes de que conociéramos el mundo de la emuná. Todo el tiempo pendía sobre nosotros un nubarrón de tristeza que nos acompañaba a todas partes.

Imagínense todos los días volver a una casa vacía, la tensión, el miedo por el futuro, el llanto, la depresión. Imagínense cómo nos sentíamos cada vez que asistíamos a alguna reunión familiar, a cada boda, a cada cumpleaños, a cada encuentro con los ex compañeros de colegio – el tema siempre sale a flote.

Incluso si los demás no dicen nada, es lo mismo, porque sientes que los demás esperan algo de ti, como si tener hijos fuera algo que estuviera bajo tu control. Todo el tiempo ves a tus amigos y a tus ex compañeros de escuela con sus hijos. Tu esposa conversa con sus amigas, que se quejan de que tienen que levantarse varias veces a la noche para darle de comer al bebé. La gente de tu edad ya tiene tres, cuatro hijos. Tú sonríes de la boca para afuera, pero por dentro, estás llorando de la tristeza.

Sin embargo, lo más terrible de todo son "esas personas de buen corazón que solamente quieren ayudar" y echan sal a la herida con sus preguntas y sus consejos. Se llega a un punto en que la situación se vuelve insostenible y cualquier frase puede "encender la mecha". La verdad es que no se lo deseo a nadie. El que no lo vivió, nunca lo va a poder entender.

Un cambio de rumbo

Obviamente, hicimos todo lo que podíamos: no se dan una idea de cuánto rezamos, cuánto dinero repartimos para caridad, cuantas "segulot" hicimos, cuántos Libros de Salmos completamos. Yo, que no estaba acostumbrado a visitar las tumbas de los tzadikim, después de tres años sin hijos, empecé a ir allí a rezar, tanto aquí en Israel como en el extranjero, en Marruecos y en Europa. Pero todo lo que hicimos no sirvió de nada y ya casi habíamos perdido la esperanza de alguna vez ser padres.

Hace aproximadamente un año, el 10 de Jeshván, un día antes del aniversario del fallecimiento de la Matriarca Rajel, fui de visita a su tumba. Era un viernes y yo estaba en el autobús volviendo a mi casa. A mi lado, un hombre estaba recitando el Tikún HaKlalí del Rabí Najman de Breslev de un librito colorido. Le pedí si por favor podía mirar el librito y me lo dio. Era una "**Joyita de Emuná**" llamada "**Deja de lloriquear y verás milagros**". Me puse a leerlo y no pude dejarlo. Leí otra página más y otra más, como un viajante sediento en medio del desierto que acaba de encontrar un oasis. Allí aprendí que los lamentos le cierran a la persona todas las puertas. Este librito se llama "Joyita" y realmente sentí que era una piedra preciosa.

Solamente decía que el autor era un tal "Rabino Shalom Arush". El Rabino escribe allí que cuando uno se lamenta, no sólo que se le cierran todas las puertas, y nadie quiere escuchar sus plegarias, sino que, si había alguna puerta o ventana abierta, los ángeles sellan todas las entradas con yeso para que sus plegarias de ninguna manera puedan llegar al Cielo. Pero a la persona que dice gracias – todas las puertas se le abren.

De repente entendí que me había equivocado. Que todos esos años había estado equivocado, llorando por no poder tener hijos. En ese mismo instante decidí hacer un cambio de rumbo, "cambiar de disco". Le pedí a ese hombre si me podía quedar con el librito y él me lo dio con mucho gusto.

Ese día llegué a casa y le dije a mi esposa: "A partir de hoy, "cambiamos de disco". Ella no entendió a qué me refería. Entonces le di el librito para que leyera. Eso fue un viernes y todo el Shabat que le siguió, que justamente el día del aniversario de Rajel Imenu (la Matriarca Rajel), Le dimos las gracias a Hashem por el hecho de no tener hijos. Empezamos a realmente creer en Él, a creer que el hecho de no tener hijos era lo mejor para nosotros hasta ese momento, y empezamos a agradecer por ello. Después de todos estos años entramos a las puertas de la gratitud, las puertas de la emuná.

Las plegarias después del agradecimiento

Este nuevo camino que me abrió las puertas de la emuná me llevó a interesarme por el tema y así fue como empecé a buscar más libros del Rabino Shalom Arush. Al cabo de varios días, me encontré con otro alumno más, que me dio cinco libritos y el libro "Las Puertas de la Gratitud". Mi esposa y yo empezamos a estudiar este libro todos los días, una página por día, y empezamos a vivir según lo que dice el libro. Luego leí el libro "En el Jardín de los Milagros" y recité ochenta veces el Salmo 100 "Mizmor LeTodá".

Por primera vez en mi vida me di cuenta de cuánto tengo que agradecerle a Hashem por toda la abundancia que Él nos da.

Uno da todo lo que tiene por sentado y solamente se fija en lo que le falta. De repente, nos pusimos a contemplar nuestra situación y nos dimos cuenta de que el Creador se ocupa de nosotros y nos ama más que nadie. Uno va por la vida pensando que es pobre, que no tiene nada, y de repente se da cuenta de que lo tiene todo: padres, hermanos, familia. De repente tomamos conciencia de que el Creador hace todo por nuestro propio bien, que Él sabe perfectamente qué es lo mejor para nosotros. Hashem quiere que tengamos hijos incluso más que nosotros y si Él no nos da hijos por ahora, entonces eso es lo mejor para nosotros en este momento y tenemos que darle las gracias en vez de quejarnos.

Y así Le dijimos a Hashem: "Si no nos das hijos, Te damos las gracias. Y si nos das hijos, Te daremos las gracias una y otra vez. Haz lo que Tú quieras". Y así continuamos rezando y dando las gracias.

Pero es evidente que las plegarias que dijimos después de dar las gracias no eran las mismas que antes.

La más grande salvación fue que, a pesar de todo, estábamos contentos. Jamás pensé que podría estar contento en mi situación, sintiendo la carencia, pero la emuná me cambió toda la perspectiva. Hoy puedo afirmar que la vida de emuná es una vida absolutamente diferente, una realidad absolutamente distinta.

Otra salvación más

Esa fue la principal salvación, pero hubo además otra salvación que llegó muy poco después. Varias semanas más tarde mi esposa quedó embarazada y nos nació un varón. Invité al Rabino Shalom Arush a que oficiara de sandak en el brit milá. En la comida de festejo hablé muy emocionado delante de los invitados, entre los que se encontraba el Rabino, y les conté mi historia a fin de publicitar el milagro y el poder de la emuná y darle las gracias a Hashem en público.

Hasta aquí el relato de este joven padre, que nos enseña que la emuná es la herramienta más eficaz para recibir la bendición de Hashem y que todas las plegarias son aceptadas según el nivel de emuná que uno tenga. Cuando uno cree, da las gracias. Y por medio de la gratitud, uno alcanza la emuná y entonces su plegaria construye vasijas dentro de las cuales recibir la abundancia Divina.

Pequeña carencia y gran carencia

Esta historia contiene otro mensaje más, muy importante y muy profundo. Este joven se había criado en una familia religiosa y seguramente daba las gracias a Hashem por lo que tenía y recitaba a diario el Modim (Damos las Gracias) durante los rezos. O sea que decía "gracias" pero no realmente entendía lo que estaba diciendo; no "vivía" la gratitud.

Por lo tanto, su más grande carencia no era el hecho de que no tuviera hijos, sino el hecho de que no lograba percibir las bondades de Hashem, que no tenía una emuná simple, una verdadera gratitud hacia Él. La carencia de hijos era una carencia mínima comparada con lo demás. Y por medio de esa pequeña carencia logró por fin entender cuál era su carencia más grande.

¿Por qué tanto alboroto?

La falta de gratitud es una tremenda carencia en la vida, porque uno no está cumpliendo con el objetivo para el cual vino al mundo.

En la Parashat KiTavó, la Torá habla de la mitzvá de bikurim, o sea, los primeros frutos que brotan en el árbol. El granjero los marcaba, y cuando maduraban y estaban listos para el consumo, el granjero los cosechaba y los llevaba al Templo Sagrado.

En la Mishná se describe en detalle la ofrenda de bikurim, que se llevaba a cabo en una gran ceremonia: las personas que traían ofrendas se reunían en grandes grupos y llevaban un toro con los cuernos revestidos de oro y adornados con un collar de hojas de olivo. Todas las personalidades importantes salían a recibirlos y todos los artesanos les daban su bendición. Durante toda la ceremonia los músicos tocaban sus instrumentos. Cada persona llevaba su propio canasto con bikurim, tanto los ricos como los pobres, e incluso el Rey Agripas llevaba su canasto sobre sus hombros. En el Templo Sagrado los levitas los recibían con una canción especial.

Rabí Moshe Alshej pregunta: ¿Por qué tanto alboroto? ¿Por una granada, un higo y unas cuantas uvas? ¿Por qué tanta ceremonia a causa de un simple canasto de frutas? ¿Para qué un hombre que vive en Ramat HaGolán tiene que viajar más de una semana a pie a causa de unas cuantas frutas que cuestan unos cinco dólares?

Y aún más: Como es sabido, la Torá comienza diciendo – "En el comienzo Hashem creó..." y nuestros Sabios explican "en el comienzo" diciendo que Hashem creó el mundo "para el comienzo". ¿Y cuál es el comienzo? Nuestros Sabios enumeran varias cosas que se llaman "comienzo": la Torá, el Pueblo de Israel, etc. Dice el Midrash (Bereshit Rabá cap.1): "Una de las cosas por cuyo mérito se creó el mundo son los bikurim, que también se llaman 'comienzo'."

Se plantea el interrogante: qué es tan importante de esta mitzvá de los bikurim para que sea el objetivo de la Creación del mundo.

El objetivo de la Creación

Alshej explica que todo el mundo fue creado únicamente para las acciones del ser humano. Y lo más importante que se le pide al ser humano es que reconozca las bondades del Creador, porque la gratitud son el objetivo de este mundo. Hashem creó el mundo para los seres humanos, para que no sean ingratos y reconozcan que Él es el Dueño de todo y sean conscientes de todo lo bueno y todas las bondades que Él hace con ellos y Lo alaben.

El precepto de bikurim es una manifestación del reconocimiento por parte del ser humano de que no es su propia fuerza ni su esfuerzo son los que le permiten tener lo que tiene, sino la compasión de Hashem, Quien protegió al Pueblo de Israel y los llevó a la Tierra Santa y Quien trae el viento y hace que llueva que todo florezca y dé frutos bellos de muchos colores y ricos sabores. Y por eso el ser humano trae bikurim, como diciendo: "No disfruto de toda esta abundancia que Le pertenece al Creador sino hasta que declaro a viva voz las bondades que hizo con nosotros y Le doy las gracias". Y Alshej afirma que la gratitud es un principio básico en la religión, porque de él depende todo el servicio Divino.

Explica el Alshej: "La bondad de Hashem se manifiesta en Su deseo de hacer bondad con nosotros. Él solamente nos pide que reconozcamos Su bondad y no pensemos que todo nos pertenece a nosotros, y que siempre recordemos que Él es el Amo de todo y que es Bueno y Benefactor y Lo alabemos... Esta es la esencia del precepto de bikurim.

No hay que darlo por sentado

La historia que hemos contado también es una especie de "ofrenda de bikurim", ya que se trata de un hijo primogénito. Este joven padre dio testimonio de que, si hubiera recibido este hijo de manera "normal", lo habría considerado como algo "obvio", algo que "se da por sentado" en su vida y entonces se habría quedado sin descubrir el objetivo para el cual vino al mundo. Hashem le negó la posibilidad de ser padre, para darle el regalo principal, que es la gratitud, la cual es la base de todo el servicio Divino del ser humano en este mundo.

A partir de las palabras del Alshej vemos que la necesidad de dar las gracias es una necesidad esencial en la Creación y por eso ya al comienzo de la Torá, "Bereshit bará Elokim – En el comienzo Hashem creó", Hashem hizo una alusión al hecho de que creó el mundo en pos de los bikurim, los primeros frutos — no a causa de unos cuantos frutos, sino para que el ser humano reconozca la bondad de Hashem y Le dé las gracias por ello.

Las ofrendas de bikurim es un recordatorio de todas las bondades que Hashem hizo con el Pueblo de Israel desde sus comienzos, ya en la casa de Labán el arameo, porque cada bondad que uno recibe en la vida – incluso unas cuantas frutas, un poco de sustento, un hijo varón — nos recuerda las bondades de toda la vida.

Con cada alegría que tienes en la vida tienes que recordar todas las alegrías anteriores y todas las bondades que te hizo Hashem hasta ahora y entonces vas a sentir una alegría inmensa. Cada oportunidad que se te presenta de darle las gracias a Hashem, recuerda todas las bondades anteriores.

Es por eso que la ley judía establece que, si una persona tuvo un milagro en un determinado lugar, cada vez que vuelve a ese lugar, tiene que recitar la bendición "Quien me hizo un milagro en este sitio". Pero si tuvo un milagro en varios lugares, entonces tiene que mencionar todos los lugares. Por ejemplo, si tuvo un milagro en Madrid y otro en Barcelona, entonces cuando llega a Madrid a ese mismo lugar, deberá decir "Bendito es Él que me hizo un milagro en este sitio y también en Barcelona".

Y surge el interrogante: si este lugar me recuerda el milagro que me sucedió en este lugar solamente, entonces ¿por qué tengo que mencionar también el milagro que me sucedió en otro lugar distinto?

La respuesta es que esto es para que aprendamos a recordar siempre todas las bondades que nos hace Hashem y en cada oportunidad que recordamos alguna gran salvación de inmediato recordemos también todas las otras bondades y milagros que Él nos hizo.

Ser judío con alegría

Esta es la forma de alcanzar la verdadera alegría: ver siempre todas las bondades de Hashem, porque para los israelitas, cada milagro y cada salvación llegaron en un momento distinto. Es por eso que, si bien resulta evidente que cada milagro les causó gran alegría en su momento, de todos modos, no llegaron a sentir una inmensa alegría por todos los milagros juntos. Pero Itró, el suegro de Moisés, oyó todos los milagros de una sola vez y sintió tal alegría que decidió convertirse al judaísmo.

Cabe destacar que Itró, que antes de convertirse al judaísmo, había sido sacerdote idólatra, y que había practicado todas las formas de idolatría, en virtud de la inmensa alegría que sintió al contemplar todas las bondades que Hashem había hecho para el pueblo judío, tuvo el mérito de unirse a Hashem y ser judío.

Y nosotros podemos aplicar esta enseñanza a nuestra propia vida: si el poder de una alegría tan grande es capaz de convertir a un idólatra en judío, entonces ¿qué es capaz de hacer en el caso de una persona que ya nació judía?

Uno de los tzadikim explicó de este modo el poder de la mikve (baño ritual): si un gentil, por medio de la inmersión en la mikve, se convierte en judío, entonces podemos imaginarnos la transformación que este baño realiza en su alma. Tanto como esto, e incluso más, podemos decir con respecto a la gratitud.

Y así dijo Rabí Najman de Breslev antes de empezar su cuento de los Siete Mendigos: "Les voy a contar cómo la gente se alegraba".

Cuenta el Rabí Najman acerca de dos niños que se perdieron en el bosque y casi se mueren de hambre. Y cada vez que estaban ya a punto de desfallecer, Hashem, por medio de Su Providencia Divina, les envió alguien a salvarlos. Y si bien eran mendigos, siempre recordaron las bondades de Hashem, hasta que finalmente se casaron y en cada uno de los días de los festejos nupciales llamados "Sheva Brajot" (Siete Bendiciones), hacían lo siguiente:

"Y los llevaron bajo el palio nupcial. Y estaban todos felices y también el novio y la novia estaban muy felices y comenzaron a rememorar las bondades que les había hecho Hashem cuando estaban en el bosque...".

Y así, cada día, recordaban más y más bondades.

Así es como alcanzamos la alegría. Y así también esta pareja de jóvenes que, de no ser por la gratitud, habrían vivido tristes y deprimidos, pudieron sentir una gran alegría a pesar de todo.

Una de las grandes ventajas de la Torá

Aprovecho esta oportunidad para referirme a la importancia de la alegría. Si el único beneficio de la gratitud fuera que permite que uno viva alegre, ¡eso ya sería suficiente!

La alegría no es solamente la salvación del alma —siendo que te salva de vivir una vida oscura y triste y te permite vivir alegre y feliz— sino que es mucho más que eso, porque la tristeza es un pecado muy grande. No hay ningún "permiso" para estar tristes. Incluso en Tishá BeAv, el día más trágico para el pueblo de Israel, no debemos estar tristes, sino únicamente "disminuir la alegría". La tristeza está absolutamente prohibida en el judaísmo; la tristeza proviene del Lado Oscuro y Hashem la aborrece. Además, como ya dijimos, Rabí Najman dijo que estar tristes es estar enojados con Hashem.

Digamos que cometiste una falta, incluso una falta muy grave. Yo te pregunto: ¿quién te dio permiso para estar triste? ¿Acaso piensas que, porque cometiste una falta, ahora vas a cometer otra falta incluso peor? No pienses que la tristeza equivale a retornar a Hashem. La tristeza es exactamente lo contrario a retornar a Hashem, porque Le estás echando la culpa a Él y, muy lejos de retornar a Él, te estás alejando.

El testimonio de Rabí Najman

Hacer teshuvá (sincero arrepentimiento y retorno a Hashem) es anhelar a Hashem y decirle así:

"No logré dominarme debido a que estoy lejos de Ti y lejos de la plegaria y no recé lo suficiente, porque no tengo suficiente emuná y no estoy lo suficientemente alegre. Por eso, Dios mío, ayúdame a estar alegre por todas las bondades que haces conmigo y por todas las salvaciones que me enviaste y dame emuná para que entienda que incluso el hecho de haber transgredido es por mi propio bien y que siempre tenga presentes los puntos buenos que me permites tener y las buenas acciones que me permites llevar a cabo y que nunca olvide cuánto me amas y que, teniendo todo esto presente, rece mucho y llegue al verdadero arrepentimiento y haga teshuvá como es debido".

Rabí Najman dio testimonio de que él mismo, incluso si llegaba a hacer el más grande pecado, no iba a perder la alegría, y solamente así haría teshuvá. Él no confundió ambos conceptos: teshuvá y tristeza. De hecho, estos dos conceptos son absolutamente distintos. Y todo el que piense de otra manera (creyendo que tal vez la tristeza es una muestra de arrepentimiento) no está acatando la sabiduría de la Torá. Este pensamiento erróneo lo único que hace es alejar a la persona de Hashem y de la teshuvá y de la rectificación.

Las condiciones para hacer teshuvá

Al contrario: para hacer teshuvá de la manera debida uno tiene que estar alegre, tal como explica el Rabí Najman de Breslev, cuando dice que la principal forma de arrepentimiento es la confesión y que uno no puede confesar sus faltas excepto estando alegre. Por lo tanto, resulta imposible hacer verdadera teshuvá sin alegría, y esto es lo que escribe:

"Sabrás que es necesario confesar las propias faltas en forma detallada y es necesario confesar cada vez todo lo que uno hizo, y los impedimentos son muchos. A veces, uno se olvidó de la falta que cometió y otras veces, le resulta muy difícil confesarse, etc".

Confesarse es el precepto más importante de la teshuvá, tal como explica el Rambam (Maimónides) en el prólogo de su obra "Hiljot Teshuvá" (Leyes del Arrepentimiento): "El precepto positivo número uno es que el pecador se arrepienta de su transgresión ante Hashem y se confiese". Y en la primera halajá (ley) de "Hiljot Teshuvá" dice el Rambam: "Todos los preceptos de la Torá, tanto positivos como negativos, si la persona transgredió uno de ellos, tanto en forma voluntaria como involuntaria, al hacer teshuvá y arrepentirse de su transgresión, deberá confesarse ante Hashem... y confesarán los pecados que cometieron a través del vidui (confesión). El vidui es un precepto positivo".

Por lo tanto, no hay otra forma de hacer teshuvá (arrepentirse sinceramente y retornar a Hashem). Esta es la única manera. Y dice Rabí Najman que de hecho existen muchos impedimentos para cumplir este precepto. Entonces ¿qué podemos hacer?

Continúa Rabí Najman diciendo:

"Y para esto es necesaria la alegría del cumplimiento de un precepto...".

En esta lección, Rabí Najman explica en detalle que es necesario sentir una alegría completa e inmensa, que se extienda desde la cabeza hasta los pies. Y únicamente de ese modo podrá confesarse.

Vale decir que, si estás triste, te estás privando a ti mismo del oxígeno y de la fuerza que hacen falta para retornar a Hashem. Estás yendo exactamente en la dirección contraria y estás tan pero tan confundido que incluso sientes que vas por buen camino. Eso es lo más peligroso de todo: estás absolutamente perdido y ni siquiera te das cuenta...

CAPÍTULO OCHO

EL TRATAMIENTO MÁS EXITOSO

Estimado Rabino Shalom Arush:

Shalom

Hace ya siete años que estamos casados y todavía no hemos podido tener hijos. Durante todo este tiempo hemos hecho exámenes médicos, muchos de ellos difíciles y dolorosos, mas todo ha sido en vano.

Con el paso de los años, y siguiendo el consejo de los médicos, decidimos someternos a tratamientos aún más rigurosos, incluyendo varias intervenciones quirúrgicas, con la esperanza de que mi esposa quedara embarazada. Por supuesto que, siendo personas religiosas, siempre rezamos e hicimos un trabajo espiritual para ser mejores personas, y no tenemos la menor duda de que cada esfuerzo espiritual ejerce un poderoso efecto y que ninguna plegaria es rechazada, pero, de hecho, la salvación no llegó.

Cuando cumplimos seis años de casados, alguien nos recomendó tratarnos con un especialista en el tema y otra vez tuvimos que someternos a una serie de tratamientos nada fáciles, hasta que por fin el médico detectó un problema específico, cuyo tratamiento es bastante complicado y comprende varias etapas. Según el médico, ese tratamiento iba a permitirnos ser padres.

Por supuesto que rezamos mucho y nos comprometimos a llevar a cabo toda clase de trabajos espirituales, y sentimos que Hashem, en Su gran compasión, estaba a nuestro lado a cada paso. Sin embargo, la salvación no llegó. Y entonces empezaron los tratamientos más difíciles. Curiosamente, todas las etapas iban bien y ya creíamos que íbamos a poder ser padres, pero al final todo quedaba en la nada.

Los médicos estaban seguros de que esta vez sí habíamos tenido éxito, pero, para su gran asombro, una y otra vez, a último momento todo se complicaba y el tratamiento fracasaba. Los médicos no lograban entender qué era lo que había salido mal. Según sus pronósticos, ya deberíamos haber sido padres hace rato...

¡Por fin la salvación!

Y entonces, con Su gran compasión, descubrimos el libro **"En el jardín de la fe"** y en el momento en que empecé a leerlo, sentí un despertar espiritual y sentí muy fuerte la cercanía de Hashem. Entonces decidí que iba a hacer una sesión diaria de estudio. Se me abrió un mundo nuevo que jamás antes había conocido.

A medida que fui avanzando en la lectura del libro, me di cuenta de las cosas que debía corregir y, poco a poco, empezamos a ver salvaciones a cada paso, tanto grandes como pequeñas. Pero todavía no llegó "esa" salvación que tan desesperadamente esperábamos.

El camino de la emuná nos infundió una enorme dosis de esperanza y ya casi sentíamos que el problema había quedado atrás pero entonces, por diversos motivos, tuvimos que interrumpir los tratamientos médicos durante varios meses. Durante ese lapso empecé el capítulo del libro que trata el tema de la gratitud y donde se explica que la gratitud es la llave de todas las salvaciones en la vida. Y así fue como los dos empezamos a dar las gracias por todo el sufrimiento, por no poder ser padres y justamente entonces nos informaron que podíamos continuar con los tratamientos.

Irónicamente, esta vez nos dio la sensación de que todo nos salía al revés. Ya en la primera etapa del tratamiento surgieron dificultades que hasta ahora no se habían presentado. Daba la impresión de que este tratamiento no iba a dar resultado. Cada vez, surgía un nuevo inconveniente. Pero incluso en los momentos más difíciles, cuando todo parecía imposible, no nos dimos por vencidos y continuamos dando las gracias por todo. Y al final, después de tantas idas y venidas, después de tantos problemas y tantos obstáculos, después de tanto sufrimiento y tanto dolor, en Su infinita compasión... Hashem nos dio el más grande regalo: ¡Nos permitió ser padres! ¡En mérito de la gratitud tuvimos un milagro!

La misma pregunta de siempre

Hasta acá el relato de este joven padre. Ahora me gustaría responder a una pregunta que todo el tiempo la gente se formula y que, si bien ya la hemos respondido en distintas ocasiones, ahora me gustaría encararla desde otro ángulo diferente.

La gente no entiende: "¿Cómo es posible dar las gracias cuando uno está sufriendo? Es como mentir. Yo ahora no estoy bien. Al contrario: me siento mal. Me quiero quejar. Quiero gritar y rogarle a Hashem que me ayude. ¿Cómo voy a dar las gracias justo ahora? ¿Y por qué voy a dar las gracias? ¡Esto es precisamente lo contrario de lo que quiero hacer ahora! Me parece totalmente ridículo...".

Si ustedes también se plantean esta pregunta, pues sabrán que no son los primeros. Esta pregunta ya figura en el sagrado Libro del Zohar en la Parashat Vaieji. Y enseguida veremos cuál es la respuesta.

El sagrado Zohar cuenta que Rabí Yosi y Rabí Jizkiá, dos tzadikim discípulos del santo Rabí Shimon Bar Yojai, iban camino a darle la bienvenida y, por supuesto, iban hablando de Torá.

Rabí Jizkiá le dijo a Rabí Yosi: "En la Torá Oral se enseña que antes de rezar, uno tiene que alabar al Creador. Mi pregunta es – qué ocurre con la persona que se encuentra en graves problemas, y está intranquila; en estas circunstancias, le resulta muy difícil alabar al Creador de todo corazón, pero, por otro lado, necesita una salvación y tiene que rezarle a Hashem para que lo salve. ¿Qué ocurre en ese caso? ¿Acaso debe rezar sin alabar al Creador o tiene que alabar a Hashem en la medida de sus posibilidades, si bien no lo hace de todo corazón y tiene la cabeza en otra parte?".

Esta es la pregunta que se plantea la mayoría de la gente. ¿Cómo puedo alabar a Hashem teniendo todos estos problemas? Vemos que esto no es algo que haya empezado en nuestra generación y que realmente es un dilema que casi todo el mundo se ha planteado. ¿Qué hace la persona que está en dificultades y no puede rezar, siendo que antes de rezar hay que alabar a Hashem?

¿Qué tiene que ver lo uno con lo otro?

Le respondió Rabí Yosi: "Aunque no lo hagas de todo corazón, igualmente debes alabar al Creador. Es verdad que estás preocupado y que tu corazón y tu cabeza están en otra parte, ¿pero por qué eso es un impedimento para alabar a Hashem?".

Esta respuesta tan contundente nos demuestra que, en primer lugar, el agradecimiento es parte inseparable del rezo y siempre debe antecederle. Así lo establece la ley judía. No se trata de una mera "recomendación". Además, ¿por qué Hashem tiene que "salir perdiendo" de todo esto? ¿Por qué Le estás negando tus alabanzas? De hecho, la "excusa" de la alabanza dicha sin corazón no es gran cosa. Y a pesar de todo, Rabí Yosi sabe esto y le está diciendo que el Creador siente gran felicidad incluso por una alabanza así y por eso uno está obligado, incluso en la situación en que se encuentra, a alabarlo y recién después empezar a rezar.

La gratitud es justicia

La más grande alabanza que uno puede hacerle a Hashem es justificar los decretos que Hashem establece para él.

Si tienes algún problema; si estás sufriendo por algún motivo, en primer lugar, dale las gracias a Hashem, cree con completa emuná que Hashem te ama y hace todo por tu propio bien y dile que Él es Justo en todo lo que hace.

La gente piensa que, si están pasando por un mal momento, y dan las gracias, están mintiendo, porque desde su punto de vista, lo que les está pasando es algo malo y no es lógico que uno dé las gracias por algo malo. Pero la persona que cree en Hashem, sabe que el Creador no hace nada malo y es pura compasión. Por lo tanto, también tiene que creer que esto que le pasó no es malo y dar las gracias.

Dile a Hashem: "Dios mío, Tú quieres que yo viva una vida buena y dulce y si, a pesar de eso, me envías todos estos sufrimientos, sin lugar a dudas, todo esto es para beneficio mío. Por lo tanto, te doy las gracias, Dios mío. ¿Esto es lo que quieres para mí? Entonces... ¡gracias! Yo solamente quiero vivir con emuná. No quiero nada más. Solamente quiero vivir con emuná. No quiero vivir una mentira. Quiero vivir la verdad de que 'Hashem es Justicia'".

Por supuesto que debemos alabar a Hashem con todas las alabanzas existentes, pero la más grande alabanza es afirmar, en los momentos más difíciles, que Él es Justo y solamente hace el bien.

Empieza por la boca

Otro principio fundamental que hemos aprendido es que podemos dar las gracias "no de todo corazón". Incluso cuando el corazón todavía siente dolor, empieza a dar las gracias. Este es un principio muy importante en el judaísmo, tal como está escrito: "El corazón se moldea según las acciones". La persona que estudia emuná, su corazón siente atracción por la emuná. Y mucho más tratándose del habla, que tiene un poder tremendo para influenciar el alma, tal como enseña Rabí Najman de Breslev:

"La emuná depende de la boca de la persona, o sea que al hablar de la emuná con la boca, eso en sí mismo es emuná, y de ese modo uno alcanza la emuná".

Y como está escrito: "Creí porque hablo" – la persona que da las gracias y escribe sus agradecimientos y canta canciones de gratitud, al final sonreirá y verá grandes salvaciones.

Por el contrario, las lamentaciones y las quejas demuestran que la persona piensa que Hashem no se comporta en forma justa con ella, lo cual es una total herejía. Por eso, esta forma de hablar le causa un enorme daño a la emuná, tal como escribe Rabí Najman allí mismo: "Y por ese motivo hay que cuidarse mucho de no decir herejías, aunque no las diga con el corazón, o sea, que es una persona creyente y no es hereje, Dios no lo permita, sino que solamente repite dichos herejes que oyó decir en nombre de otras personas herejes y él se burla de ellos. A pesar de esto, hay que cuidarse mucho de decir eso, porque los dichos de herejía causan enorme daño a la emuná, además de ser una absoluta prohibición, porque está prohibido decir palabras de desprecio a Hashem, aunque sea en broma".

Vemos, entonces, que la gratitud y las alabanzas, y en especial, las palabras de emuná con las que la persona justifica la conducta de Hashem y revela su emuná verdadera de que Hashem la ama siempre y quiere solamente su bien genuino y hace solamente el bien máximo por ella y quiere acercarlo – todas estas palabras le dan vitalidad y consolidan su emuná y de este modo uno alcanza grandes salvaciones, tal como está escrito en el Sefer HaMidot (Libro de los Atributos): "La esencia de la salvación es únicamente por medio de la emuná".

CAPÍTULO NUEVE

MÁS HISTORIAS MARAVILLOSAS

El principal precepto de la Noche del Seder de Pesaj es contarles a los niños los milagros del Éxodo de Egipto y transmitirles emuná, y enseñarles que hay que darles las gracias a Hashem y alabarlo.

Este relato hay que contarlo acompañado de mucha comida. En la época en la que el Templo Sagrado estaba en pie, se colocaba encima de la mesa también la ofrenda de Pesaj, que consistía de carne asada, y se comía junto a las matzot recién hechas y gran cantidad de verduras.

En este ambiente tan cálido, los niños absorben la historia del Éxodo junto con la comida y la emuná.

Esta historia que les voy a contar a continuación la recuerdo vívidamente debido a que estuve presente en la "seudat hodaiá", la comida de agradecimiento que llevó a cabo mi alumno para dar las gracias por el milagro. Esta es la historia escrita por su protagonista:

Nueve mil dólares al tacho de basura

Este es el relato de lo que me ocurrió en la víspera de Pesaj hace algunos años.

Había tomado un préstamo de nueve mil dólares y durante mucho tiempo ahorré dinero para poder devolverlo. Cada dólar que no usaba, lo ahorraba. Y como estaba muy preocupado de que el dinero no se perdiera, lo oculté dentro de un termo en desuso que estaba guardado dentro de un armario de la cocina.

Llegó el mes de Pesaj, el mes de Nisán, y mi esposa empezó la limpieza de primavera en casa. Ella limpiaba y yo me ocupaba de las compras y demás diligencias. Gracias a Dios, compramos comida y bebida en cantidad abundante, además de ropa nueva en honor de Pesaj para toda la familia e incluso le compré una joya de regalo para mi esposa. También inicié mi preparación espiritual para las fiestas, con sesiones de plegaria personal y demás.

Tres días antes de la Noche del Seder de Pesaj, llegué a casa a la noche y decidí ir al armario a sacar el dinero del termo para devolverlo. Pero entonces vi que el termo no estaba allí y casi me da un síncope... Respiré bien profundo y le pregunté a mi esposa si sabía dónde estaba el termo.

Mi esposa se asustó y me preguntó: "¿Por qué me preguntas por el termo viejo?".

Le dije que había guardado un montón de dinero dentro del termo y entonces ella se puso pálida, se sentó en el sillón y me dijo: "Pensé que ahora antes de Pesaj era buen momento para arrojarlo a la basura, así que lo dejé dos días al lado del tacho de la basura acá dentro de casa y ayer a la mañana lo arrojé al tacho de basura al lado del edificio".

En ese momento no logré pensar con claridad. Histérico, bajé corriendo a la calle a ver si el termo todavía estaba allí, y todo el tiempo repetía las mismas palabras: "Gracias, Dios mío, Tú haces solamente el bien y todo es para bien. Esto es lo que Tú quieres. Gracias...".

Las probabilidades de encontrarlo, obviamente, eran remotas y, efectivamente, el termo no estaba allí.

Volví a casa y, siendo alguien que estudia emuná, decidí que no iba a permitirle a la Mala Inclinación arruinarme la fiesta de Pesaj. Traté de concentrarme solamente en pensar cosas positivas, tratando de estar alegre con lo que Hashem me pone en el camino. "No es mi esposa ni mi mala suerte ni tampoco es coincidencia. Es únicamente Hashem. No entiendo nada. Lo que Hashem hace conmigo es todo para bien y si Hashem así lo dispuso, esto es lo mejor para mí".

Al volver a casa, encontré a mi esposa muy triste, y me di cuenta de que se echaba la culpa a sí misma y, como suele decirse, los sentimientos de culpa la carcomían por dentro. Además, es sabido que para la esposa es muy importante la imagen que tiene de ella su marido. Mi esposa tenía miedo de que esto afectara nuestra armonía conyugal, que es lo más valioso que una persona puede tener. Es obvio que, sin una guía adecuada y sin emuná, un episodio como este habría producido una batalla campal en el hogar. Y por eso mi mujer estaba tan deprimida y a cada rato volvía a pedirme disculpas: "Ay, Dios mío, ¡qué tontería hice al tirar todo el dinero al tacho de basura! ¡Qué tonta fui!". Yo le dije: "De ningún modo digas algo así. Tú eres la mejor mujer para mí y no tienes la culpa de nada. Hashem fue quien arrojó el termo a la basura. Hashem así lo quiso y todo es para bien". Así la consolé una y otra vez y después fui a dar una charla de Torá. Cuando volví a casa, bien entrada la noche, vi que mi esposa todavía estaba muy deprimida a causa del dinero perdido. Entonces me senté a su lado y continué consolándola y dándole palabras de aliento. Le dije: "Hashem así lo dispuso. ¡Gracias, Hashem! Sin lugar a dudas, esto también es para nuestro propio bien. Uno nunca sabe de qué desgracia nos salvamos en virtud de esta pérdida. Que el dinero que se perdió sea una expiación por nosotros. Lo principal es que no perdamos la emuná y no perdamos la alegría y no perdamos la paz conyugal y la luz de esta gran fiesta que es Pesaj". Así continuamos charlando y repasando las clases de emuná que nos enseña el Rabino y empezamos a darle las gracias a Hashem, y hasta tal punto fortalecimos nuestra emuná, que terminamos los dos bailando de alegría.

Una comida de agradecimiento por la pérdida

A la mañana siguiente, a la madrugada, fui a rezar a la yeshivá y al terminar los rezos, me puse a cantar y bailar con mis compañeros y Le dije a Hashem: "Gracias, Dios mío, por haberme hecho perder el termo con el dinero". Después de los rezos, fui a ver al Rabino Shalom Arush y le conté lo que me había ocurrido, y en especial el gran milagro de que, a pesar de todo, yo no había perdido la alegría e incluso había dado las gracias por lo que me había ocurrido. Le dije al Rabino: "Quiero hacer una comida de agradecimiento a Hashem por la pérdida del termo con el dinero". El Rabino se alegró mucho y decidimos organizar la comida de agradecimiento a la mañana siguiente. Hablé con uno de mis compañeros para que organizara el evento y le di el dinero necesario para comprar la comida y la bebida. Cuando más tarde volví a casa, vi que mi esposa todavía estaba triste y que además tenía miedo de que yo estuviera enojado con ella por lo que había hecho. Nuevamente le di palabras de aliento, y para demostrarle que no estaba enojado con ella, le ofrecí ir a comprarle otra joya más en honor de la festividad. Ella me dijo: "Pero ya me compraste una joya". "No me importa. Yo quiero que estés contenta", le respondí. Y entonces fuimos a la misma joyería donde habíamos comprado la primera vez. El vendedor estaba seguro de que veníamos a devolver o a cambiar la primera joya y no podía creer que no, que en realidad habíamos ido a comprar otra joya más. Obviamente, esto no es algo que ocurra con frecuencia y cuando nos preguntaron a qué se debía esta nueva compra, le contamos lo que nos había ocurrido. El vendedor no era religioso y se quedó atónito cuando le conté el incidente. Volvimos a casa y mi esposa por fin se sintió mejor, más tranquila. Nos sentamos en el sofá a descansar un rato.

Una salvación instantánea

En el instante mismo en que nos sentamos en el sofá, de repente sonó el teléfono. Era una llamada del extranjero. Un amigo mío me dijo: Escucha, me ha ocurrido algo que no me esperaba. Hice un trato comercial que acaba de darme dividendos de cien mil dólares. Y pensé que quiero darles una alegría a ti y a tu esposa, así que decidí darles de regalo diez mil dólares en honor de la festividad". Todo esto ocurrió antes de que lleváramos a cabo la comida de agradecimiento.

Fue todo tan rápido: ayer a la noche sentí que se me venía el mundo encima cuando me di cuenta de que mi mujer había arrojado a la basura el termo con el dinero y en menos de veinticuatro horas, alguien me da de regalo una suma todavía mayor que la que había perdido.

Al día siguiente, en la comida de agradecimiento, ante la presencia del Rabino, narré todo lo que nos había ocurrido y el mérito que tuvimos de pasar esta prueba de emuná y de merecer una salvación tan grande:

a. Recibimos más dinero del que habíamos perdido

b. Le compré otra joya más a mi esposa

c. Hicimos lo que se llama un "Kidush Hashem", o sea, una santificación del Nombre Divino, al dar a conocer el milagro que Hashem nos hizo

d. Nuestra armonía conyugal resultó fortalecida

e. Pasamos la prueba de emuná gracias a que dimos las gracias

f. Una vez más sentimos cuánto Hashem nos ama y nos supervisa en forma directa

g. También se fortaleció la emuná de todos aquellos que escucharon nuestra historia

"Comiendo" emuná

Hasta aquí las palabras de este alumno. ¿Y ustedes qué dicen? ¡Qué historia "sabrosa"! ¿No?

Y como ya dije antes, el escuchar una historia semejante durante la comida de agradecimiento, esta queda grabada en la memoria de todos los presentes durante mucho tiempo.

¿Y cuándo tuvo lugar el milagro? En la festividad de Pesaj, que es la fiesta de las historias de gratitud. Esta es la única ocasión en todo el año en que tenemos el precepto de contar historias de gratitud en la mesa y que recitamos el Halel (la Alabanza de Agradecimiento a Hashem) de noche, y además recitamos el Halel tres veces en un mismo día. Porque cuando contamos historias de gratitud, aprendemos el poder del agradecimiento y la alabanza.

Y el séptimo día de la festividad de Pesaj, después de tantos milagros y tantas historias, llegamos a la Shirá, la Canción del Mar, tal como está escrito: "Y entonces cantaron Moshe y los israelitas...", porque la Canción no existía antes, sino que existirá en un futuro y por toda la eternidad. Y por eso está escrito: "Y entonces cantaron – en hebreo: 'cantarán' – en futuro".

Por eso, seguiremos contando historias de gratitud y entonces las salvaciones se multiplicarán y muy pronto podremos todos juntos entonar la nueva canción que surgirá en un futuro: la Canción de la Redención, tal como recitamos en la Hagadá de Pesaj – "Y Te daremos las gracias con una nueva canción por nuestra Redención y por la salvación de nuestras almas".

CAPÍTULO DIEZ

LA GENERACIÓN DEL FUTURO – LA GENERACIÓN DE LA REDENCIÓN FINAL

Los niños obran milagros

Es evidente que todo lo que decimos con respecto a la gratitud y con respecto a los milagros que tienen lugar en virtud de la gratitud – todo se aplica, incluso con más fuerza, a los niños que Le dan las gracias por todo a Hashem.

El niño que da las gracias logra ver milagros. El niño que da las gracias es capaz de modificar las leyes de la naturaleza. ¿Y saben por qué? Les voy a decir por qué. Porque los niños de corta edad son los seres más inocentes, más sinceros y más puros que existen y de ellos se dice que tienen "un aliento carente de todo pecado". Todo este mundo se apoya sobre el mérito de estos niños. Y siendo así, ¿por qué ellos no habrían de ver milagros?

Además, como ya hemos explicado a lo largo de todo este libro, lo que trae la salvación es la emuná. Y el niño que da las gracias está aprendiendo emuná. Y no sólo eso, sino que está aprendiendo la forma más profunda y más efectiva de emuná. Esta es la emuná que va a durarles toda una vida, porque cuanto más joven uno aprende emuná, más arraigada queda en su alma y en su personalidad, y más firme es.

Por el contrario, en el caso de las personas adultas, es mucho más difícil aprender emuná y cambiar de comportamiento. Lo que uno puede lograr hablando con un niño pequeño, en el caso del adulto hace falta horas y horas de charlas y aun así no es seguro que se alcancen los mismos resultados. Por eso, el niño que estudia emuná ha de tener una emuná muy fuerte que es capaz de obrar grandes salvaciones.

Lograr la aceptación de los demás

Un padre nos escribió contándonos el drástico cambio que sufrió su hija en virtud de la gratitud:

"Quisiera contarles lo que ocurrió con mi hija de seis años, que empezó primer grado de la escuela primaria. Se trata de una niña sumamente tímida que durante casi dos meses volvió a casa de la escuela con lágrimas en los ojos porque 'no tenía ni una sola amiga' y quería irse de la escuela de tanto que sufría.

"Mi esposa y yo decidimos poner en práctica el consejo del Rabino Shalom Arush y empezamos a leerle historias del libro **'En el jardín de los milagros'**. Durante el Shabat le leímos varias historias y también le explicamos cómo poner en práctica los consejos del libro. Le explicamos que también hay que dar las gracias por las cosas que no salen bien y que hay que darle las gracias a Hashem por todo, porque si algo sucedió, es porque Hashem así lo quiso. La niña entendió lo que le dijimos y nos dijo: 'Voy a darle las gracias a Hashem'. Mi esposa y mi hija empezaron a darle las gracias a Hashem las dos juntas por el hecho de que mi hija no tenía amigas en la escuela. Al día siguiente, mi hija volvió de la escuela y nos contó algo increíble. Nos contó que, al subir al transporte escolar, todas sus compañeras se apartaron de ella y ella se sintió muy sola. Pero entonces recordó lo que habíamos estudiando juntos en Shabat y durante los cuarenta minutos que dura el recorrido del transporte escolar, mi hija habló con Hashem y Le dio las gracias por no tener ninguna amiga en la escuela y por sentirse tan sola. Y entonces nos contó que ese mismo día, cuando llegó a la escuela, le sucedió un milagro. De repente, unas veinte compañeras querían jugar con ella y empezaron a pelearse por tener el privilegio de jugar con ella. Mi hija entendió que se trataba de un inmenso milagro que Hashem le había concedido en virtud del agradecimiento, dejó de quejarse.

Al culminar el año escolar, la maestra le escribió en el boletín escolar que era la alumna... ¡con mayor aceptación social de toda la clase!

Esto es algo que va absolutamente en contra de la lógica y del raciocinio, porque mi hija es de carácter muy tímido, y es extremadamente sensible. O sea que la gratitud obró en este caso un milagro y un cambio de comportamiento absolutamente sobrenatural".

Hasta acá el relato de este padre. Me gustaría añadir que mucha gente nos escribió relatos similares, acerca de niños que tenían problemas sociales en la escuela, o que sufrían de acoso por parte de sus compañeros, y que volvían todos los días a casa llorando y que, por medio de un trabajo conjunto de los padres con los hijos, fortaleciendo la emuná de que todo es para bien y que hay que dar las gracias por todo, esos niños llegaron a ser aceptados y valorados por sus compañeros más allá de todas las expectativas.

Fuerza para superar las pruebas

A veces, la gratitud misma es la salvación que estamos esperando. Porque el hecho mismo de que el niño recibe la fuerza de la emuná para enfrentar las desilusiones es una inmensa salvación, ya que todas las personas que sufren crisis físicas o mentales o que caen en las pasiones físicas, o en las adicciones, es porque no saben enfrentar las dificultades, las desilusiones y las crisis de la vida. El niño que ya desde la temprana infancia sabe enfrentar estas dificultades posee una enorme ventaja y tiene asegurada su salud mental para toda la vida.

La madre de S., que estaba muy desilusionada por algo que le había ocurrido, nos cuenta con gran asombro la tremenda fuerza que recibió su hija para darle las gracias a Hashem a pesar de la gran decepción que sufrió. Es increíble cómo estos niños tan pequeños logran captar el maravilloso mensaje de la emuná y ponerlo en práctica en las pruebas que les presenta la vida. Y esto es lo que nos escribe:

Estimado Rabino Shalom Arush:

Mi hija. S., recibió de regalo para Jánuca el libro **"Un regalo llamado gracias"** y lo leyó de punta a punta. Ayer a la noche, al encender la séptima vela, ella sufrió una gran desilusión debido a que cancelamos una visita que habíamos planeado a unos amigos, y también debido a que preparé buñuelos de papa en vez de berlinesas (sufganiot) y también debido a que su papá fue a una clase de Torá y no se quedó en casa después del encendido de las velas... Mi hija fue a su habitación y se quedó allí sola. Luego le pregunté qué había hecho y me respondió que había decidido enfrentar todas estas decepciones usando la herramienta de la gratitud y que había escrito varias notitas dándole las gracias a Hashem.

Le pedí permiso para enviarle al Rabino una fotocopia de aquellas notitas, y ella estuvo de acuerdo. Y por eso adjunto dicha fotocopia a esta carta. Y estas son las palabras que escribió mi hija:

- Gracias por no haber ido hoy a la casa de nuestros amigos.
- Hashem, gracias por no haberme dado una berlinesa (sufganiá).
- Hashem, gracias porque puedo respirar.
- Hashem, gracias por estar con vida.
- Hashem, gracias por estar en mi casa dando las gracias.
- Hashem, gracias por estar sana.
- Hashem, gracias porque mi papá fue a la clase de Torá.

- Hashem, gracias porque extraño a mi papá.
- Hashem, gracias por tener una escuela tan cerca de mi casa.
- Hashem, gracias. Te amo tanto que Te preparé este dibujo.
- HahHashem, gracias por despertarme cada mañana.
- Hashem, gracias por irme a dormir cada noche.
- Hashem, gracias por tener el mérito de haber leído el libro "Un regalo llamado gracias".
- Hashem, gracias que ahora me voy a dormir.

Mi hija me pidió que le explique al Rabino que tiene algunas faltas de ortografía porque recién está aprendiendo a escribir y le pide que por favor escriba más libros infantiles.

Hasta acá la carta de la mamá de S.

Una parte inseparable de tu léxico

Recibimos otro relato también muy emocionante de otra mamá que nos cuenta:

Shalom

Quisiera contarles mi experiencia personal sobre el tema de la gratitud. Mi hijo tiene cuatro años. Un día, mi hijo estaba en la plaza del barrio hamacándose. Al rato, se cayó al suelo y se dio un tremendo golpe en la nariz, y además se le rompió un diente. Por supuesto que el golpe le dolía muchísimo y se puso a llorar, pero al rato se puso a cantar y a aplaudir: "Gracias, Hashem, gracias por los dientes que no se me rompieron".

Hemos recibido también otras historias de padres que cuentan que la gratitud ha pasado a ser una parte inseparable del léxico de sus hijos, que dan las gracias por cada cosa. Y también hemos recibido cartas que los propios niños nos han enviado después de haber leído el libro **"En el jardín de la fe para gente joven"**:

Una adolescente nos cuenta:

Este libro me fortaleció mucho la emuná, y ahora sé que todo lo que me sucede es todo por mi propio bien y la respuesta a todas mis preguntas es la emuná y que la emuná equivale a la plegaria. Yo Le pedí a Hashem que me salvara del enojo y resulta que un día, mientras preparaba un proyecto para la escuela, una vez que lo terminé, mi hermanita dibujó un mamarracho en mi proyecto. Al principio, quise gritarle, pero entonces me acordé de que todo es para bien y no le dije nada. Así que empecé todo el proyecto de nuevo y la verdad es que quedó todavía mejor que la primera vez.

Una adolescente de trece años nos cuenta:

Gracias a este libro, aprendí a hacer una sesión privada con Hashem y le quiero dar las gracias al Rabino Shalom Arush por haber publicado este libro para niños y adolescentes, porque traté de leer el libro de mis papás, pero no lo entendí.

Me eligieron a mí

Una niña de once años nos cuenta:

Este libro me enseñó emuná. Y cada vez que veo que me va mal en algo, o que algo no salió como esperaba, enseguida me acuerdo de los tres niveles de la emuná que aprendí en el libro **"En el jardín de la fe para gente joven"** y me acuerdo de que "todo es para bien" y que todo lo que hace Hashem es para bien.

Un niño de siete años nos cuenta:

Me llamo P. y tengo siete años. Una vez mi maestra tenía que elegir dos alumnos para darles una buena nota a los padres. La maestra ya había elegido a uno de los niños y yo, en vez de levantar la mano para que me eligiera a mí, Le di las gracias a Hashem. Y al final la maestra me eligió a mí.

Otra niña nos cuenta que el libro la ayuda a no tener miedo. Y esto es una gran cosa, en una generación en la que tanta gente sufre de ansiedad y de pánico.

Una maestra de sexto grado de la escuela primaria nos cuenta acerca de la transformación que ha visto en sus alumnas desde que empezó a contarles cada mañana una historia del libro **"Un regalo llamado gracias"**. Y esto es lo que nos dice: "Este libro les dio a mis alumnas una perspectiva de emuná que las ayuda a enfrentar en forma positiva las pruebas de la vida. Las alumnas sienten que el estudio se aplica directamente a cada ámbito de la vida".

Los niños se conectan con el Creador

Ya hemos mencionado que la gratitud le da al niño las herramientas necesarias para enfrentar las desilusiones, los fracasos y demás reveses de la vida y le da fuerzas para aceptarse a sí mismo y tener éxito en la vida social, como así también la capacidad de sobreponerse a los instintos y a los malos deseos. Es increíble cómo niños tan pequeños aprenden a conectarse con el Creador y mejoran su comportamiento por medio de la emuná.

La más grande felicidad que un padre o una madre pueden sentir es ver que su hijo tiene buenos rasgos de carácter y, de hecho, la gratitud comprende todos los rasgos positivos. El principal causante de discordia en el ámbito infantil es la envidia y la competitividad, y la gratitud es exactamente lo contrario a todo eso. El niño que da las gracias por cada cosa que recibe y es feliz con lo que tocó en la vida también sabe pedir de buen modo y no exigirles con descaro a sus padres cada cosa que quiere recibir, y también sabe dominar su ira. Evidentemente, todo esto influye en la manera en que se relaciona con sus padres, con sus maestros, y también con sus compañeros y sus hermanos.

Por eso, los padres y los maestros, en vez de criticar al niño por los defectos que tiene y que no siempre están bajo su control, en vez de "solucionar las crisis y listo", deberían enseñarle emuná y a dar las gracias y entonces estarán yendo a la raíz del problema y abriendo las puertas a todas las soluciones, tal como veremos.

¡Sonríe! ¡Todo es para bien!

Lo dicho se aplica también a los jóvenes adolescentes, que, por medio de la emuná y el agradecimiento, aprenden a enfrentar de la forma debida las crisis propias de esa edad y ven grandes salvaciones en sus vidas. La protagonista del siguiente relato es una joven de diecisiete años de edad, y su padre fue quien nos envió el mensaje:

Shalom

Quiero contarle algo que nos sucedió y que, si bien no es lo que se dice un "milagro", sí es un hecho que puede servir de fortalecimiento espiritual a muchas personas y que demuestra cómo la gratitud tiene el poder de influir incluso en los más jóvenes.

Mi hija C., de 17 años, inició un curso de fotografía profesional.

Con tal fin, le compramos una cámara muy sofisticada que vale casi dos mil dólares.

Al cabo de varias semanas, mi hija me dijo que necesitaba comprar también el trípode para la cámara.

Dado que en casa mi esposa y yo tratamos siempre de inculcar en nuestros hijos la importancia de la gratitud y que cuando pedimos algo, lo pedimos con humildad y siempre damos las gracias por todo, le dije a mi hija: "¿Quieres comprar el trípode? No hay problema. En primer lugar, hay que dar las gracias por la cámara tan sofisticada que recibiste a un precio razonable y luego hay que dar las gracias por el hecho de no tener un trípode y entonces Hashem te va a dar todo lo que necesitas".

Y eso fue lo que hizo. Esa mañana dedicó varios minutos a dar las gracias por todas las cosas buenas que Hashem le había hecho en la vida. Y Le dijo así: "Dios mío, ahora necesito un trípode. Gracias por todo lo que me has dado hasta ahora y gracias también por esta carencia. Gracias por la oportunidad que me has dado de hablar contigo y de hacerte este pedido. Si me das esto, Te daré las gracias y se fortalecerá mi emuná y si no me lo das, también Te voy a dar las gracias".

Al mediodía, volví a casa y vi un trípode apoyado sobre la pared, y todos en casa, sonrientes.

"¿De dónde lo sacaron?", le pregunté a mi hija, y todos estallaron en carcajadas.

"No vas a creer lo que sucedió", exclamaron mis hijas, emocionadas. Y mi hija mayor empezó a contarme lo que había pasado:

"Bajé al jardín con M. (mi hija menor) a sacarles fotos a las flores. De repente, llegó un auto al estacionamiento del edificio, bajaron la ventanilla y una señora mayor me gritó: '¿Tú estudias fotografía?". Le dije que sí y entonces ella me dijo: "¡Qué bueno! Justamente tengo en mi casa hace ya mucho tiempo un trípode prácticamente nuevo y que está sin uso. '¿Quieres que te lo dé?'. Antes de que pudiera responder, la señora añadió: '¿Sabes qué? ¡Acabo de recordar que justamente lo tengo aquí en el maletero del coche!'. La señorá apagó el motor, salió del coche, abrió el maletero, me dio el trípode y se fue".

Todos en la familia se quedaron atónitos. ¡Es increíble el poder que tiene la gratitud para obrar salvaciones con tanta rapidez!

Hasta acá las palabras del padre.

Pero, además del milagro, este relato enfatiza el concepto de "confianza en Hashem", en hebreo: bitajón. No siempre es fácil tener confianza en Hashem y qué reconfortante es ver con tus propios ojos, como en esta historia, que cuando uno realmente entiende que Hashem es el único que suple todas las carencias, Hashem le trae lo que necesita de formas maravillosas.

Este relato también nos demuestra que la gratitud es un modo de alcanzar la confianza en Hashem. Y en la generación en la que vivimos, tenemos un gran desafío: fortalecer nuestra confianza en Hashem.

Los padres aprenden de los hijos

Muchos padres me cuentan que la inocencia de sus hijos es la que les da fuerzas para seguir adelante: "Mi hijo me enseña emuná. Mi hijo me enseña a dar las gracias". Es tal como está escrito: "El hará volver el corazón de los padres hacia los hijos, y el corazón de los hijos hacia los padres".

Uno de esos padres nos cuenta:

"Uno de nuestros hijos, de siete años de edad, es un niño con necesidades especiales que sufre problemas de falta de atención e hiperactividad. Para Purim, nuestro hijo nos pidió el disfraz de Kohen Gadol (Sumo Sacedote). Mi esposa acostumbra preparar los disfraces ella misma en casa con la máquina de coser, para ahorrar y además porque para ella es un hobby. Pues bien, resulta que una de las partes del disfraz es la de las piedras del Pectoral (joshen), que cuesta bastante dinero. Un día mi esposa y mi hijo fueron al centro a comprar dichas piedras, pero después de varias horas dando vueltas por las distintas tiendas, no encontraron lo que buscaban.

Mi esposa no sabía qué hacer. Quería tanto darle una alegría al niño... Pero ya estaba muy cansada y sentía una gran frustración por no haber conseguido lo que tanto buscaba.

Por el contrario, mi hijo, cada vez que entraban a una tienda y la vendedora les decía que no vendían esas piedras, salía a la calle y decía: "Gracias, Hashem. Si Hashem quiere esto, entonces es lo mejor para nosotros".

En el autobús de vuelta a casa, mi hijo vio que su mamá estaba decaída y le dijo: "No estés triste, mamá, todo es para bien. Como mucho, podemos coser pedacitos de tela de colores en lugar de las piedras". En vez de que la madre alentara al hijo, ¡el hijo alentaba a la madre!

Piedras grandes y luminosas

Yo creo que esto en sí ya es un gran milagro, pero, de todos modos, esta historia tiene lo que se llama "un final feliz":

Cuando llegaron a casa, mi esposa llamó por teléfono a una amiga suya en un último intento por averiguar dónde se consiguen las famosas piedras del Pectoral. Y la amiga le dijo: "Déjame que averigüe y te llamaré dentro de unos minutos". En efecto, después de diez o quince minutos, la amiga la llamó: "Dile a tu hijo que venga a mi casa, que le quiero dar algo".

Mi esposa envió a mi hijo a la casa de su amiga, pensando que le iba a enviar algún accesorio viejo y gastado. Grande fue su sorpresa cuando vio lo que le había enviado: un joshen de gran calidad, listo para usar. Si hubiéramos tenido que comprar algo así, nos habría costado una fortuna. La lección que aprendí de todo esto es hasta qué punto la gratitud ayuda en la vida – mi hijo tuvo su disfraz listo para Purim y además logré entender que la gratitud crea un ambiente especial para la familia. Una situación así podría haber creado un ambiente muy feo en el que mi hijo se habría sentido decepcionado y triste, pero gracias a la gratitud, todo terminó bien, con sentimientos positivos, lo cual me parece algo maravilloso. Pero incluso si no hubiéramos tenido un final tan "feliz", el camino en sí es ya de por sí un gran regalo. Incluso diría que las palabras de agradecimiento de mi hijo son en sí mismas las piedras luminosas del joshen, las piedras preciosas que dan más luz que nada: ver a tu hijo yendo por el camino de la emuná. Esto ilumina la vida de los padres y así se va formando el alma del niño, y así es como tiene un corazón puro y bueno, igual que Aarón el Kohen, quien tuvo el mérito de llevar el joshen, gracias a su corazón tan puro.

Padres que envidian a sus hijos

Un padre me escribió que siente envidia de sus hijos. Me contó que él mismo se crio en un hogar religioso, en una familia de eruditos de la Torá y estudió en talmudei Torá y en excelentes yeshivot de las más selectas que existen pero, a pesar de eso, jamás le enseñaron a darle las gracias con total inocencia a Hashem y vivir la emuná de una manera semejante. Hoy, este padre ve cómo sus hijos escuchan otra clase de enseñanzas, que les dan vitalidad y luz a sus vidas. Estos niños viven con todo su ser estas enseñanzas y aprenden a usar conceptos tales como "Hashem me ama", "Hashem está orgulloso de mí", y saben dar las gracias y vivir la emuná incluso cuando están pasando por momentos difíciles. Este padre me dijo: "Ojalá yo también hubiese transitado este mismo camino cuando era pequeño. Si hubiese conocido estas enseñanzas en ese entonces, entonces las pruebas que tuve que enfrentar en la vida, estoy seguro de que las habría enfrentado de una manera mucho más fácil, lleno de emuná y de alegría, y habría alcanzado grandes salvaciones. Y quién sabe adónde habría llegado...".

A propósito, me gustaría mencionar un consejo acerca de cómo infundirles a nuestros hijos el camino de la gratitud.

Lo primero que hace falta, por supuesto, es que los padres mismos practiquen ellos mismos estas enseñanzas. Que ellos mismos den las gracias por cada cosa que enfrentan. Porque si ustedes, como padres, Le dan las gracias a Hashem y se dan las gracias el uno al otro, los hijos van a "mamarlo". Pero si ustedes, como padres, se quejan todo el tiempo y se lamentan, y no aceptan con emuná y con alegría todo lo que les pasa, entonces ¿cómo pretenden enseñarles a sus hijos algo que ustedes mismos no practican?

También les recomiendo de todo corazón que consigan los libros "**En el jardín de la fe para gente joven**" y "**Un regalo llamado Gracias**", que ahora ya están publicados en idioma español.

Además, ustedes, como padres, pueden contarles historias del libro **En el jardín de los milagros** que se adapten a su edad. Y sería bueno que ustedes mismos cuenten todo el tiempo historias de agradecimiento.

Otro consejo que quisiera darles es contar historias de Supervisión Individual Divina, también llamada "Providencia Divina", que demuestran cómo Hashem participa en cada detalle de nuestras vidas y cómo cosas que parecían terribles, resultaron ser una bendición. De hecho, muchas de las historias de la Torá son historias como estas. Y probablemente, la historia más conocida sea la historia de la Meguilat Ester, que se cuenta en Purim.

Todas estas historias son muy importantes para la educación infantil y también para el fortalecimiento espiritual de los adultos. La mejor manera de transmitir mensajes es contando cuentos. Y es muy importante que les expliquen a sus hijos la moraleja de cada cuento:

"¿Ves, querido? Al principio esto parecía una cosa terrible, pero al final, vemos que todo era para bien. O sea que hay que dar las gracias por todo, porque de hecho uno no es capaz de entender realmente qué es bueno y qué no lo es. Nosotros solamente tenemos fe en que Hashem hace todo para bien y por eso podemos dar las gracias incluso por lo que parece malo". De esta manera, los hijos aprenden a darle las gracias a Hashem por todo, incluso cuando no entienden qué tiene de bueno algo que parece tan malo.

Cómo educar a los hijos para que tengan éxito

Afortunados son los niños que se crían con palabras de emuná. La emuná es la fuerza que hace crecer todo y especialmente, niños buenos y sanos, tal como enseña Rabí Najman de Breslev en su obra magna, el Likutey Moharán:

"Cuando se siembra trigo en suelo fértil, el trigo crece fuerte y ningún rayo ni viento pueden hacerle daño. Esto se debe a que existe la fuerza de brotar y la fuerza de crecer y entonces no hay nada que pueda hacerle daño. Pero cuando se siembra trigo en una tierra que no es fértil, entonces el trigo se pudre, ya que no posee ni fuerza de brotar ni fuerza de crecer. Y la emuná comprende ambas fuerzas: de brotar y de crecer, tal como está escrito: "Y él adoptó a Hadasa (Ester)", que se relaciona con la palabra "guidul" (crecimiento), y como enseñaron nuestros Sabios, la emuná corresponde a las semillas. Por eso, la persona que tiene emuná, la cual contiene la fuerza de brotar y de crecer, no hay nada que pueda hacerle daño y no debe temer a ninguna persona ni ningún objeto y reza con vitalidad, como es debido, y viaja al Tzadik, porque no tiene miedo a nada en el mundo. Pero cuando la persona carece de emuná, entonces no posee la fuerza de brotar y de crecer. Y entonces literalmente se pudre, igual que el trigo que hemos mencionado. Y entonces siente tristeza, pereza y pesadez y se pudre en todo el sentido de la palabra".

Estas palabras de Rabí Najman tienen que ser la guía de todos los padres. Cuando le enseñas a tu hijo a dar las gracias, le estás enseñando emuná pura. La emuná es la fuerza que nos permite criar a nuestros hijos sin miedos y sin ansiedad, un niño lleno de alegría de vivir, que no se "pudre" en la tristeza, un niño que tiene ganas de rezar y le gusta rezar y le gusta hacer cosas buenas. Esta clase de niños, que se crían con emuná, serán los líderes de la próxima generación que les enseñarán a todos a creer en Hashem.

Este niño ya es un maestro

En ese sentido, me gustaría contarles una historia que me ocurrió a mí en forma personal. Lamentablemente, mucha gente me cuenta que sufre de ansiedad y ataques de pánico. Se trata de personas sanas, tanto jóvenes como ancianos, incluso personas exitosas, que sufren de un modo indescriptible por los miedos que tienen. En el libro **En el jardín de la fe** y en el libro **En el jardín de la salud**, expliqué que la emuná es el remedio más básico y más profundo para la ansiedad y allí pueden encontrar citas del Likutey Moharán, donde Rabí Najman escribe esto en forma explícita.

Una vez salí de la sinagoga después de rezar el rezo de la tarde, Minjá. La sinagoga estaba repleta de personas que entraban y salían. Al llegar al coche, vino corriendo hacia mí un jovencito que me contó que sufría de ansiedad y ataques de pánico y una vez había leído una de las Joyitas de Emuná que habla de la gratitud y así fue como empezó a darle las gracias a Hashem y, como por arte de magia, dejó de tener miedo y ataques de pánico. El jovencito me dio las gracias de todo corazón.

Yo ya había llegado a mi coche, y justo en ese momento se me acercó un alumno a pedirme consejo. Me contó que sufría de ataques de pánico y no sabía qué hacer. Le dije que le pidiera consejo al muchacho. Él no entendió lo que le dije, pero el jovencito empezó a explicarle: "Dé la gracias y todo se le va a pasar". Y entonces el hombre me dijo: "Pero yo ya di las gracias". El adolescente, lo más tranquilo, insistió: "No es suficiente con dar las gracias una sola vez. Hay que continuar dando las gracias todos los días. No interrumpa esto y va a ver cómo todos los problemas se solucionan...".

Este jovencito, como han visto, ya es un maestro de gratitud que da lecciones a los adultos.

Estos niños y adolescentes que se crían en un ambiente de emuná y gratitud son los que salvarán a la próxima generación. Ellos le enseñarán emuná, no sólo a todo el Pueblo de Israel, sino a todo el mundo. Nosotros rezamos para que cada ser humano convoque el Nombre de Hashem y únicamente cuando se multiplique la cantidad de niños que creen en Hashem, surgirá en el Pueblo de Israel la semilla que traerá la revolución espiritual al mundo entero.

De la teoría a la práctica

Cuando se trata de los niños, no alcanza con las teorías. Tenemos que llevar todo a la práctica y dar consejos prácticos. Yo no puedo decirle a una madre que ahora llegaron las vacaciones y tiene que armarse de paciencia y prodigarles a sus hijos cariño y darles algo productivo en lo que ocuparse. Eso no va a servir de nada. Tenemos que darle a esta mamá consejos prácticos para que sepa qué hacer: ideas para que lleve a la práctica.

Lo mismo ocurre con el tema de la gratitud. Si bien hemos presentado varios consejos, no obstante, me gustaría culminar esto con un consejo práctico que va a ser muy útil para las familias: la libreta familiar de agradecimiento.

¿Qué tenemos que hacer? Cada familia elegirá cómo hacer esto de la forma más efectiva. Y para culminar, me gustaría contarles una historia que se dio a conocer hace un tiempo, en la que una mamá cuenta cómo llevan este consejo a la práctica y qué efecto tiene en sus hijos y en toda su familia. Y esto es lo que nos cuenta:

"En cualquier oficina van a encontrar una agenda y en casa también tenemos una agenda grande que compramos cada Año Nuevo en una librería cuando compramos los utensilios escolares. En casa no tenemos una oficina ni tampoco un negocio, pero mi padre siempre dice: 'Siendo judíos, somos todos hombres de negocios, ya que calculamos constantemente los méritos y las deudas y tratamos de aumentar las ganancias...'.

"Hace algunos años, una amiga me contó acerca de su libreta secreta. Se trata de una libreta en la que ella escribe cada noche, antes de irse a dormir, diez cosas maravillosas que le ocurrieron ese día. Mi amiga me cuenta que así es como se ha acostumbrado a expresar su gratitud. Esta idea me encantó y por eso yo también fui a comprar una libreta. Yo no soy una persona tan ordenada como ella y tenía miedo de olvidarme de anotar, y por eso puse la agenda sobre la mesa de la cocina.

"Después de un rato en la mesa de la cocina, mi libreta había dejado de ser 'secreta' y todos mis hijos se pusieron a leerla y me preguntaron muy entusiasmados qué era lo que había escrito allí. Les expliqué y ellos me pidieron que por favor les diera permiso para anotar sus propias experiencias. Acepté, si bien esto ya no sería un trabajo personal mío, pero entendí que era una maravillosa oportunidad para enseñarles gratitud a mis hijos y siendo una madre que se esfuerza denodadamente por ellos, por supuesto que acepté.

Éxito en los negocios

"Muy rápido nos dimos cuenta de que la libreta es muy útil solamente para las mamás que tienen una escritura prolija de tamaño pequeño. Nosotros tenemos varios hijos de distintas edades, parte de los cuales recién acaban a aprender a escribir. Por eso compramos una agenda de oficina que está siempre encima de la mesa del comedor y cada uno que desea anotar algo bueno que le pasó o alguna experiencia de ayuda Divina, está invitado a hacerlo.

"La agenda de oficina es para ellos como un proyecto muy importante. Además, cada noche, antes de irse a dormir, yo me paro en la puerta de la habitación y les leo lo que anotaron ese día. Ellos gritan entusiasmados: "¡Yo fui el que escribí lo de la pelota! ¡Yo fui el que escribió lo del sándwich!".

"Muchas veces vemos que tuvimos más de diez milagros en un solo día y entonces nos sentimos especialmente felices y orgullosos. Hashem nos ama.

"Los niños son personitas muy creativas. A veces, yo abro la agenda y descubro historias que jamás hubiera creído posible escribir, pero ellos escriben todo lo que les viene a la cabeza con total inocencia. Por ejemplo, una vez, mis hijos estaban jugando a la pelota, si bien yo les dije una y otra vez que está prohibido jugar a la pelota dentro de casa. Alguien dio una patada y rompió un florero muy caro que había comprado hacía poco tiempo. Me enojé mucho con mi hijo y lo castigué: ese día no iba a poder ir al patio. Esa noche, cuando abrí la agenda, tuve que aguantarme para no estallar en carcajadas al ver lo que había escrito: 'Hashem, ¡gracias que mamá no me dio un castigo peor!'.

"En otra ocasión, cuando se rompió el secarropas, yo estaba súper nerviosa por toda la cantidad de ropa que no tenía dónde secar (nosotros somos una familia numerosa, gracias a Dios). Esa noche, vi que mi hija de siete años había escrito en la agenda: '¡Qué bueno! Mamá trajo el colgador de la ropa al comedor y ahora yo también puedo colgar la ropa húmeda'.

"Incluso los más pequeñitos de la familia, que todavía no saben escribir, participan de este proyecto y les piden a sus hermanos mayores que escriban en su lugar.

"En casa, todos hablamos de la gratitud y se ha creado un ambiente muy simpático y agradable. ¡Podemos decir que, sin lugar a dudas, nuestro negocio es muy exitoso!

"PD: a veces quiero escribir acerca de milagros que me ocurrieron a mí en forma personal pero no quiero que mis hijos lean eso, porque son temas privados. En estos casos, yo escribo usando solamente iniciales y les explico a mis hijos que esta vez es un milagro personal mío y que no quiero contárselo a todos, pero sí quiero dar las gracias por él. Ellos se pasan un buen rato tratando de descifrar las iniciales como si fuera un jeroglífico...!

Yo les digo que lo principal es fortalecer las expresiones de gratitud, porque cada agradecimiento trae aparejados muchos más. ¡Gracias, Hashem!

CAPÍTULO ONCE

RELATOS BREVES

Las historias me persiguen

Cada historia de gratitud tiene un poder especial. A veces, la gente solamente quiere que uno le cuente más y más historias. Están también los que me dicen que una sola historia no les resulta suficiente para convencerse, pero que cuando escuchan varias historias, entonces sí empiezan a creer.

Con este fin, he recopilado aquí una cantidad de historias verídicas sobre el tema de la gratitud:

Yo no tengo necesidad de buscar historias. ¡Las historias me persiguen! Además de las historias maravillosas que la gente nos envía, yo también recibo todo el tiempo notitas con mini-historias de gratitud consistentes de varias palabras que me pasan cuando doy clases en todo Israel, como así también correos electrónicos que nos envía la gente al Sitio Breslev Israel desde todo el mundo y mensajes que me transmiten mis discípulos, que van a los hospitales y a las cárceles a fortalecer a los enfermos y los presos.

Varios alumnos me contaron que cuando hablan del tema de la gratitud con la gente, muchas veces escuchan frases como esta: "¿Tú vienes a enseñarme a mí lo que es la gratitud? ¡Yo te puedo dar una lección!". Y entonces me cuentan sus historias de milagros.

A continuación, presentaremos una selección de dichas historias.

Y al final tuvieron hijos

Rabí Najman de Breslev enseña que la palabra "emuná" tiene el mismo valor numérico que la palabra "banim" (hijos). Y la gratitud, como ya hemos explicado, es la máxima expresión de emuná. Por eso, hay muchas historias de parejas que lograron después de muchos años tener hijos en mérito de la gratitud, y en especial, por darle las gracias a Hashem en medio de tanto sufrimiento.

En el Sefer HaMidot (Libro de los Atributos) hay una enseñanza relacionada con el tema: "Las alabanzas a Hashem que se recitan antes del alba son una segulá para tener hijos". Y no sólo para tener hijos, sino también para criarlos. ¿Y por qué específicamente "antes del alba" ? Debido a que la noche simboliza las dificultades y el momento previo al alba es el momento de mayor oscuridad, y precisamente en ese momento se pone a prueba la emuná de la persona, tal como está escrito: "Y tu emuná en las noches". Cuando la persona alaba a Hashem precisamente en esta situación tan difícil, tiene el mérito de tener hijos.

Esta es una nota que alguien me dio en la calle Allenby en Tel Aviv. Y así escribe la Sra. F:

"Durante muchos años no pudimos tener hijos. Yo me comprometí a dar las gracias por ello durante cuarenta días consecutivos. El día 36° Hashem me hizo un milagro y quedé embarazada y hace medio año nació mi bebita".

Ese mismo día recibí otra notita más de otra mujer que durante cinco años y medio no había podido ser madre y que había dado las gracias y Hashem también le había hecho un milagro.

Un día llegué temprano a la yeshivá a rezar y encontré una notita en la mesa. La notita decía: "Di las gracias y mi esposa tuvo un bebé varón". ¡La bondad de Hashem no tiene límites!

Me invitaron a una circuncisión del bebé de una pareja que durante catorce años no habían podido tener hijos. Habían consultado a todos los médicos y habían hecho todos los tratamientos habidos y por haber, pero todo había sido en vano. El padre me contó que vino a verme junto con su esposa hacía aproximadamente un año y que yo les había dicho que, a partir de ese día, no rezaran más para tener hijos y que solamente dieran las gracias a Hashem todos los días durante media hora por su problema. Y repetí esa frase: "No recen más", para que no cayeran en las quejas y las lamentaciones ni sintieran que Hashem les debía algo. Porque cuando una persona reza pensando que Hashem le debe algo, o que tiene derecho a algo, no sólo que sus rezos no son aceptados, y no obtiene la salvación que está esperando, sino que esa plegaria resulta perjudicial. Tanto él como su esposa siguieron mi consejo y a partir de ese día, solamente dieron las gracias. Y al cabo de menos de un año, su mujer dio a luz a un varón.

Sin cambio de nombre

Una vez al año yo doy una clase en un salón de fiestas de una de las principales ciudades de Israel. El año pasado, al terminar la clase, una mujer me dijo que el año anterior había venido a verme para contarme que ya tenía treinta y pico de años y todavía seguía soltera. La joven me preguntó si tal vez convenía que se cambiara de nombre. ¿Acaso podía ayudarla a conseguir pareja? Yo le respondí: "No te cambies de nombre ni hagas nada. Solamente da las gracias media hora todos los días". Y ahora había venido a contarme que había dado las gracias durante dos meses y ya estaba casada y embarazada.

Incluso en reuniones familiares escucho historias milagrosas como estas. Un familiar me contó de una pareja que durante nueve años no habían podido ser padres, a pesar de todos los tratamientos que habían hecho. Alguien les dijo que tenían que dar las gracias y la señora empezó a dar las gracias y completó cuarenta días y cada día escribió en su libreta cien motivos por los cuales daba las gracias, tanto por las cosas buenas como por las dificultades. No dio las gracias solamente de la boca para fuera, sino que comprendió el sentido más profundo de la gratitud y la adoptó como una forma de vida, como una filosofía de vida. Fue como si hubiera cambiado de lentes: a partir de ahora solamente empezó a ver que todo es por bondad de Hashem y todo lo que tenemos en la vida son regalos de Hashem. Y así fue como Hashem también le dio un regalo a ella: ¡el día 40° se enteró de que estaba embarazada!

Tengo los bolsillos llenos de notas de agradecimiento y de pedidos de gente para que rece por ellos. Yo leo todas las notas. En una de esas notas, una mujer que durante ocho años no había podido ser madre, escribe que un día la llamaron por teléfono desde nuestras oficinas y ella les contó la difícil prueba que estaba afrontando y nuestra representante le dijo que tenía que dar las gracias y que iba a obtener la salvación que esperaba. Y así fue. Y gracias a Dios, quedó embarazada en forma completamente natural.

El médico admite que la gratitud funciona

Hoy en día, el camino de la gratitud se ha difundido sobremanera. Esta es otra historia milagrosa que me llegó hace poco:

"El último parto de mi esposa fue muy largo y muy difícil. En la sala de partos, el médico advirtió que el pulso del bebé estaba disminuyendo, en cuyo caso es necesaria una operación cesárea de urgencia. El médico salió de la sala unos minutos y mientras tanto empezaron a preparar a mi esposa para la operación. Mi esposa empezó de inmediato a recitar el Salmo 100: Mizmor Le Todá una vez y otra vez más, y yo me paré en un rincón de la sala y empecé a darle las gracias a Hashem e incluso canté en voz baja una canción de agradecimiento.

Cinco minutos después, el médico volvió a chequear el monitoreo y decidió postergar la operación. Me senté en una silla a dar las gracias y a los veinte minutos el médico volvió y me dijo: "Siga haciendo lo que hizo hasta ahora, ¡que funciona! Y su esposa lo necesita". De más está decir que al final mi esposa no tuvo necesidad de operarse y gracias a Dios mi hijo nació en forma natural.

El único miedo: perder la emuná

A continuación, presentaré algunas historias sobre casos médicos.

El Rebe de Lejovitch dice: "Cuando los médicos hacen que el paciente pierda la esperanza, diciendo que su enfermedad es incurable, y el paciente se fortalece en emuná y deposita toda su confianza únicamente en Hashem, ahí es cuando se le abren las puertas de la curación y la salvación".

Y la explicación es que cuando los médicos no le hacen perder la esperanza al paciente, a este le resulta difícil confiar solamente en Hashem y deposita su confianza también en los médicos y en los tratamientos. Por eso, el paciente no debe esperar a que los médicos le hagan perder la esperanza, sino que debe fortalecerse espiritualmente ya desde el comienzo y depositar su confianza únicamente en Hashem.

Un viejo amigo me contó que una vez lo habían internado por una enfermedad bastante grave y, debido a que era un personaje público, sus conocidos hablaron con el jefe de la sala para que lo atendiera en forma personal. Por supuesto que esto implicaba una tarifa muy alta pero sus amigos se encargaron de ese tema. Resulta que el jefe de la sala fue a verlo y le dijo con tono tranquilizador que ya había alguien que se ocupaba de él y que a partir de ese momento, él (el médico) estaba a cargo de su caso en forma privada.

El paciente le dijo: "Yo no quiero ningún tratamiento privado". El médico no entendía por qué, siendo que sus amigos se encargarían de todos los gastos. "Yo quiero tener presente a cada instante que Aquel que me hizo internar es el Mismo que me va a sacar de acá y tengo miedo de que, si confío en el "tratamiento privado del gran especialista", voy a perder la emuná y voy a empezar a confiar en las leyes naturales y en los médicos, y por eso prefiero seguir con mi emuná, sabiendo que mi curación está únicamente en manos de Hashem".

El médico no podía creer lo que acababa de escuchar, pero le hizo caso y se fue.

A partir de ese momento, el paciente empezó a ver milagros con sus propios ojos. En primer lugar, el médico iba a verlo cada mañana antes de ver a los demás enfermos, sin cobrarle ni un centavo. Y además, todo el plantel médico lo atendió con sumo esmero y se curó muy rápido y le dieron el alta, tal como él mismo había predicho: que Aquel que lo hizo internar fue el Mismo que al final lo sacó del hospital.

Primeros auxilios: da las gracias

La gran mayoría de las personas, al encontrarse en una situación difícil, de repente sienten que no son nada y es entonces que corren gran peligro, porque pueden perder la emuná y caer en la desesperación y olvidarse de Quién las curó y las mantuvo con vida hasta el día de hoy. La tristeza y las lamentaciones son la más grande herejía, porque impiden que la persona tenga fe en Hashem, y destruyen el poco de emuná que todavía le quedaba.

La gratitud es el remedio genuino que cura y le da al paciente la fuerza necesaria para realmente creer en Hashem, haciéndole sentir que Hashem lo ama y que jamás lo abandonó ni lo abandonará. Y por eso la gratitud es, de hecho, la única esperanza de cada enfermo, porque lo conecta con la emuná y la confianza en Hashem.

Y como decimos en la bendición de después de ir al baño: "Rofé kol basar umaflí laasot" – Hashem cura toda la carne y obra milagros y maravillas.

Es natural que veas milagros

Me contaron muchas veces de tumores que desaparecieron gracias a las expresiones de gratitud a Hashem, como en el siguiente caso:

"Una mañana, después de que me detectaron un tumor maligno, me desperté sintiéndome terrible. Me hice análisis de sangre y los resultados eran muy malos. Era la víspera de Shabat y me sentí terrible. Mi hija, que escuchaba charlas del Rabino Shalom Arush, vino a visitarme y me dijo: 'Papá, tienes que escuchar esto'. Todo ese Shabat me contó historias milagrosas de ese libro. Sentí que me llenaba de luz en medio de toda esa oscuridad. El domingo a la mañana fui a dar una caminata y pasé por un parque lleno de árboles. Me puse a hablar con Hashem.

"Hablar con Hashem no es para mí algo nuevo. Yo siempre hablo con Él, pero no estaba acostumbrado a darle las gracias. Pero cuando mi hija me contó estas historias, entendí cómo tenía que hablar y así, en medio de mi conversación con Hashem, empezaron a caerme lágrimas de los ojos, y el manantial se abrió. Pero en vez de preguntar 'por qué', empecé a decir 'gracias'.

"No es fácil dar las gracias por las cosas que la lógica te dice que son malas, pero yo veo que sigo dando las gracias y me pregunto: '¿Acaso es normal dar las gracias por algo así? ¡La enfermedad que tengo es terrible e implica un enorme sufrimiento! ¡No puedo dormir de noche y sufro de los riñones!'. Pero a pesar de todo di las gracias.

"El martes viajé al hospital a realizarme un chequeo. Me introdujeron una cámara dentro del cuerpo con anestesia local, o sea que estuve despierto durante el procedimiento y vi y escuché lo que decían los médicos y no pude creer lo que estaba oyendo. Un médico le dijo al otro: 'Pero este hombre tiene el cuerpo de un joven de dieciocho años. ¡Yo no veo ningún tumor!'. Y el otro médico respondió: 'No entiendo cómo es posible! ¡No veo ningún tumor! ¡Desapareció!'.

"Entonces me mandaron a realizar más exámenes y de manera milagrosa, los resultados salieron bien. Yo sé que fue por la gratitud que me curé por completo. ¡Esto es un hecho!".

Hasta las piedras se derriten

Un hombre cuenta:

La esposa de mi colega sufrió tres derrames cerebrales en menos de medio año. Después del tercero, la internaron en terapia intensiva. No podía hablar y apenas si podía caminar. Los análisis mostraban que la situación era grave y los médicos le dijeron a la familia que iba a tener que seguir internada mucho tiempo más.

Mi colega me contó lo que había sucedido y yo traté de alentarlo. Le dije que Hashem es el Único Médico que existe y le expliqué lo que dice el libro **En el jardín de los milagros**, que tenía que dar las gracias a Hashem por el estado de su esposa y mencionar todos los pormenores del caso y recién entonces pedir por su curación y, si su esposa podía, que ella también diera las gracias de todo corazón y recién entonces que Le pidiera a Hashem que la curara por completo. Le aconsejé que aprovecharan cada minuto libre para dar las gracias.

Posteriormente, mi colega me contó que el mismo día en el que empezaron a dar las gracias, entró a su habitación en el hospital una mujer desconocida que la bendijo diciéndole que se curaría muy pronto. Estas fueron sus palabras: "Mañana ya vas a estar de nuevo en tu casa".

En efecto, al día siguiente, se puso de pie y volvió a hablar normalmente y le dieron el alta del hospital ese mismo día.

¡Gracias, Hashem, por el gran mérito de darte las gracias y gracias a nuestro maestro, que nos enseña emuná!

Alguien me contó que tenía cálculos renales y sufría dolores insoportables y un Shabat le dijo a su familia: "Halel (la Alabanza de Gratitud que recitamos para Hashem) es una sigla de la frase HaRofé Leshvurei Lev – El que cura a los de corazón contrito. Recitemos el Halel para que me cure".

Todos los familiares recitaron el Halel sin decir la bendición correspondiente, pero con mucha alegría. Y los dolores se le pasaron por completo.

Al día siguiente, fue a ver al médico y le hicieron una radiografía en la que se veía perfectamente que los riñones estaban... ¡limpios!

El remedio de nuestros Sabios

Una señora que asiste a mis conferencias durante muchos años hizo hitbodedut (plegaria personal), introspección y teshuvá. Un día, empezó a sufrir de dolores terribles en las rodillas, hasta tal punto que no podía estar parada. Los médicos no lograron encontrar la causa del problema y no sabían cómo ayudarla. Durante dos semanas, ella hizo teshuvá (se arrepintió de sus faltas) y al hacer hitbodedut, le pedía a Hashem: "Muéstrame cuáles son las faltas por culpa de las cuales me duelen tanto las rodillas. Perdóname por esas faltas, aunque yo no sepa cuáles son...". Pero esto no le sirvió de nada.

Desesperada, se dijo a sí misma: "Voy a hacer lo que enseña el Rabino – voy a empezar a dar las gracias. Voy a dedicar todos los días media hora a dar las gracias por el dolor de rodillas".

Durante una semana dio las gracias media hora por día. Pero eso tampoco le sirvió. Finalmente, en una de sus conversaciones con Hashem, sintió que Hashem Mismo le ponía en la boca frases especiales: "Hashem, ¿acaso Tú quieres que yo tenga dolores? ¿Esa es Tu voluntad? Entonces yo estoy contenta. A partir de ahora voy a estar contenta con cada dolor. No sólo que Te daré las gracias, sino que realmente voy a sentirme feliz". De inmediato, como por obra de milagro, los dolores desaparecieron.

Es como lo que enseñan nuestros Sabios (Or HaJaim HaKadosh): "El remedio para todas las dolencias es aceptarlas con amor".

Es bueno darle las gracias a Hashem

Otra mujer cuenta:

"Yo me crie en una casa tradicionalista y con los años fui conociendo más el judaísmo y volví en teshuvá por medio de los libros del Rabino Shalom Arush. Resulta que tengo un problema de salud, que me causa problemas en la visión. Un día empezó a dolerme el ojo izquierdo y empecé a ver puntos negros. Veía todo borroso. Solamente podía ver con la mitad del ojo. Decidí que antes de ir a la clínica a consultar con el médico, iba a practicar el método de la gratitud. Lo primero que hice fue darle las gracias a Hashem: "Gracias, Hashem, por esto que me pasó. Y así como me trajiste este problema, yo sé que así también me lo quitarás". Entonces recité el Salmo de Agradecimiento (100) diecisiete veces y al final, al recitar la última palabra del Salmo, ¡de repente me di cuenta de que veía perfectamente! Y gracias a Dios, hasta ahora todo va bien. El problema simplemente desapareció.

¡Es bueno darle las gracias a Dios! En hebreo, "bueno" se dice "tov", que tiene valor numérico 17. Al dar las gracias diecisiete veces, todo se dio vuelta para bien.

La gratitud me hizo poner en pie

Otra historia más:

"Yo ya conocía el camino de la emuná y de la gratitud gracias al libro **En el jardín de la salud**. Hace casi tres años, yo tenía terribles dolores en las piernas. Durante un mes entero los dolores persistieron y tenía las piernas hinchadas y de color rojo y apenas si podía caminar. Caminaba como una tortuga. Los remedios que me dieron los médicos no me ayudaron para nada. El rabino de mi marido me aconsejó que diera las gracias todos los días durante media hora. Empecé a hacerlo y al cabo de dos semanas exactamente, las piernas retomaron su aspecto habitual y dejaron de dolerme e incluso podía correr...".

Y si el lector no me cree, y no se convence de lo que estoy diciendo, tengo otra historia más de otro "escéptico". Y estas son sus palabras:

"Estimado Rabino Shalom Arush:

En primer lugar, me gustaría aclararle que yo soy una persona muy escéptica. Todo tipo de tratamientos y segulot que ayudaron a otras personas, a mí no me sirvieron de nada, porque yo dudo de todo y tengo un problema recurrente que vuelve cada tantos meses: siento una especie de ardor en las amígdalas que después se transforma en un estado gripal muy fuerte con un tremendo dolor de garganta y luego esto me produce un estado bronquial generalizado. Esto me dejaba en cama dos semanas enteras. Yo siempre sabía que apenas sentía el ardor en la garganta, empezaba todo este ciclo inevitable.

Un día, leí en el libro **En el jardín de los milagros** la historia de un hombre que tenía muchos problemas con el tema del sueño y que se había comprometido a que, si lograba despertarse a medianoche, iba a dar las gracias por ello durante media hora. En efecto, se había podido levantar a medianoche y esto se repitió una y otra vez. Me dije a mí mismo: Si es así, yo también puedo hacer lo mismo con el problema que tengo. Voy a comprometerme a dar las gracias media hora. Y funcionó.

Una noche, empecé a sentir el dolor de garganta y sentí que empezaba a extenderse por el cuerpo y tuve mucho miedo de lo que me esperaba. En ese mismo momento me comprometí a que, si me levantaba a la mañana sin dolor de garganta, iba a dar las gracias durante media hora. Y gracias a Dios, a la mañana siguiente me desperté sin dolor de garganta. Y siento que tengo el deber de publicitar este milagro. Con la ayuda de Dios, continuaré por este camino, aplicando este método a otros problemas que tengo en la vida y con Su ayuda, trataré de dar a publicidad las salvaciones que obtenga. Gracias por todo y sigan ayudando como hasta ahora.

S.N.

La gratitud protege a toda la generación

La gratitud ayuda no sólo con problemas físicos sino también con problemas mentales. Y la verdad es que no nos sorprende, porque, como ya escribí en el libro **En el jardín de la fe**, todas las enfermedades mentales son producto de una falta de emuná y una falta de alegría, tal como enseña Rabí Najman de Breslev: "El alma y la emuná (fe) son un mismo concepto". Por lo tanto, es evidente que cuanto más nos fortalecemos en emuná, y cuanto más aceptamos los sufrimientos con alegría, más fácil y más rápido nos curamos.

No obstante, es muy importante aclarar que siempre debemos consultar con el médico y no tomar medidas en forma irresponsable sin consultar con un profesional, tanto si se trata de problemas físicos como de problemas mentales.

A continuación, un mensaje que nos llegó acerca de alguien que sufría de un grave problema mental y que contiene una enseñanza novedosa:

"Al terminar una conferencia, se me acercó un hombre que me contó de una joven de veinticinco años que era una muchacha normal que de repente empezó a sufrir de problemas mentales cada vez más graves. Sus padres habían consultado con especialistas y rabinos y habían rezado por ella en las tumbas de los tzadikim, pero, a pesar de todo, la situación iba de mal en peor, hasta tal punto que la joven fue internada contra su voluntad en un hospital psiquiátrico, Dios no lo permita. Los padres estaban desesperados y no sabían qué hacer, pero Hashem les tuvo compasión y al ver su sufrimiento, le hizo llegar a la mamá el libro **Las puertas de la gratitud**. La mamá leyó el libro y empezó a hacer todos los días media hora de agradecimiento por todo el sufrimiento que tenía a causa de la enfermedad de su hija. La mamá dejó de echarse la culpa a sí misma y a su hija porque entendió que esta era una prueba de emuná que le había enviado Hashem y la aceptó con amor, dando las gracias por ella. Como por arte de magia, al cabo de un mes, la joven se curó por completo y le dieron el alta del hospital psiquiátrico.

Este relato nos enseña algo muy importante: la gente que escuchó esta historia me preguntó - ¿acaso la joven se curó debido a que la madre dio las gracias? Y yo digo que sí. Prácticamente en todos los casos, el sufrimiento no se limita solamente a la persona enferma, sino que se extiende a todos los que la rodean. En el Cielo se decretó que todas esas personas debían sufrir. Y cuando varias personas que están relacionadas entre sí sufren, si una de esas personas acepta el sufrimiento con amor, de inmediato se anula el mal decreto para todos, porque en el momento en el que uno de ellos rectificó lo que debía, ya no tiene necesidad de seguir sufriendo y entonces el sufrimiento cesa para todos. Cuando la mamá de esta joven aceptó el sufrimiento con amor y dio las gracias, el problema terminó, tanto para ella como para su hija.

Esto nos enseña una gran lección: que cada sufrimiento que tiene la persona implica el sufrimiento de muchas otras personas.

Por eso, basta con que solamente parte de esas personas den las gracias por el sufrimiento para traer salvación y curación a todos.

Por eso, en virtud de los que dan las gracias, llegará la Redención, tal como enseña Rabí Natan de Breslev: "Si todos dieran las gracias tanto por lo bueno como por lo malo, se anularían todos los sufrimientos y todos los exilios y ya habría llegado la Redención". De esto aprendemos que la gratitud protege a toda la generación.

¡Qué milagro que Hashem me trajo este sufrimiento!

Muchas veces, la gratitud por el sufrimiento llega después de la salvación, porque cuando uno entiende la salvación que obtuvo en virtud del sufrimiento, Le da las gracias a Hashem por todo. En retrospectiva, uno ve y comprende cómo todo había sido por su propio bien, tal como enseña el Profeta: "Te doy las gracias por el hecho de que Te enojaste conmigo y me castigaste, porque entiendo que todo era por mi propio bien, para acercarme más a Ti".

...

Una mujer a la que le descubrieron un tumor maligno cuenta lo que le ocurrió cuando estaba enferma: que se acercó a Hashem y a la emuná y que Hashem le demostró que Él supervisa todo y está a cargo de todo. Hoy, gracias a Dios, esta mujer se ha curado y tiene el mérito de cumplir los preceptos y vivir una vida de emuná, y Le da las gracias a Hashem por la enfermedad, porque siente que la enfermedad fue el más grande regalo que Hashem le dio en la vida, ya que gracias a ella cambió por completo su estilo de vida junto con su familia y empezó a vivir una vida plena de sentido.

Gracias por cada respiración

La gratitud posee un tremendo poder y se expresa por medio de la boca, de la canción, del baile, del pensamiento, de las comidas, de la escritura. En la historia que sigue vamos a ver cómo una persona se salvó en forma milagrosa y en contra de todos los pronósticos, después de diez años de sufrimiento, gracias a que escribió frases de gratitud:

El Rabino Elimelej Biderman cuenta esta historia verídica que escuchó del protagonista, un hombre que vive en New York cuya hija de catorce años tuvo un milagro increíble.

Hacía diez años que su hija sufría de problemas muy graves en el sistema respiratorio. Los padres habían consultado con los más grandes especialistas pero ninguno logró descubrir la causa de la enfermedad ni encontrar la cura. Al contrario: cuantos más médicos consultaban, menos entendían.

Los médicos les aconsejaron todo tipo de tratamientos, pero ninguno sirvió. Varios especialistas les aconsejaron llevar a su hija al estado de Arizona en el sudoeste de USA, porque allí el aire es muy seco, con la esperanza de que le fuera más fácil respirar.

La jovencita viajó allí y estuvo allí durante tres semanas, pero en vano.

La joven decidió que iba a dirigirse directamente al Creador y a comprometerse a realizar alguna buena acción. Decidió que, a partir de ese momento, todos los días iba a escribir en una libreta diez cosas buenas que le había hecho Dios ese día.

Al día 41°, la joven escribió en la libreta que ese día había empezado a respirar normalmente y que todos los problemas respiratorios habían desaparecido como por arte de magia.

Cuando la persona logra percibir las maravillas que hace Hashem y Le da las gracias por ello, está permitiendo que le lleguen toda clase de milagros y maravillas y logra ver salvaciones absolutamente sobrenaturales.

Pareja con boleto de avión

También nos han llegado muchas historias de paz conyugal.

Estas dos historias las envió una joven que estudia emuná y ve milagros constantemente gracias a la gratitud.

Y esto es lo que nos escribe:

"Yo me crie en una familia de Jabad Lubavitch. Mi padre es director de una Casa de Jabad. Hace casi cinco años, conocí las enseñanzas de Rabí Najman de Breslev y del Rabino Shalom Arush. A partir de ese momento, yo comparto con mi familia todas las enseñanzas que aprendo. Poco a poco, ellos también van descubriendo todo este tesoro. Mi padre tiene una tienda de judaica en la que se venden también los libros y los CDs del Rabino Shalom Arush.

Un día, llegó a la tienda un joven soltero que no es observante y compró el libro **En el jardín de los milagros**. Al poco tiempo, el muchacho volvió a la tienda y le contó a mi padre que había terminado de leer el libro y había decidido hacer todos los días una hora de hitbodedut, durante la cual solamente Le daba las gracias por todo.

Una de las primeras cosas por las que dio las gracias fue por el hecho de que era soltero y todavía no había encontrado pareja.

Al cabo de unos días, la madre del muchacho, charlando con una amiga, le contó que su hijo no tenía pareja y la amiga le contó que conocía a una joven muy buena que tal vez fuera compatible. La joven estaba en Canadá y le dio su número de teléfono. Así fue como se conocieron y empezaron a estar en contacto por teléfono. Al poco tiempo, decidieron casarse incluso sin conocerse personalmente.

Cuando el joven le contó esto a mi padre, le dijo que, durante todo ese tiempo, había continuado dando las gracias a diario. Pero la historia no termina aquí.

"Mi más grande dificultad era volar a Canadá, porque el viaje es muy caro y yo no contaba con los medios".

No obstante, el joven ya conocía el método infalible: si tenía alguna dificultad, solamente tenía que dar las gracias.

El joven hizo una sesión de agradecimiento de una hora entera por no tener dinero para viajar a Canadá a reunirse con su comprometida. Transcurrieron apenas unas horas y un amigo suyo lo llama para decirle que había decidido regalarle un pasaje a Canadá para que pudiera viajar y conocer a la novia y a su familia.

Lo primero que hizo el joven fue darle las gracias a Hashem y entonces fue corriendo a ver a mi padre para contarle muy emocionado las grandes salvaciones que había obtenido gracias a la gratitud. Gracias a Dios, el joven se comprometió a ponerse los tefilín y a asistir al servicio de Selijot antes de Rosh Hashaná.

En estos días esta pareja está a punto de casarse. ¡Gracias a Hashem!

La gratitud abre el corazón

Me gustaría contarles lo que le sucedió a una amiga mía que reza conmigo en la misma sinagoga y a quien tuve el mérito de darle varios libros y folletos de emuná. Gracias a Dios, esta joven empezó a dar las gracias y a hacer hitbodedut, y las dos conversábamos de emuná. Entre otras cosas, me contó que todos los días, ella dedicaba un tiempo a darle las gracias a Dios por todas las bondades que Él hace con ella.

Hace como tres meses, me contó que conoció a un joven con quien mantiene una relación muy seria y que están pensando en casarse. Pero el problema es que él es religioso y ella recién está descubriendo el judaísmo y por eso, la familia de él no estaba de acuerdo. Yo le dije que debía continuar con el camino de la gratitud: "Tienes en tus manos la llave de tu salvación. Tienes que dar las gracias de todo corazón, incluso por los obstáculos y las dificultades y aceptar todo con emuná — y entonces verás grandes salvaciones".

Y así fue. La joven empezó a dar las gracias por las dificultades y dijo: "Gracias, Hashem, que la familia de mi novio no quiere que se case conmigo. Gracias por los obstáculos. Todo proviene de Ti y todo es para bien. Tú eres quien decide y Tú puedes en un instante hacerles cambiar de opinión".

Todo el tiempo daba las gracias por los problemas y las dificultades.

Gracias a Dios, hace un mes los dos se comprometieron y están por casarse en varias semanas. Y ella me pidió que le transmitiera este mensaje: que ella siente que la gratitud abre todas las puertas.

Varias historias y un mismo mensaje

Cada historia es un mundo y contiene muchas emociones: esperanzas y desilusiones, aventuras y desafíos. Las circunstancias son diferentes, pero el mensaje es el mismo: aquel que posee emuná logra ver milagros con sus propios ojos, tal como enseña Rabí Natan: "Si todos dieran las gracias tanto por lo bueno como por lo malo, se anularían todos los sufrimientos y todos los exilios y ya habría llegado la Redención".

Muchas veces recibo mensajes como estos. Y en esta ocasión voy a contarles uno de ellos:

"Shalom:

Me gustaría darle las gracias a Hashem por todo lo bueno que me dio en la vida. Empecé a dar las gracias por estar aún soltero y continué haciéndolo durante siete días. Al cabo de los siete días, me presentaron a alguien. Obviamente, continué dando las gracias y a las dos semanas tuvimos una cita y gracias a Dios nos comprometimos y nos vamos a casar pronto, gracias a Dios. Hagan ustedes también el intento. Mucho éxito".

El poder del tzadik

Yosef, el tzadik, se esforzó por sentir el amor de Dios incluso en lo más profundo del pozo oscuro y el ocultamiento, tal como cuenta la Torá: que cuando Yosef fue vendido como esclavo, Hashem supervisó que el grupo de mercaderes que lo llevó a Egipto no fuera un grupo de mercaderes de combustible y resina (que huelen mal) sino de perfumes, para que el tzadik no tuviera que oler olores feos sino fragancias aromáticas.

Esto no se entiende. Yosef acaba de pasar la época más difícil de su vida. Es un joven mimado, que vive como un rey, que estudia Torá con su padre, Yaakov Avinu, y ahora sus hermanos casi lo matan y en un instante interrumpen su vida placentera, alejándolo de toda su familia y transformándolo en un esclavo para toda la vida, en un lugar oscuro e impuro. En momentos como este, la persona "no logra ver nada" y puede sentirse destrozado anímicamente e incluso atentar contra su propia vida. ¿Acaso a Yosef le importaba el olor de los mercaderes?

No. Lo que ocurre es que Yosef le presta atención a cada cosa buena, a cada bondad que le hace Hashem, incluso estando en el lugar más oscuro y más oculto de Su Presencia. Él no da nada por sentado y sabe percibir la Supervisión Individual Divina que lo acompaña a cada paso, incluso en un episodio tan traumático como el que tuvo que pasar. Él nos enseña que incluso estando en el lugar más oscuro, allí donde uno casi pierde la esperanza, uno tiene que prestar atención a las bellas fragancias que lo acompañan en la vida y percibir los puntos buenos dentro de las dificultades, por más pequeños que sean.

En el caso de la proposición matrimonial, que es algo tan importante en la vida de la persona, uno nunca puede saber de dónde provendrá su salvación, o sea, su pareja. Gracias, Hashem, por tus fieles emisarios que piensan en nosotros y nos ayudan. No podemos decir no a ninguna proposición sin antes chequearla.

A propósito, escuché dos historias sobre este mismo tema:

No lograba encontrar pareja

Esta es la historia de una joven que supo percibir las bondades de Hashem, Su Sonrisa, en la proposición matrimonial que le hicieron. Y estas son sus palabras:

"En estos últimos meses no había recibido proposiciones y por más que traté de mover los hilos, y consultar con todo tipo de gente, no sirvió de nada. Hacía casi siete meses que no me habían presentado a nadie. Obviamente, me sentía muy mal y ya casi había perdido la esperanza. Además, estaba muy nerviosa y sentía la presión de todos, que querían verme ya casada. El hecho de ver a amigas más jóvenes ya casadas, y yo sin siquiera conocer a alguien, era para mí un suplicio.

"Las últimas dos semanas empecé a leer el libro **En el jardín de la gratitud**, donde el Rabino explica la importancia de dar las gracias a Hashem incluso por las cosas malas. Porque Hashem es Bueno y Benefactor y todo lo que hace con nosotros es para bien. Por eso, cuando la persona enfrenta una prueba y se siente triste, y no cree que Hashem haga esto por su propio bien, no obstante, debe fortalecer su emuná de que todo es para bien y dar las gracias incluso por aquello con lo que tiene dificultades (¡yo recomiendo de todo corazón leer este libro!).

“Este libro me enseñó lo que debía hacer y de inmediato lo puse en práctica. Empecé a darle las gracias a Hashem por las cosas buenas y las cosas malas. Y empecé a darle las gracias por no tener todavía pareja. Porque Él sabe lo que es mejor para mí y al parecer, hasta ese momento, lo mejor para mí había sido estar sola... Por eso, Le di las gracias a Hashem por la demora en encontrar pareja y así fortalecí mi emuná y de hecho ya recibí la principal salvación, que es el mérito de acercarme a Hashem y tener emuná. Gracias, Hashem, por acercarme a la emuná. Todas las gracias del mundo no alcanzan para realmente agradecerte por la emuná, o sea, la fe, en que todo es para bien...

“Desde que empecé a leer este libro, todos los nervios que tenía por casarme desaparecieron y empecé a sentirme más tranquila, gracias a Dios...

“Hoy, dos semanas más tarde, puedo decir que ya tuve cuatro proposiciones de matrimonio.

“Con uno de esos muchachos, decidí salir. No puedo saber qué ocurrirá, pero me parece que he aprendido la importancia de creer en el Creador y que todo es para bien y aceptar todo con alegría y dar las gracias. Y por supuesto que hay que hacer todo el esfuerzo necesario, pero no con nervios sino con alegría y con emuná en que Él está conmigo y Él me lleva por donde debo ir y que cuando llegue el momento indicado, Él me va a traer a mi pareja.

“Gracias por todo!”.

¡Yo tengo fe en este método!

“Recientemente una amiga mía que perdió ya la esperanza de encontrar a su alma gemela me confesó su dolor y me contó que hace ya mucho tiempo que no le presentan a nadie.

"'Ya casi extraño que me presenten a alguien inadecuado!', me dijo, consciente de que el tiempo pasa y el 'prometido' no llega. Por supuesto que lo dijo en tono irónico, pero el dolor era muy real. Le pregunté si había hecho algo para mover los hilos, me respondió que sí había tratado, mas en vano. De hecho, hacía ya más de un año que no había salido en una cita con nadie.

"Pensé qué podía decirle y entonces se me ocurrió una idea brillante, de la cual el Rabino Shalom Arush habla constantemente. 'Solamente tienes que dar las gracias por todo esto' le dije. 'Da las gracias por no tener pareja, por no tener buenos ofrecimientos, y trata de sentir el agradecimiento en el corazón. Da las gracias por no haberte casado aún y por todas las citas que salieron tan mal hasta ahora. En una palabra: siente el agradecimiento en cada fibra de tu ser'.

"Y así fue. Mi amiga empezó a dar las gracias y dejó toda la confusión atrás. Durante varios días se enfocó en el tema de la gratitud, dando gracias de todo corazón por todo lo que estaba sufriendo y, milagrosamente, en un solo día le llegaron tres ofrecimientos de una sola vez.

"Créeme que voy a dar a publicitar este milagro a todos mis conocidos", me dijo con una sonrisa de oreja a oreja.

"Estoy en shock. Este método funciona. No sólo que me ayudó a ver el medio vaso lleno sino que me trajo grandes ofrecimientos después de tanto tiempo sin que pasara nada. Gracias, Dios mío, por el agradecimiento, y gracias por las buenas noticias".

Una cadena de maravillas

La gratitud trae aparejada más gratitud. Cuando das gracias por una propuesta, Hashem te posibilita dar las gracias por el compromiso. La gratitud trae abundancia. Desde el Cielo te dicen: "¿Estás dando las gracias? ¡Entonces te vamos a dar más motivos para dar las gracias! ¿Estás quejándote? ¡Entonces te vamos a dar más motivos para quejarte!" (Dios no lo permita).

Con respecto a esto solía decir el gran tzadik Rabí Shlomo de Karlín, (asesinado en el Holocausto, que su sangre sea vengada), que cuando le preguntamos a una persona cómo está, siempre tiene que responder: "Muy bien, gracias a Dios. Todo está bien", incluso si las cosas no van tan bien.

En uno de los libros sagrados vi una maravillosa historia acerca de este tzadik Rabí Shlomo de Karlín. En una de las comunidades judías de la Diáspora, un maguid shiur hablaba de la importancia del servicio Divino hecho con alegría y de la importancia de la gratitud hacia Dios y también se refirió a esta enseñanza de Rabí Shlomo. Entre el público presente, se encontraba un hombre que tenía varios hijos en edad de casarse, el mayor de los cuales ya tenía treinta y pico de años. Todos esperaban un milagro pero ya casi habían perdido la esperanza y en su casa el ambiente era muy triste.

La charla del maguid shiur le infundió nueva esperanza al pobre padre y lo llenó de emuná y de bitajón (confianza) en el Creador. Cuando volvió a su casa, el hombre le contó a su esposa todo lo que había escuchado en la charla y le dijo así: "Quién sabe.... ¿Tal vez nosotros tenemos la culpa de lo que está pasando? Porque no estamos prestando atención a la bondad de Hashem y solamente percibimos las carencias y el sufrimiento...".

La mujer estuvo de acuerdo con su marido y los dos decidieron fortalecer el tema de la gratitud y darle las gracias a Hashem por todas las bondades que Él hacía con ellos, por lo menos media hora todos los días. Pasó apenas un mes y el hijo mayor ya tenía novia. Por supuesto que Le agradecieron a Hashem por este gran regalo y siguieron alabando al Creador en cada oportunidad. Durante media hora por día solamente dieron las gracias. Al cabo de una semana y media, se comprometió el segundo hijo y al cabo de dos semanas, el tercer hijo también se comprometió.

Dieron las gracias y en cuestión de semanas, los tres hijos ya estaban comprometidos.

La cadena no se rompe

El padre, sumamente emocionado, Le dio las gracias a Hashem de todo corazón, pero también quiso darle las gracias a aquel maguid shiur que lo había inspirado y que había posibilitado tan buenas noticias. El maguid shiur no entendió a qué se refería: "¿Para qué viene a mí? ¡Yo no hice nada!".

El hombre le explicó que gracias a la charla que había dado hacía un mes y medio aproximadamente, él había empezado a dar las gracias al Creador todos los días y había visto con sus propios ojos los milagros de Hashem.

El maguid shiur le respondió que había hablado como habla siempre y que no se había percatado del tremendo poder de sus palabras y que estaba muy feliz de haber sido el medio para tan buenas noticias.

El maguid shiur, a su vez, sufría de un grave problema de salud a causa de un accidente de tránsito que había tenido hacía un tiempo y había estado internado mucho tiempo en el hospital y gracias a Dios había podido volver a casa, pero desde el accidente, ya no oía bien y de hecho, la situación iba de mal en peor y en este último tiempo casi no oía nada. No sabía qué hacer.

Pero al oír lo que le contó el padre, el maguid shiur se dio cuenta del tremendo poder de la gratitud a Hashem y vio los frutos maravillosos que sus palabras habían tenido en el público y entonces él mismo decidió fijar sesiones de agradecimiento a Hashem por todas las bondades que le hizo y le seguía haciendo Hashem.

Al cabo de apenas una semana, lo llamaron del hospital donde había estado internado y le dijeron que había llegado un gran especialista en otorrinolaringología y que lo invitaban a realizar un nuevo examen de audición. Tal vez podrían encontrar una solución a su problema.

El maguid fue al hospital y allí se enteró de que cuando lo habían tratado después del accidente, por error le habían tapado un conducto auditivo y de allí su incapacidad de oír. El especialista se percató del error y de inmediato dio órdenes de realizarle al maguid un nuevo tratamiento y gracias a Dios, recuperó la audición completamente.

Es verdad que el problema había sido por un error de los médicos, pero en realidad, no hay errores, sino que Hashem dirige todo lo que sucede y había hecho esto para enseñarle al maguid la importancia de la gratitud.

El consejo que funciónó

Otra historia que nos llegó a la redacción:

"Después de dos años buscando pareja en vano, un par de amigas me dieron de regalo los libros del Rabino Shalom Arush y empecé a leerlos: **En el jardín de los milagros, Las puertas de la gratitud, En el jardín de la fe**, etc... Empecé a hacer una sesión de hitbodedut de una hora entera y así continué durante tres meses, pero todavía no llegó lo que tanto esperaba. Empecé a dar las gracias todos los días media hora y nada. Y entonces leí en el libro **En el jardín de los milagros** que hay que comprometerse a dar las gracias por las salvaciones que van a llegar. Y después de varias citas, Le dije a Hashem: 'Dios mío, ya no tengo fuerzas para seguir saliendo en citas. Pero Te prometo que, si el próximo muchacho con el que voy a salir es realmente mi alma gemela, Te daré las gracias media hora todos los días sin falta e incluso si no lo es, también Te daré las gracias, porque eso es lo mejor para mí'.

"Eso fue un Shabat y el domingo me llamaron y me ofrecieron salir con el que hoy es mi marido. Nos vimos varias veces y finalmente decidimos casarnos. ¡Gracias!".

La lección más valiosa

Gracias a Dios, la gratitud es contagiosa. Vemos que otra persona Le da las gracias a Hashem por su sufrimiento y nos llenamos de emuná. Cuando das las gracias por las dificultades, estás obteniendo salvaciones y estás fortaleciendo a otras personas que también están pasando por situaciones difíciles igual que tú. Esas personas dicen: "Si él da las gracias por lo que está pasando, ¿cómo no vamos a dar las gracias nosotros?".

Cuando una persona obtiene una salvación y lo da a publicitar, esto hace que los demás fortalezcan su emuná y alcancen también su salvación. Tu salvación es mucho más que eso: es una lección de emuná.

La fortaleza emocional trae riqueza material

Una de las plagas de esta generación son las deudas. Hay personas que hicieron malos negocios y contrajeron deudas enormes. Y también hay personas simples que contrajeron deudas para comprar un departamento o para casar a sus hijos y un día se quedaron sin trabajo o su negocio quebró. Pero el verdadero problema no son las deudas en sí sino la tristeza y la angustia que sienten todos aquellos que están endeudados, y su falta de emuná.

La emuná es la verdadera solución a todos los problemas. Cuando uno da las gracias por todo nuestro sufrimiento —por las deudas, por las complicaciones, etc— en primer lugar está viviendo con emuná, pero también está librándose de los nervios y la ansiedad, y vive contento y obtiene salvaciones absolutamente sobrenaturales.

Todo el tiempo la gente me cuenta que están hundidos en deudas hasta el cuello y que ya no saben cómo salir del pozo. Están casi convencidos de que nunca podrán salir de las deudas y no saben cómo enfrentar a los acreedores. Pero todos los que empiezan a dar las gracias por las deudas ven salvaciones increíbles que les llegan de toda clase de maneras.

¡Tú también empieza a cantar!

Alguien que estaba muy endeudado me contó que escuchó el CD **"Deja de lloriquear y verás milagros"** y se fortaleció en emuná, alegría y gratitud. Un día salió al balcón de su edificio y se puso a cantar: "No entiendo nada, no entiendo nada. Sólo sé y tengo fe en que todo es para bien. ¡Gracias, Hashem, por todas las deudas que tengo!".

Su esposa, que obviamente estaba al tanto de la grave situación económica de su marido, estaba en casa en ese momento y al oír a su marido cantando en el balcón, no entendió a qué se debía tanto alboroto: "¿Por qué estás cantando? ¿Acaso estás dando las gracias por las deudas? ¿Te volviste loco? ¿Cómo puedes dar las gracias por algo tan terrible?".

Pobre... la mujer no tiene la culpa. Aquellos que no han estudiado a fondo este tema piensan que si dan las gracias por el sufrimiento, van a recibir más sufrimiento... Pero cuando uno entiende que la gratitud no significa que uno quiera más sufrimientos, sino que uno tiene fe completa en que Hashem lo está dirigiendo de la mejor manera posible, y uno está contento con todo lo que Hashem hace con su vida, esa es la emuná que logra anular todos los juicios severos que hay contra la persona. Y entonces todo se da vuelta – cuando uno acepta el sufrimiento con amor y da las gracias por ello, los sufrimientos desaparecen.

Su marido no sabía cómo explicarle por qué estaba cantando. Solamente le dijo: "¿Qué prefieres: que me deprima y me ponga a llorar? ¡Por lo menos trato de estar alegre y no deprimirme!

Cuando escuches este CD, te aseguro que tú también te vas a poner a bailar".

La mujer entró a la casa y él siguió cantando. Dos horas enteras, él cantó y dio las gracias a Hashem. Y ese mismo día, su mamá lo llamó y le contó que acababa de recibir una suma de dinero de compensación de Alemania y le dijo: "Papá y yo queremos darte este dinero de regalo".

En una palabra: el hombre recibió la salvación que estaba esperando ahí mismo.

Su mujer, al ver esto, ya no necesitaba que le explicaran nada. Y ella también se puso a bailar.

La solución al problema de la vivienda

No es nada fácil comprar un departamento en Israel. Todo el tiempo la gente habla del problema de la vivienda, pero cuando uno da las gracias, el problema desaparece.

La emuná nos enseña que Hashem no está limitado y puede darles departamentos a todos, no importa cuánto ganen por mes ni cuánto dinero tengan en la cuenta bancaria. Cuando uno compra un departamento por medio de la gratitud y la emuná, no hace falta esperar a recibir una herencia ni ganar la lotería. Hashem es Todopoderoso y todo Le pertenece a Él.

Cuando uno fortalece su emuná, acepta con amor la situación en la que se encuentra, y da las gracias, está viviendo feliz así como está y merece grandes salvaciones.

En la próxima carta veremos cómo una salvación trae aparejada otra:

"Shalom:

"Somos inmigrantes de los EEUU y hace más de siete años, antes de hacer aliá, vendimos nuestra casa en los EEUU, esperando que el dinero de la venta nos alcanzara para vivir acá en Israel. Pero acá no encontramos suficientes ingresos y la situación se complicó. El dinero del departamento se terminó hace rato y vivíamos en alquiler, luchando por conseguir el pan diario. Con los precios exorbitantes, el sueño de tener un departamento acá en Israel se hizo añicos. Habíamos perdido la esperanza de poder alguna vez tener casa propia, ya que no teníamos de dónde obtener los fondos para la compra.

"Pasamos un año muy difícil desde el punto de vista económico, y tuvimos que contraer muchos préstamos. Un día, alguien nos dio a leer el libro **En el jardín de los milagros,** que nos dio mucha fuerza y mucho aliento. Decidimos empezar a dar las gracias media hora todos los días. Por aquel entonces, tratamos de obtener derecho a una vivienda bajo hipoteca y continuamos dando las gracias a Hashem. Le dábamos las gracias por la situación en la que estábamos, y creímos con todo nuestro corazón que estábamos en Sus manos, sabiendo q ue Él hace solamente el bien y que todo es para bien. Y al cabo de medio año, nos avisaron de que éramos acreedores a un departamento del Ministerio de Vivienda: un departamento precioso a precio muy razonable, mucho más barato de lo que cuesta cualquier departamento de ese mismo tamaño acá en Israel.

Pero la historia no termina aquí

"Esto fue un gran milagro, obviamente, y no nos cabe la menor duda de que lo obtuvimos en virtud del agradecimiento. Es mucho más fácil enfrentar los problemas cuando uno sabe dar las gracias por todo y tiene emuná en que Hashem solamente hace el bien y busca su bien. Y la salvación que obtuvimos no hizo más que fortalecernos todavía más. Y así fue como decidimos darles de regalo este libro a mi cuñado y su esposa, que hacía ya cinco años que estaban casados y todavía no tenían hijos.

"Ellos ya habían consultado a muchos especialistas y habían realizado muchos tratamientos de fertilidad y obviamente habían rezado mucho. Cuando les dimos el libro, decidieron seguir sus consejos y dar las gracias sin pedir nada. ¡A los pocos días, ella quedó embarazada!

"Pero las salvaciones continuaron llegando. Al cabo de cuatro semanas, ella sintió que algo estaba mal. Era un viernes y tuvieron que internarla en el hospital para realizarle varios chequeos. A pesar de la angustia que sentían, decidieron fortalecerse en emuná, sabiendo que Hashem hace solamente cosas buenas y que aceptarían todo con amor, incluso si pasaba algo 'malo'. Todo ese Shabat iban a dar las gracias por todo.

"Después de realizarse los exámenes en el hospital, les dieron el alta si bien los médicos no sabían decirles exactamente cuál había sido el origen del problema. Le dijeron a la mujer que volviera al hospital diez días más tarde. Esos diez días los dos hicieron una sola cosa: dar las gracias.

"Al cabo de diez días, llegaron otra vez al hospital para realizarse más chequeos y entonces les dijeron que todo estaba bien, gracias a Dios. ¡Y hace una semana les nació una beba perfectamente sana!".

Hasta aquí la carta. Rabí Najman enseña que una casa, un bebé y una esposa son símbolos del éxito en la vida de un hombre. Y después de leer esta historia, podemos decir que la gratitud es otro ingrediente imprescindible para el éxito.

Ahora vamos a contar la historia de un hombre que después de muchos años de sufrimiento personal y financiero pudo casarse y además su situación financiera mejoró enormemente.

Un giro de ciento ochenta grados

"Shalom:

"Me llamo A.L. y tengo 31 años. Me crie muy lejos del judaísmo en una familia de hombres de negocios muy consolidada. Mi familia es la dueña de una gran empresa textil.

"En el ejército, me desempeñé en una de las tropas comando especiales. Y al terminar el servicio militar, se vendió la empresa familiar y a mí me tocó recibir dos casas en Israel cuyo valor total alcanza los cuatro millones de dólares.

"Yo no contaba con las 'vasijas espirituales' para recibir semejante abundancia material y no sabía qué hacer con tanto dinero. Al salir del ejército, empecé a derrochar el dinero. Empecé a gastar un montón de dinero en apuestas y perdí el control, hasta tal punto que me volví un adicto al juego. En muy poco tiempo, perdí toda mi fortuna. Pero mi adicción era tan grande que no lograba salir de allí. Empecé a pedir dinero prestado a mis familiares y mis amigos. Y cada dólar que recibía iba corriendo a apostarlo. En pocos años, perdí una fortuna.

"Luego empecé a contraer deudas para poder seguir jugando y la situación fue de mal en peor. Se me cerraron todas las puertas y así fue como caí en el pecado y empecé a robar cheques y otros objetos de valor de la casa de mis padres y ellos también entraron en deudas enormes. Cuando me descubrieron, mis padres me echaron de casa y dejaron de hablarme.

"Desde la cima y la fortuna en la que había vivido toda mi vida, pasé a vivir en la calle, literalmente hablando. Dormía en el coche, me bañaba en la playa, comía lo que me daba la gente y llegué al nivel más bajo que uno pueda imaginarse. Pero todas estas bofetadas no alcanzaron para sacudirme y sacarme de pozo en el que me había sumido. Yo seguía apostando. Si alguien me daba dinero, enseguida iba a apostarlo.

La salvación en la última moneda

"Un día, viajando en el coche, que era también mi vivienda, como ya les dije, encontré a alguien en el semáforo. El hombre me dijo: 'Toma este libro y si quieres, puedes darme algunas monedas'. En ese momento, me quedaba una última moneda de 2 dólares en el bolsillo. Esa era toda mi 'fortuna'. Le di el dinero y él me dio el libro **En el jardín de la fe**. Me lo devoré: lo leí de punta a punta en solamente un par de días.

"Como ya dije antes, hasta ese momento no había tenido ni idea de lo que es el judaísmo. Nada de nada. Prefiero no entrar en detalles, pero si me hubiesen visto en ese entonces, habrían entendido que yo era lo opuesto al judaísmo. Cuando todavía era rico, paseé por todo el mundo y en especial por el lejano Oriente, por India, por Tailandia, y me sentí más conectado con aquellas culturas que con mi propia religión. Pero ahora, de repente, al leer este libro maravilloso, me di cuenta de que había empezado a hablar con Hashem.

"Y no sólo que empecé a hablar con Él, sino que empecé a darle las gracias por la situación en la que me encontraba.

"Le dije así: "Yo no sé nada. No entiendo nada. Gracias, Hashem, por los miles y miles de dólares que le debo a la gente. Gracias, Hashem, por haber sido echado de la casa de mis padres. Gracias por tener que dormir en el coche. Gracias por tener que bañarme en la playa. Gracias por ser adicto al juego...".

"Así pasé todo un mes: solamente dando las gracias y descubriendo una nueva forma de vivir.

"Una vez transcurrido este mes tan lleno de luz, Hashem me abrió nuevas puertas en la vida y conocí a quien sería mi futura esposa por medio de la Providencia Divina; alquilé un departamento, empecé a trabajar y, lo más importante de todo, empecé a mejorar mi relación con el Creador.

El que no lo vivió, no lo puede entender

"Después de leer el libro **En el jardín de la fe**, encargué también los CDs y los demás libros. Escuché el CD **"Deja de lloriquear y verás milagros"** una y otra vez. Hoy en día, tengo todos los libros del Rabino Shalom Arush en casa. Aprendí a dar las gracias media hora todos los días, y ahora estoy por alquilar un salón de fiestas para mi boda, después de hacer las paces con mis padres y con Hashem, y todo esto en virtud de haber dado las gracias media hora todos los días.

"Debo recalcar que todo lo que tengo hoy es gracias al Rabino Shalom Arush, a quien le debo mi vida. Algo increíble. Gracias a Dios que en esta generación tenemos a alguien así. El Rabino Arush no me conoce ni sabe quién soy, ni conoce mi historia ni me vio nunca, pero me cambió la vida en 180 grados.

"Hashem me salvó y me llevó de la esclavitud a la libertad. Y el más grande milagro que me sucedió fue que me libré de la adicción. El que no lo vivió, no lo puede entender. Yo sé que salí de este infierno gracias a la emun. La emuná le da sentido a la vida. Cuando uno tiene emuná, no le hace falta nada más y vive feliz. ¡Gracias, Hashem!".

¡Qué historia tan bella! No es una historia como cualquier otra, sino realmente una liberación de alguien que se había vuelto esclavo de sus vicios. Porque cuando uno adicto al juego, su vida es un infierno constante que hace que se hunda cada vez más, hasta caer por completo. Y este joven logró salvarse de ese infierno y empezar la vida de nuevo.

Las pequeñas cosas son las grandes cosas

La Guemará cuenta que incluso los sufrimientos pequeños sirven para expiar las faltas del individuo. Incluso cuando uno quiere sacar del bolsillo una moneda de cinco centavos y le sale una moneda de un centavo, eso también se considera una clase de sufrimiento. Y así como el sufrimiento no tiene que ser necesariamente algo de grandes proporciones, de la misma manera, las salvaciones tampoco tienen que ser necesariamente de grandes proporciones.

Nos llegan muchas historias de personas que encontraron objetos que habían perdido, desde llaves y anteojos hasta tarjetas de crédito y billeteras.

Cada salvación, por más pequeña que sea, nos salva de mucha angustia. Y hay salvaciones pequeñas en tamaño pero grandes en importancia, como, por ejemplo, que acepten a tu hijo en la escuela o la universidad donde quiere estudiar. Y el factor en común de todas estas historias es que todas ellas fortalecen la emuná.

Tratamiento dental gratis

Esto es lo que escribe una señora que ella misma da clases de emuná a otras mujeres:

"Shalom, Rabino Arush:

"Hace ya casi veinte años que el Creador me confirió el mérito de dar clases de Torá en Shabat a un grupo de mujeres religiosas.

"Recientemente, leí el libro **Las puertas de la gratitud** y ahora estoy leyendo el libro **En el jardín de los milagros**. Y dado que me identifico completamente con lo que dice el libro, se me ocurrió compartir varias de estas historias con el grupo de mujeres y debo decir que todas se quedaron boquiabiertas. Hace dos semanas, después de dar mi clase de Shabat, una de las asistentes me dijo que ella también había dado las gracias por algo y había tenido un milagro. Por supuesto, le pedí que me contara su historia y esto fue lo que me contó:

"Esta señora se había caído y se había dado un golpe muy fuerte en el rostro y se le había roto un diente de adelante.

Enseguida fue al dentista de urgencia, y este la chequeó y le dijo cuál sería el precio del tratamiento. Al oír el precio, ella enseguida se dio cuenta de que sería absolutamente imposible pagar una suma semejante, por lo que decidió quedarse callada y no responder. En lugar de eso, empezó a hablar en silencio con Hashem y Le dijo así: 'Amo del Universo, gracias por haberme roto el diente. Gracias por haberme hecho caer. Gracias por haberme dejado los otros dientes intactos. Gracias que ahora no tengo dinero para arreglarme el diente. Gracias, Dios mío, por todo. Está todo bien. Está todo perfecto. Todo lo que proviene de Ti es bueno; es lo mejor que me puede pasar'. Así habló con Hashem uno o dos minutos. El dentista pensó que ella estaba pensando qué hacer con el tratamiento y esperó a que ella le respondiera con respecto al presupuesto que le había dado, pero al ver que no respondía, le dijo así: "¿Sabe qué? Pensándolo bien, voy a arreglarle el diente gratis".

"Y mientras se lo estaba arreglando, el dentista le dijo: "Tenemos un problemita. Acá no tengo el empaste del color exacto de sus dientes". Ella respondió: "No importa. Use el color que tenga". Él respondió: "Ok, entonces voy a usar el color más parecido al suyo". Y así fue. Y aquí sucedió otro milagro más: un milagro dentro de otro. Al finalizar el tratamiento, el médico se dio cuenta de que el color que había utilizado en realidad era igual al de sus dientes. Y es que, como todos sabemos, Hashem hace bondades perfectas con Sus criaturas.

"Estimado Rabino Arush, quise contarle esta historia para que, si así lo desea, la publique en su próximo tomo de historias milagrosas. Muchas gracias por todo y en especial por estas grandes enseñanzas y por compartir con nosotros este tesoro de emuná. Muchas bendiciones...".

Hasta acá la carta de esta señora.

El objeto perdido

La gratitud obra milagros no sólo en el caso de grandes problemas (como, por ejemplo, enfermedades incurables) sino también en el caso de problemas de menor importancia, porque la emuná, la plegaria y la gratitud se aplican a cada detalle de la vida, desde lo más importante hasta lo más insignificante.

A continuación, les presentaré otro ejemplo más de un milagro pequeño y muy simpático gracias al cual un joven se salvó de mucha angustia y mucho sufrimiento. Y esto es lo que nos escribe:

"Shalom y bendiciones:

"En primer lugar, quiero darle las gracias al Rabino Shalom Arush, por haber publicado estos libros tan importantes.

"Justo ahora estoy terminando de leer el libro **En el jardín de la fe**, que yo creo que es un libro obligatorio para cada persona, y ya compré **Las puertas de la gratitud, En los campos del bosque**, y otros, gracias a Dios.

"La historia que le quiero contar sucedió este mismo año. Resulta que tengo un amigo que se dedica a la fotografía. Un Shabat, él estaba en la yeshivá y yo estaba en mi casa. Yo tenía que ir a la yeshivá el domingo en el coche de mi mamá. Cuando mi amigo se enteró de esto al terminar el Shabat, me pidió que le trajera el equipo de fotografía, que se encontraba en la casa de un amigo de sus padres. Le dije que le iba a llevar el equipo a la yeshivá el domingo, o sea, al día siguiente.

"El domingo a la mañana coloqué el pesado equipo en el coche de mi mamá y viajamos. Cuando llegué a la yeshivá, dejé el equipo en una de las habitaciones y fui a escuchar la clase de Torá. Pero esa mañana, mi amigo, o sea, el dueño del equipo, había ido a hacer unos trámites, y volvió recién media hora después de que yo llegara. Cuando por fin vino, examinó el equipo y se dio cuenta de que faltaba la computadora, que cuesta más de mil dólares. Enseguida me preguntó dónde estaba, pero yo no sabía exactamente qué había en las cajas y le expliqué que yo no tenía nada que ver con el tema. Y si bien yo solamente le había hecho un favor, al final resulté ser el principal sospechoso de la desaparición de la computadora. Todos buscaron en mi habitación y en mi armario y uno de los empleados de la yeshivá, que antes había sido oficial de investigaciones de la policía, me empezó a interrogar a fin de averiguar qué había sucedido. Durante tres días buscaron la computadora y no dejaron de llamarme por teléfono. La verdad es que toda esta experiencia fue bastante desagradable para mí. El tercer día, a la mañana, 'por casualidad', llegó a mis manos el librito **Deja de lloriquear y verás milagros**. Apenas terminé de leerlo, dije: 'Gracias, Dios mío, por todo lo que me está sucediendo. No entiendo nada. Solamente creo que todo es para bien'. Media hora después, me llamó mi mamá para contarle que justamente tenía pensado usar el coche y 'por casualidad' el motor no arrancaba y entonces abrió el maletero para sacar los cables y entonces encontró la computadora de mi amigo, que, al parecer, se había deslizado del paquete que contenía el equipo de fotografía. Esta historia me enseñó una gran lección sobre el poder de la gratitud y a partir de ese momento empecé a dar las gracias por cada cosa, tanto buena como 'mala'. Y siempre trato de dar las gracias y mi más grande salvación es que logré conocer estos libros. ¡Gracias, Hashem!".

La gratitud y la comida

La historia que sigue también es una historia de una "pequeña" salvación que me contaron en casa. Un Shabat a la noche, mis alumnos me acompañaron a casa al terminar los rezos. Al llegar a casa, saludé a todos diciendo "Shabat shalom" y entré a casa. Allí había una invitada cuyo hijo se encontraba afuera, en el jardín. Al llegar, mi esposa quiso que llamara al joven a que entrara y mandó a mi hijo Shimon a buscar al joven. Shimon salió y volvió con dos muchachos. Recitamos el Kidush y nos sentamos a comer la comida de Shabat. Durante la comida me enteré de la historia del segundo muchacho. Y esto es lo que nos contó:

"Quiero que sepan que yo estaba parado afuera y no tenía la menor idea de dónde iba a comer esta noche. Le dije a Hashem: Gracias, Hashem, por no tener dónde comer. Y repetí esto varias veces. Apenas terminé de hablar, veo que sale de la casa el hijo del Rabino. No le dije nada. Él, por propia iniciativa, me invitó a pasar".

Es increíble ver cómo Hashem dispone las cosas: mi hijo tuvo que ir a buscar al hijo de nuestra invitada para encontrar al muchacho que estaba afuera dando las gracias a Hashem por no tener dónde comer e invitarlo a comer con nosotros. Al escuchar esta historia, por supuesto que lo invitamos a quedarse a todas las comidas del Shabat.

Fumigación sin veneno

La madre de una familia que fue "atacada" por todo un ejército de bichos y hormigas gigantescas nos cuenta acerca de la terrible situación que vivieron en su casa. La mujer relata que abrió el libro **En el jardín de la fe** allí donde se habla de la emuná simple sin sofisticaciones y decidió pedirle a Hashem que le diera emuná. La mujer interrumpió todo lo que estaba haciendo y empezó a hacer hitbodedut (plegaria personal) en una de las habitaciones de la casa y Le pidió a Hashem que empezara a creer en Él. Le pidió que pudiera darle las gracias no importa la situación en que se encontrara, y siempre de todo corazón, incluso por los bichos. Y así dijo: "Gracias, Hashem, por estos bichos. Gracias, Hashem, por todo lo que haces con nosotros. Gracias, Hashem, por la emuná que me das. Gracias por enseñarme que no existen las leyes naturales, sino que todo está bajo Tu control. Tú quieres que vengan bichos y si Tú quieres, ellos también se irán, igual que vinieron...".

La mujer rezó de esta manera, ¡y los bichos desaparecieron por completo!

Di las gracias y todo se arregló

Otra historia que fue traducida del inglés, acerca de una pequeña salvación que, para el autor de la historia, fue una gran salvación, porque le ahorró un año entero y lo fortaleció en el camino de la gratitud:

"Shalom

"Leí el libro **En el jardín de los milagros**, que hizo que yo empezara a dar las gracias diez veces más que antes. Ustedes pidieron que los lectores enviaran sus propias historias y por eso les envío la mía. Si bien no se trata de una 'gran salvación', no obstante, para Hashem para mí fue todo un milagro. Hashem puede solucionarlo todo en un abrir y cerrar de ojos.

"Yo soy soltero y llegué a Israel proveniente de los EEUU para estudiar en la Yeshivat Mir en Jerusalem (igual que muchos otros jóvenes extranjeros que vienen a Israel a estudiar durante varios años).

"A mí me costó mucho encontrar un departamento donde vivir y la primera semana de estudios tuve que dormir en un lugar temporario, encima de las maletas. Me sentí bastante perdido, porque además de vivir en Israel, que era para mí algo completamente nuevo, tuve que enfrentar la dificultad de vivir en estas condiciones.

"En EEUU ya había leído el maravilloso libro **En los campos del bosque** y por eso, trato de hablar con Hashem todos los días. Durante toda esa semana Le pedí a Hashem que me ayudara a encontrar un departamento donde vivir, pero todo fue en vano. Uno de los directores de Mir, que ayuda a los alumnos a encontrar vivienda, trató de conseguirme un alojamiento, pero no encontró. Y como yo había leído también el libro **Las**

puertas de la gratitud, decidí dejar de pedir y solamente darle las gracias a Hashem por la situación en la que me encontraba. Le di las gracias media hora dentro de la hora de hitbodedut que hago a diario, por el hecho de no tener un departamento, y Le prometí que Le iba a dar las gracias una hora adicional al día siguiente si esa noche encontraba un departamento.

"Esa misma noche, mientras esperaba mi turno para hablar con el encargado de la yeshivá, se me acercó un joven que no conocía y me preguntó si ya tenía dónde vivir. Le dije que no y entonces me ofreció un departamento y fuimos a verlo. La verdad es que estaba muy bien y realmente me gustó mucho. Le dije que iba a pensarlo y volví a mi lugar a esperar mi turno. Un rato más tarde, volvió a suceder lo mismo, con otro joven diferente. Esta vez, alguien que yo sí conozco, y mientras fui a ver el segundo departamento, me llamó por teléfono el encargado de los departamentos para el cual había estado esperando mi turno y él me ofreció un tercer departamento. De hecho, en una hora me ofrecieron tres departamentos y al final me decidí por el primero. Por supuesto que Le di las gracias a Hashem durante una hora entera al día siguiente. Gracias, Rabino Arush, por los maravillosos libros que ha escrito, que aumentaron enormemente mi nivel de alegría, y gracias por haberlos traducido a otros idiomas".

Hasta aquí la carta de este joven alumno.

Gracias por cada detalle

Qué importante es conectar cada cosa que nos pasa con el Creador. Una vez, Rabí Najman advirtió que a su discípulo, Rabí Natan, le faltaba un botón en el abrigo, y le preguntó: "Natan, ¿acaso oraste por el botón?". Rabí Natan se quedó pasmado, pensando para sí mismo cómo es posible que uno tenga que rezar por algo tan mundano y aparentemente tan insignificante. Y entonces Rabí Najman le preguntó: "¿Acaso está por debajo de tu dignidad rezar por un botón?". En otras palabras – la plegaria nos enseña a ser humildes, y que tenemos que pedirle a Hashem cada cosa que necesitamos.

Cada vez que te falte algo en la vida, por muy pequeño o insignificante que pueda ser, dale las gracias a Hashem por todo lo que tienes y también por todo lo que te falta. No pienses que hay cosas que "no valen la pena". Precisamente en los detalles más pequeños se revela todo el poder de la gratitud.

La gratitud salva a la gente

Las historias más emocionantes son aquellas en las que la gente me cuenta cómo la gratitud les salvó la vida. Personas que estaban a punto de suicidarse y a último momento escucharon un CD o leyeron un libro de emuná, y no sólo que no se suicidaron, sino que empezaron a **vivir de verdad**.

Porque, ¿cuál es el motivo por el cual una persona decide quitarse la vida? Porque siente que su vida es un martirio y llega a la conclusión de que es mejor morirse que seguir con vida, Dios no lo permita. Rabí Najman escribe que sin emuná, la vida no es vida. Entonces ¿cuál es la solución? ¿quitarse la vida? ¡Dios no lo permita! La solución es **empezar a vivir con emuná**. Por eso, cada historia como esta, de alguien que se salvó de morir por medio de la gratitud, es una historia de una doble salvación: por un lado se salvó de la muerte, en el sentido literal del término, y por otro, se salvó de vivir "muerto en vida" y empezó a vivir de verdad.

Daniel nos cuenta esta historia que tiene que ver con un milagro surgido tras leer una **Joyita de Emuná:**

"Yo estaba preso y estaba muy mal anímicamente. Hasta tal punto que llegué a pensar en quitarme la vida. Un día, otro preso me vio y se dio cuenta de que yo estaba con una depresión muy fuerte. Este muchacho no era religioso, igual que yo, y se me acercó y me dijo que tenía un librito para darme. Me prometió que, si leía ese librito, iba a tener un milagro. La verdad que esta no es una frase que uno espere escuchar de un muchacho no religioso. Yo me quedé boquiabierto y sin pensarlo demasiado, le dije que lo iba a leer, pero él insistió y me dijo: 'Prométeme que lo vas a leer. ¿Me lo prometes?'. A mí me pareció muy raro todo este asunto, pero igualmente se lo prometí y tomé el librito, una **Joyita de Emuná**, y la leí de punta a punta y empecé a dar las gracias. Por primera vez en vida me topé con conceptos tales como 'Todo es para bien', 'dar las gracias y alabar a Hashem', 'Está mal quejarse todo el tiempo y ser ingrato con el Creador'. Empecé a hablar con Hashem y acepté con emuná lo que me pasaba en la vida. Todo empezó a resultarme bello y positivo y hasta empecé a amar la vida. Empecé a sentir alegría, a sonreír, después de no haber sonreído no sé cuánto tiempo, y les puedo decir que este librito literalmente me salvó la vida. ¡Muchas gracias!".

Vivir en paz

Un alumno mío estaba esperando a que lo atendieran en la farmacia y se puso a conversar con otro cliente, quien le contó que se estaba a punto de divorciar y que su esposa le había hecho una orden de alejamiento y estaba desesperado. Mi alumno le recomendó que leyera el libro **En el jardín de la paz** y le explicó brevemente varios conceptos fundamentales del libro. También le dijo que Le diera las gracias a Hashem por la situación en la que se encontraba y le aseguró que, en virtud del agradecimiento, iba a ver grandes milagros.

Al cabo de un tiempo, este hombre llegó a la yeshivá a buscar a mi alumno y cuando se encontraron, le dio las gracias de todo corazón y le contó que, gracias a Dios, la situación con su mujer estaba mucho mejor, pero también le contó cuando se habían encontrado en la farmacia, él había ido a comprar pastillas para irse a dormir y no despertarse más. Sus palabras literalmente le habían salvado la vida y también le habían salvado el matrimonio.

Otro de mis alumnos llegó a un barrio de Jerusalem llevando un montón de libros y les dijo a los vecinos: "Vine a vender los libros del Rabino Shalom Arush. ¿Ustedes conocen al Rabino?". Un joven le respondió: "Permíteme que te cuente mi historia". Y esto fue lo que le contó:

"Yo estaba haciendo el servicio militar y me sumí en un pozo depresivo muy grande hasta tal punto que pensé en suicidarme. Un día, dando vueltas como un zombie por la base militar, de repente me encaminé a la sinagoga. Entré y allí vi encima de una mesa, un librito llamado **"Deja de lloriquear y verás milagros"**. Me senté a leerlo y de inmediato mi vida se dio vuelta. No sólo que sentí unas ganas tremendas de vivir, sino que recibí el más grande regalo que existe: volví en teshuvá, retorné a Hashem".

Llenos de esperanza

Por supuesto que todas estas historias son apenas la punta del iceberg de las centenas de historias similares que llegan a nuestra redacción continuamente. La gratitud nos da fuerza para enfrentar los desafíos de la vida y fuerza para sobrevivir, para superar las pruebas más terribles y no sucumbir en el intento. Nos llegan a la redacción decenas de testimonios de parte de presos que cuentan que estos libros los hacen sentir libres incluso estando dentro de la cárcel, porque en vez de ver todo el santo día las rejas que tienen enfrente, ven a Hashem. Los testimonios revelan que, por medio de la emuná y la gratitud, los presos logran mantener la alegría a pesar de las duras condiciones de vida y además les permiten ver grandes salvaciones en los juicios.

Los presos cuentan que, durante el juicio, simplemente se quedan sentados y Le dan gracias a Hashem y Le dicen: "Tú eres el Juez Verdadero. Lo que Tú decretes para mí, lo aceptaré con amor y Te daré las gracias". Y ven grandes milagros con sus propios ojos e incluso, si el juicio parece estar yendo en su contra, ellos no se confunden ni pierden la esperanza, sino que siguen dando las gracias dentro de su corazón, y finalmente el juez dictamina a su favor. Los abogados les dicen que lo que el juez dictaminó es lo mejor que podrían haber esperado y de hecho reciben castigos muchísimo más leves de lo que deberían y en ciertos casos, son declarados completamente inocentes.

Y los hijos retornaron a sus fronteras

Me gustaría concluir esta sección con una historia de un preso que no deja de dar las gracias:

"Mi historia personal y familiar es muy triste. En mi infancia, yo tenía un hermano menor que sufrió un accidente en casa cuando se le derramó encima agua hirviendo y tuvieron que internarlo en el hospital. Ya desde el primer momento, el plantel médico sospechó que mi mamá lo había hecho a propósito y entonces vino a casa una trabajadora social y por más que mi mamá quiso defenderse, le quitaron a mi hermano de su tutela y lo llevaron con una familia adoptiva. Y si perder a un hijo es tremendamente doloroso, es muchísimo más doloroso cuando todos piensan que la madre le causó daño a su propio hijo en forma intencional. Mi mamá se quedó destrozada y durante muchos años no logró sobreponerse a esta tragedia.

" Ya de grande, me gustaba ir de paseo con mis amigos y durante uno de esos paseos, llegué a la frontera al sur de Israel, en Eilat, y allí hubo un malentendido y yo empecé a discutir con los soldados allí apostados, que enseguida llamaron a la policía y me mandaron preso sin que hubiera hecho nada. Más tarde, me condenaron a tres meses de prisión. Esto me dejó destruido. Yo soy una persona honrada. No soy ningún delincuente ni tengo problemas con la ley. ¿Cómo es posible que una persona como yo llegue a la cárcel? Esta clase de pensamientos no me dejaban en paz y sentí que estaba en un infierno.

" Durante dos meses me sumí en un tremendo pozo depresivo. Un día llegó a la cárcel un alumno del Rabino Shalom Arush a dar una charla y al terminar, nos pusimos a conversar y me dio para que leyera el libro **Las puertas de la gratitud**. Lo leí y las palabras me devolvieron la vitalidad y me comprometí a hablar con Hashem durante media hora cada día por el sufrimiento que tenía. Inmediatamente después, llegó el carcelero y me dijo que me iban a pasar a una celda de la parte religiosa, y allí vi que cada preso de la celda tenía fotos de sus familiares al lado de la cama. Entre esas fotos, vi una que me resultó muy familiar pero no logré identificar a la persona fotografiada. Le pregunté al preso que era el dueño de esa foto quién era la persona fotografiada y él me respondió que era su hermano y entonces me contó que no es su hermano biológico sino su hermano adoptivo. Me contó que era un niño que había sufrido maltrato en su familia biológica y que su mamá le había derramado encima agua hirviendo a propósito. Y como los padres de este hombre querían adoptar a un niño, el servicio social se lo dio en adopción. Yo sentí un escalofrío por todo el cuerpo... ¡Me di cuenta de que estaba mirando la fotografía de nada más ni nada menos que mi propio hermano!. Enseguida le pedí el número de teléfono y me puse en contacto con él y así fue como retomamos el contacto familiar.

" En retrospectiva, me doy cuenta de todos los regalos que recibí gracias a que me mandaron preso. La increíble Providencia Divina dispuso todo de modo tal que yo encontrara a mi hermano menor y trajera consuelo a mi pobre madre después de tantos años de sufrimiento y dolor, pero el milagro más grande de todos fue que retorné a mis raíces judías, me acerqué a Hashem y a la emuná completa, sabiendo que Hashem es Bueno y Justo y hace solamente el bien. Entendí que lo que me había causado tanta tristeza había sido la injusticia que yo había sufrido, pero en realidad nadie me hizo nada sino que todo lo hizo Hashem y Él es siempre Justo y Bondadoso. En el momento en que entendí esto y di las gracias, recibí regalos maravillosos".

Hashem es Justo

Esta historia nos transmite un mensaje fundamental de emuná y de gratitud. La gratitud es reconocer que Hashem es Justo y, por el contrario, la ingratitud es acusar a Hashem de ser injusto, Dios no lo permita. Hashem hace todo y cuando uno siente que se produjo una injusticia, de hecho, está acusando a Hashem de ser injusto, Dios no lo permita. Pero cuando uno da las gracias, de hecho, está retornando a Él por esa terrible acusación y está rectificando su conducta y justificando al Creador de manera absoluta. Y esto es lo que escribe el Rebe de Ashlag sobre este mismo tema:

"El Creador, Bendito sea, es Bueno y Benefactor. Su Providencia Divina se revela ante los seres humanos a través de Su Bondad y nosotros tenemos el deber de tener fe. Por lo tanto, cuando la persona contempla el modo en que Hashem dirige el mundo, empieza a verse a sí mismo y a ver a los demás que sufren y no gozan (como corresponde a Hashem, que solamente hace el bien) y le resulta difícil afirmar que Hashem es Bueno y Benefactor. Pero debemos recordar que cuando uno ve que Hashem hace cosas supuestamente malas, Le está adjudicando a Hashem una mala conducta (Dios no lo permita), o sea que sospecha que Hashem es Malo (Dios no lo permita) y únicamente cuando ve que Hashem hace cosas buenas, Lo justifica. Tal como enseñaron nuestros Sabios: "¿Quién es tzadik (santo, justo)? Aquel que justifica a su Creador", o sea, aquel que dice que Hashem dirige el mundo por medio de la Justicia y la Rectitud. Por lo tanto, cuando uno sufre, se aleja de Hashem".

Ahora explicaremos las palabras del Rebe:

El tzadik se llama tzadik debido a que justifica (matzdik) a Hashem. El malvado, por el contrario, dice que Hashem es malo, o sea, que cuando Hashem dirige el mundo de una manera que no queda clara la bondad de Hashem, o sea, en una realidad de carencias y sufrimiento, si uno no es capaz de decir en esos momentos que todo es para bien y no admite que todo es bueno, entonces de hecho uno está diciendo que Hashem es Malo, Dios no lo permita, porque está diciendo que Hashem es lo contrario a un santo (tzadik), Dios no lo permita. Y esta es la más grande maldad que una persona puede cometer.

Pero si uno tiene emuná, sabiendo que incluso lo que parece malo en realidad es bueno, eso significa que Hashem es Bueno y Benefactor siempre, o sea, que Lo está justificando y entonces esa persona es un tzadik. Por lo tanto, resulta que a todo aquel que acepta su sufrimiento con amor y da las gracias por ello, se lo considera un tzadik.

Una generación completamente meritoria

Se suele decir que el Mashíaj llegará en una generación completamente meritoria y que la Redención llegará cuando todos justifiquen a Hashem y entonces Hashem será completamente inocente y meritorio, o sea que cada persona, en medio de su sufrimiento, no Le echará la culpa a Hashem sino que aceptará su sufrimiento y Le dirá a Hashem: "Tú eres inocente. Si yo no tengo sustento, Tú eres inocente. Si yo no tengo pareja, Tú eres inocente. Etc...". Y cuando todos tengan emuná, llegará la Redención Final, tal como enseña Rabí Najman: "Todo el exilio se debe únicamente a la falta de emuná y cuando se complete la emuná, llegará la Redención Final".

De todo esto deducimos que debemos justificar a Hashem y darle las gracias por el sufrimiento. Y es fundamental que recordemos que dar las gracias y justificar a Hashem no son meramente actos "de la boca para afuera" sino que, tal como he explicado en todo este libro, la gratitud y la emuná son cosas muy profundas.

La fuerza de la emuná

En primer lugar, debemos fijarnos qué es lo que lleva a la persona a decir que Hashem es malo; qué es lo que le pasa por la mente. Esa persona siente que Hashem le debe algo, que se lo merece. No ve todo lo que ya tiene como un regalo de Hashem. Porque cuando uno percibe todo lo que tiene como un regalo, no se queja ni tiene exigencias con Aquel que le da regalos todo el tiempo. La persona que siente que Hashem le debe algo da todo lo que tiene por sentado y cada cosa "mala" que le pasa le ocasiona amargura y enojo. Y sin duda dentro de su corazón se enoja con Hashem, hasta que dentro de sí mismo está seguro de que Hashem lo odia (Dios no lo permita). Y decir que Hashem es malo es solamente la consecuencia de todo esto.

Por el contrario, la persona que entiende que Hashem no le debe nada ve cada cosa de la vida como una bondad gratuita que le concede Hashem. Solamente percibe las bondades de Hashem y a cada instante llega a la conclusión de que Hashem lo ama, que Hashem es Compasivo, que Hashem es Bueno y Benefactor, que todo es bueno y todo es para bien y que Hashem le da a pesar de que él no se lo merece. Esta persona vive con una emuná verdadera y de ese modo alcanza el objetivo para el cual fue creado. E incluso cuando le falta algo en la vida, o cuando le sucede algo "malo", no se enoja con Hashem sino que calcula: "Si Hashem es tan Bueno y tan Compasivo, y me hizo esto, que a mí me parece malo, entonces sin duda no se trata de algo malo realmente y sin duda esto contiene una gran bondad oculta". Y de este modo, siempre justifica el comportamiento de Hashem.

Mucho gusto

El objetivo principal en esta vida es entender con todo el corazón que Hashem no nos debe nada. Mientras uno sienta dentro del corazón que alguien le debe algo, está yendo en contra del objetivo de este mundo, porque Hashem creó el mundo para que todos Lo conozcan y Se conecten con Él, para que crean en Él, tal como está escrito en el Zohar: "Para que Lo conozcan". Y en los libros sagrados está escrito que Hashem creó este mundo únicamente con el objetivo de conferir bondad a Sus criaturas y revelarles Su compasión, que ellos crean que Hashem creó el mundo y el que no cree esto no cree en Hashem.

Si uno no desarraiga esta falsa idea de su corazón, y piensa que los demás le deben algo, jamás podrá llegar a conocer a Hashem de verdad. Porque siempre va a sentir que no lo aman y que incluso lo odian. Siempre va a sentir que todo es una injusticia y que el mal reina en el mundo. Siempre va a sentir que los demás lo tratan mal y se enojará con Hashem, pensando que Él lo trata mal.

Todo está conectado

Ahora vamos a conectar todos estos conceptos entre sí:

Hashem creó el mundo para ser benevolente con Sus criaturas. Ser bueno equivale a amar, hacer bondades y ser compasivo con el otro. Todo se basa en el concepto de que Hashem no le debe nada a nadie. Y debido a que no le debe nada a nadie, esta benevolencia es pura y absoluta. Uno no puede creer en Hashem si no cree esto. Porque si no crees esto, entonces ¿en qué crees? ¿Acaso crees en un Creador que creó el mundo para abusar de Sus criaturas? ¿Acaso crees en un Creador que odia a Sus criaturas, que es cruel con Sus criaturas, que las creó y las dejó en manos del destino? No. Por eso, debemos llamar a las cosas por su nombre. No creer en la Compasión y la Bondad de Hashem significa no creer en Hashem. Y alcanzar la conciencia de la bondad de Hashem, de Su bondad, de Su amor y en Su compasión, solamente se logra entendiendo que Hashem no le debe nada a nadie. El amor y la benevolencia son una misma cosa. La compasión se aplica precisamente allí donde uno no la merece. Porque si te lo mereces y sientes que te lo deben, entonces no es "compasión" ni "benevolencia", sino puro "juicio".

Por eso, si sientes que alguien te debe algo, ¿cómo vas a sentir el amor? ¡Imposible! Si alguien te debe algo, y no te lo da, eso no es amor: eso es odio. ¿Y cómo vas a sentir la compasión del otro? Es exactamente al contrario: eso no es compasión; eso es pura crueldad, porque te están negando aquello que te pertenece.

Entonces ¿qué clase de emuná vas a tener? ¿Emuná en que el Creador es cruel, Dios no lo permita? Eso no es emuná. La persona que piensa así tiene una emuná desvirtuada, porque piensa que le deben algo y en base a ese error está inventando un "Creador" imaginario que está obligado a satisfacer todos sus deseos, y la persona cree en ese "Creador" que se inventó para sí misma y se enoja con "Él" cuando "Él" no cumple con sus deseos. Y lo odia y siente que es "malo". Y aunque no lo diga con palabras, cada vez que se pone triste o se desilusiona, eso es exactamente lo que siente y lo que expresa.

O sea que uno puede ver a alguien rezando y dando dinero para caridad y que cree que todo lo que le pasa proviene de Hashem, pero de todos modos, no cree realmente en Hashem, porque cree en un "Creador" que él mismo se inventó, y no en el Creador verdadero que creó el mundo con Su bondad y es solamente Bueno y Benefactor. Por lo tanto, cuando la persona dice que Hashem es malo, no está realmente refiriéndose al Creador, sino al "Creador" que él mismo inventó con su imaginación, porque realmente no cree en el Creador.

Por el contrario, cuando uno justifica a Hashem, eso significa que realmente cree en el verdadero Creador, el Bondadoso y el Compasivo.

La base de todo lo demás

Tenemos la mitzvá de amar a Hashem. Según lo que dijimos más arriba, uno no puede alcanzar el amor a Hashem si siente que Hashem le debe algo, sino únicamente cuando entiende que nadie le debe nada. Recién entonces percibe todo lo que tiene como una bondad de Hashem. Y entonces siente el amor de

Hashem y lo ama en forma recíproca. Y la gratitud es solamente la consecuencia de esta forma de ver el mundo. Porque uno no da las gracias, ni tiene necesidad de hacerlo, por aquellas cosas que el otro le debe. Pero cuando siente que no le deben nada, y de todos modos le dan algo, entonces sí siente que tiene que dar las gracias.

¿Además, quiénes somos nosotros para decir que Hashem hace las cosas bien o mal?

Rabí Najman enseña en la lección 33 del Likutey Moharán que cada persona llega al mundo únicamente para sentir más del amor de Hashem. Cada mitzvá es un pedacito del amor de Hashem. Y a cada instante en la vida tenemos que sentir más y más el amor de Hashem. Cuando la persona siente que nadie le debe nada, entonces percibe la bondad de Hashem a cada instante y siente el amor a cada instante. Y la gratitud es producto de este sentimiento, o sea, cuando la persona siente el amor inmenso que Hashem le prodiga a cada instante.

Podemos resumir todo lo dicho de esta manera:

La gratitud más completa es la consecuencia de la emuná.

La emuná más completa es la emuná, la fe, en la compasión, en el amor de Hashem y saber que Hashem solamente hace el bien.

Para alcanzar esta emuná, tenemos que vivir la realidad de que no me merezco nada, y que todo es pura benevolencia. Esta es la forma de alcanzar nuestro objetivo en este mundo y de alcanzar una vida realmente feliz y obtener todas las salvaciones.

CAPÍTULO DOCE

LA GRATITUD TRANSFORMA EL CORAZÓN

La gratitud también mejora el trato entre las personas, tal como veremos en la siguiente historia:

Una mujer cuenta que estaba internada en el hospital y el plantel médico no la trataba bien, de modo que, además de la enfermedad por la cual se había internado, y además del hecho de estar internada, que es algo ya de por sí muy difícil, la pobre sufría también por el maltrato de los médicos y las enfermeras. Pero en vez de quejarse y enfrentarse a ellos, decidió darle las gracias a Hashem. Tiempo tenía de sobra y todos los días Le daba las gracias a Hashem durante media hora por el maltrato que sufría. Y esto es lo que Le decía a Hashem:

"Gracias, Hashem, porque el plantel médico no me trata bien, porque en realidad, todo proviene de Ti. Nadie puede hacerme bien o mal a menos que Tú así lo hayas decretado. Y si es Tu voluntad, que me traten así, entonces Te agradezco". Y nos cuenta que aceptó todo con amor y con alegría. Y gracias a esto, Hashem le permitió entender que, al fin y al cabo, el plantel no era tan "culpable" como había pensado al principio, dado que hacían todo lo que podían con los escasos recursos con que contaban, dada la enorme cantidad de pacientes internados. Y por ello decidió juzgarlos en forma favorable. Y entonces sucedió el milagro: el plantel empezó a tratarla muchísimo mejor y todo el tiempo le preguntaban cómo se sentía, le hablaban en tono agradable e incluso le trajeron regalos.

De enemigo a amigo

¿Y cómo se aplica la gratitud a situaciones de la vida cotidiana, como por ejemplo, cuando un policía te pasa una multa por una infracción?. Si eres una persona de emuná, muchas veces el policía se tira atrás y no te pasa ninguna multa.

Todas estas situaciones son pruebas de emuná, tal como escribí en el libro **En el jardín de la fe**. Pero, por otro lado, es fundamental que todos acatemos las leyes de tránsito.

Todos los poskim (legisladores de la ley judía) están de acuerdo en que las personas que cometen infracciones de tránsito están cometiendo gravísimas faltas y están poniendo en peligro sus propias vidas y la vida de los demás. Y cuando alguien comete una infracción de tránsito y el policía le hace una multa, el conductor debe hacer teshuvá, o sea, arrepentirse genuinamente de su falta.

Pero igualmente voy a mencionar algunas historias de infracciones de tránsito, para que el conductor por lo menos entienda que tiene que superar esta prueba con emuná.

El compromiso lo salvó

"Yo tengo una licencia de conducir 'condicional'. O sea que, si un policía me hace una boleta de tránsito, me quitan la licencia y tengo que pagar una multa. Un día yo iba conduciendo por la calle y en el camino me detuvo un policía de tránsito porque yo iba sin el cinturón de seguridad. De inmediato me comprometí a que, si Hashem me salvaba de esta, iba a hacer una sesión de una hora entera dándole las gracias a Hashem. El policía me quitó la licencia y fue a chequear algo, y cuando volvió me dijo algo que me dejó helado: 'Escucha, con tus antecedentes múltiples de infracciones de tránsito, tengo que darte una boleta. Pero no sé qué hacer. Hay algo que me dice que no lo haga. Y no sé qué es.

Entonces, por esta vez, en vez de darte una boleta, solamente te voy a hacer una advertencia...'.

"No solamente que no me dio una boleta sino que desde el Cielo me mostraron que me había salvado en virtud del agradecimiento. De inmediato cumplí con mi promesa y Le di las gracias a Hashem durante una hora entera. Es increíble ver cómo, en el momento en que me comprometí a dar las gracias, de inmediato Hashem me mostró la salvación. Esto me fortaleció mucho, porque vi con mis propios ojos cómo Hashem disfruta con nuestras expresiones de gratitud. Y también me comprometí a ponerme siempre el cinturón de seguridad y cumplir todas las leyes de tránsito. Gracias a Hashem también por esto".

Una pequeña historia con una gran lección

"Shalom:

"Quería contarles una pequeña historia de gratitud que para mí es una gran historia, porque me enseñó muchas lecciones de vida.

"Ayer salí de la oficina y subí al auto de mi esposa. En mi automóvil, si no me coloco el cinturón de seguridad, enseguida se oye un sonido intermitente y de inmediato me coloco el cinturón. Pero en el automóvil de mi esposa, no se oye ese sonido y así fue como me olvidé de colocarme el cinturón de seguridad. Después de unos minutos conduciendo, de repente me detuvieron dos policías que se habían escondido detrás de un automóvil que estaba estacionado. Enseguida me pidieron la licencia de conducir".

Por lo general, cuando pasa algo así, el conductor reacciona de una de tres maneras:

1. Empieza a mentir y a inventar excusas: "Justo acababa de arrancar..." o "Justo estaba a punto de ponerme el cinturón" o "El cinturón se quedó atascado" y hay quienes

incluso mienten asegurando que sí iban con el cinturón puesto y que el policía no vio bien, etc. Por supuesto que esto solamente hace que el policía se enoje todavía más.

2. Empieza a suplicarle al policía: "Déjelo pasar por esta vez", "Es la primera vez que me pasa", "Yo siempre voy con el cinturón puesto". Pero ¿de qué te sirven todas estas excusas? Siempre es mejor no depositar tu confianza en otras personas.

3. Se pone nervioso y empieza a tener autocompasión: "Qué suerte de perros que tengo" "Cómo no me di cuenta", "Qué tonto que soy", o los que se enojan con el policía e incluso le pegan.

Pero existe también una cuarta posibilidad.

Estas son las tres formas de reacción que la Mala Inclinación te propone en esta clase de situaciones. Y hay incluso quienes cometen los tres errores en forma simultánea. Al principio mienten; después suplican y al final se enojan. Pero todo esto no les sirve de nada.

Y prosigue:

"Sin embargo, gracias a Dios, yo tuve la oportunidad de leer el gran libro **En el jardín de la fe** y **En el jardín de los milagros**, donde aprendí la cuarta forma de reaccionar: con emuná y con gratitud. Que tenemos que dar las gracias por los problemas y aceptar con amor las dificultades. Y en virtud de hacer esto, uno ve grandes salvaciones. Y eso fue lo que hice.

"Salí del auto, les di a los policías mi licencia de conducir y dentro del corazón Le dije a Hashem: "Gracias, Dios mío, por haber aprendido el camino de la gratitud. Estoy muy contento de tener esta oportunidad que me diste. Gracias por haber estudiado estos libros. No voy a suplicarles a los policías ni me voy a enojar con ellos ni siquiera dentro del corazón. Y tampoco estoy enojado contigo ni conmigo mismo. Gracias por este bochorno, que todos me están mirando, que dos policías me han detenido. E incluso si me dan una multa, Te voy a dar las gracias, aunque ahora no entiendo por qué me están haciendo esta boleta.

"Cuando los policías me detuvieron, los saludé y les hablé en tono cordial, sin mentir y sin suplicar. Los policías chequearon su computadora y me dijeron que tenía veintiocho infracciones de tránsito. Les dije que yo conducía desde hacía veinte años y se me habían acumulado todas esas infracciones a lo largo de los años. Y todo el tiempo que hablaba con ellos, seguí hablando con Hashem dentro del corazón y dándole las gracias.

"Y entonces sucedió algo increíble: el policía que tenía mi licencia de conducir en sus manos me la devolvió y me hizo prometerle que a partir de ese día me iba a colocar el cinturón de seguridad. Y los dos policías subieron al patrullero y se fueron.

"Hasta el día de hoy, no entiendo cuál fue el motivo que los llevó a irse de allí y no encuentro una explicación lógica para no haberme dado una multa, pero sí tengo muy claro cuál fue el motivo espiritual: que di las gracias y Hashem me salvó".

No sólo con cinturón de seguridad

En este caso, la infracción tuvo que ver con un teléfono celular que el conductor utilizó al conducir.

Pero antes de empezar, quiero pedirles por favor que no hagan esto, porque esto pone en peligro la vida de muchas personas. ¡Esto constituye una transgresión de la Torá!

"Me sucedió un milagro y me gustaría que lo dieran a conocer. Un día, yo iba conduciendo con el teléfono en altavoz y la persona con la que estaba hablando de repente me dijo que doblara a la derecha. A último momento doblé a la derecha y entonces se detuvo a mi lado un auto civil, que me tocó la bocina. Yo bajé la ventanilla para pedirle perdón y justo tenía el celular en la mano. El otro conductor también bajó la ventanilla y me dijo: 'Policía. Estacione a un costado'. Era un policía de civil. No podía creer lo que estaba pasando. Y ya me estaba preparando para pagar la multa...

"Y entonces me acordé de algo que leí en el libro **En el jardín de la fe**: que en estos casos, cuando te detiene un policía de tránsito, tienes entre 20 y 30 segundos para hacer teshuvá y arrepentirte. En vez de pensar en la multa, pensé en estas palabras. Y decidí no discutir ni enojarme y recordar que todo proviene de Hashem. Me comprometí a dar dinero para caridad y Le dije al Creador: 'Tú eres el Único que decide las cosas. Todo está en Tus manos. El policía que va a hablarme ahora es solamente una marioneta en Tus manos. Tú eres el que decide. Él es solamente una vara en Tus manos'. Y Le di gracias por todo esto.

"El policía de civil me pidió la licencia de conducir y cuando se la di, me dijo: ¿Eres consciente de lo que acaba de ocurrir? El hecho de sostener en la mano un celular ya implica una multa de 250 dólares'. Lo miré a los ojos y le dije muy tranquilo: 'Tiene razón. Cuando me tocó la bocina, yo tenía el celular en la mano'. Y él prosiguió: 'Doblaste en forma brusca. Si bien no pasó nada, lo que hiciste fue muy peligroso y por eso te voy a retirar la licencia y el lunes vas a tener que ir al juez de tránsito'.

"Yo no sabía qué hacer, pero decidí no discutir. Hashem sabe lo que hace. El policía ya estaba a punto de anotar la boleta y, como es sabido, cuando empiezan a escribir, ya no hay nada que hacer. Pero de repente, el policía se detuvo y me preguntó: "¿Hace cuánto que tienes la licencia?". Le dije 'Nueve años'. '¿Acaso tienes infracciones anteriores?'. 'No', le respondí con tranquilidad. Y entonces, sin previo aviso, el policía cerró el bolígrafo y la libreta de boletas y me devolvió la licencia.

"Tomé la licencia y lo miré, sin poder creer lo que estaba viendo. Pero él subió a su auto y se fue. Yo me quedé dándole las gracias a Hashem, muy contento, y no podía dejar de dar las gracias".

La unión de dos opuestos

Como ya dije antes, estas salvaciones son "algo pequeño" en comparación con los milagros que ocurren en el ámbito de la paz conyugal. A continuación, presentaremos varias historias sobre este tema:

Un día un alumno mío fue a difundir libros de emuná y al tocar a la puerta de un departamento, el dueño de casa le pidió que lo llevara a una clase de Torá. Y entonces le preguntó si podía traer con él a otro amigo. Mi alumno le respondió que sí. Y así fue como mi alumno llevó a los dos a una clase de Torá en su barrio.

En el camino, el amigo le contó a mi alumno que tenía muchos problemas con su mujer, y que estaba aprendiendo nuevos conceptos de judaísmo y que su mujer se oponía a estas "nuevas ideas". Eso había producido muchas discusiones y estaban ya casi a punto de divorciarse.

Mi alumno le habló del libro **En el jardín de la paz para hombres** y le dijo cómo debía proceder y también le di "tareas para el hogar", porque para vivir en paz con la pareja hay que hacer un gran esfuerzo y no se logra en un solo día. Por eso, le preguntó cuánto tiempo Hashem lo había esperado hasta que volvió en teshuvá. Y él respondió: "Veintidós años". Le dije: "Si Hashem te esperó tanto tiempo, conviene que tú también te armes de paciencia y esperes a tu esposa. No la presiones y no le reproches nada. Te voy a dar un consejo: a partir de hoy, cada vez que tengas un problema con ella; cada vez que discutan, tú solamente dale las gracias a Hashem por la falta de paz conyugal".

Al cabo de cuatro meses mi alumno se encontró otra vez con ese hombre y este le dijo: "No se imagina el milagro que tuve gracias a sus consejos. Yo hice tal como usted me indicó. No le reproché nada. Y, a partir de ese momento, durante cuatro meses, solamente Le di las gracias a Hashem. No le encuentro ninguna explicación lógica, pero mi esposa, por propia iniciativa, se comprometió a observar el Shabat y las leyes de pureza familiar. Dígale a su rabino que las palabras que usted me dijo son palabras de los días del Mashíaj, de los días de la Redención Final. De esta manera todo el Pueblo de Israel retornará al Creador".

Las vacaciones frustradas

Esta es otra historia muy conmovedora que nos llegó a la redacción.

"Estimado Rabino Shalom:

"Yo también tuve un milagro gracias a la gratitud. Hace como ocho años, volví en teshuvá, o sea, retorné a mis raíces judías. Pero mi marido todavía no. Esto, por supuesto, dio origen a muchos problemas en nuestra relación.

"Este último tiempo empezamos a hacer un tratamiento de pareja con uno de sus discípulos. Y me gustaría contarle algo que nos sucedió este último verano. Nos fuimos de vacaciones. Convencí a mi marido de ir a un hotel, pero no le dije que había hecho la reservación en un hotel para gente religiosa. Cuando llegamos al hotel, vimos un grupo de religiosos y a mi marido eso no le gustó nada, pero igualmente fuimos al conserje, que nos dio las llaves de nuestra habitación.

"Después de un rato, mi marido quiso dar una vuelta por el hotel para conocer y entonces se dio cuenta de que el hotel estaba lleno de religiosos. Esta 'sorpresa' no le gustó nada y causó otra vez conflicto en nuestra relación. En vez de pasar unas vacaciones relajadas y felices, volvieron a resurgir todas las discusiones que habíamos tenido hasta ahora: dejamos de sonreír, dejamos de disfrutar, la pasamos muy mal.

"Mi marido decidió irse del hotel y volver a casa. Me sentí terrible. No sabía qué hacer. Decidí llamar al discípulo del Rabino, que es con quien nos aconsejamos, para que tratara de convencer a mi marido. Le conté entre lágrimas lo que había sucedido, pero cuando él quiso hablar con mi marido, este se negó rotundamente. Mi marido tomó las maletas y subió al auto. Yo estaba desesperada, pero nuestro consejero no se puso nervioso. Y con voz tranquila me dijo: 'Así lo dispuso Hashem. Esto es lo mejor para ustedes. Veamos qué es lo que una persona con emuná hace en estos casos: dar las gracias'.

"Esto me llenó de esperanza. En un instante, recobré la tranquilidad y empecé a dar las gracias. Mientras tanto, mi marido había terminado de colocar las maletas en el maletero del auto y yo continuaba dándole las gracias a Hashem. 'Gracias, Hashem, que mi marido se quiere ir del hotel. Es lo mejor para mí. Tú quieres enseñarme que está prohibido colocar un obstáculo delante de un "ciego". Gracias, Hashem. Quieres enseñarme a ser franca con mi marido y no ir detrás con secretos. Quieres que cumpla mi palabra. Le dije que íbamos a un hotel con kashrut, pero no a un hotel con público solamente religioso. Gracias, Hashem. Lo que Tú haces es lo mejor para mí'.

"A los diez minutos, mi marido y yo ya estábamos en el auto listos para partir. Yo seguía dándole las gracias a Hashem. Mi marido arrancó el auto y yo seguí dándole las gracias por mi matrimonio y por la falta de paz conyugal. Y de repente mi marido tuvo una idea: '¿Por qué no vamos un rato al mar a refrescarnos un poco?'. Yo inmediatamente Le di las gracias a Hashem por tan fantástica idea.

"Gracias a Dios, mi marido se tranquilizó y pensó dos veces lo que había ocurrido y el ambiente entre nosotros cambió completamente y al final, no lo van a poder creer, volvimos al hotel tranquilos y contentos. Las vacaciones fueron mucho mejores de lo que esperábamos y mi marido al final me dijo una noche en el comedor del salón: 'La verdad es que la estoy pasando fenomenal con estos religiosos'.

"Estas vacaciones fueron el comienzo de una relación mucho más sana, que fue consolidándose con el tiempo. Mi marido empezó a observar más mitzvot y yo, por supuesto, di las gracias por todo".

Un brote de salvaciones

Esta es una historia conmovedora de cómo Hashem hace brotar salvaciones. La persona que da las gracias se salva de peligros, se cura de enfermedades e incluso algo tan aparentemente insignificante como que alguien le hace el favor de llevarlo en su coche, recibe un préstamo, etc. Todo esto demuestra el enorme valor de la gratitud. Pero la verdadera salvación es algo que brota. Es como un árbol que al principio es un pequeño arbolito y luego crece y se vuelve alto y espeso y da una bella sombra y florece y da frutos dulces y deliciosos.

La mujer que relata esta historia vio con sus propios ojos cómo la gratitud le cambio literalmente la relación con su marido. A nivel personal, la gratitud la salvó de la desesperación y de la frustración y le dio esperanza, haciéndole ver la realidad a través de los anteojos de la emuná para que pueda ver todo de la manera correcta.

En virtud de la gratitud, sus vacaciones fueron finalmente un éxito, pero eso no es todo. Porque esas vacaciones fueron el comienzo de una relación más fuerte e incluso de un acercamiento a la observancia por parte de su marido, que es la más grande salvación que existe. Y con la ayuda de Hashem, las salvaciones irán en aumento. Porque cuando el lazo entre los padres es fuerte y sano, toda la familia goza de bienestar material, porque la paz es una vasija que contiene la bendición y la Presencia Divina se posa en ese hogar. Esa familia va a ver con sus propios ojos la Ayuda Divina a cada paso.

Transforma el milagro en salvación

Por eso, es muy importante que todo el que tenga un milagro, que transforme ese milagro esporádico en una salvación continua. ¿Cómo se hace esto?

Cuanto más uno entiende cuál es la verdadera salvación, más salvaciones brotarán.

¿A qué me refiero?

Por ejemplo, una persona está esperando el autobús en la parada muy tarde de noche. De repente se da cuenta de que el último autobús ya pasó y ahora no tiene cómo volver a casa. No sabe qué hacer y no tiene dinero para tomar un taxi. Entonces decide darle las gracias a Hashem por lo que le pasó. Y así agradece de todo corazón durante diez minutos. Al terminar, justo en ese momento, se detiene un coche y el conductor le pregunta adónde tiene que ir y de muy buen modo le hace el favor de llevarlo a casa. Nuestro amigo Le da las gracias a Hashem por la gran bondad que le hizo: nada más ni nada menos que un milagro. Este hombre ahora puede llegar a casa e irse a dormir y al día siguiente va a contarle el milagro a su esposa, a sus compañeros de trabajo y luego se olvidará por completo. O sea que sí, tuvo un milagro, pero la salvación no continúa brotando. ¿Qué es lo que tiene que hacer para brote la salvación? Al darle las gracias a Hashem, que no lo haga solamente porque alguien le hizo el favor de llevarlo con el auto hasta su casa – que entienda cuál es la verdadera salvación.

La verdadera salvación es que logró superar la prueba por medio de la emuná. Y al haberlo hecho, ahora toma conciencia de que tiene en su poder una poderosa arma para enfrentar cada prueba en la vida.

Esa persona Le dirá a Hashem: "La verdadera salvación no es únicamente el favor que me hicieron sino el mérito de vivir con emuná. Si me hubiese quejado o lamentado por lo que me pasó, ahora estaría viviendo una mentira. Tú me diste la salvación, que es que puedo vivir y superar cada prueba por medio de la emuná. Esta es la verdadera salvación. El favor ya pasó, pero la emuná sigue conmigo. El fortalecimiento espiritual que recibí me acompañará a cada paso de la vida. Me demostraste hasta qué punto la fuerza de la gratitud es capaz de cambiar la realidad. Y yo sé que no importa lo que pase, siempre podré enfrentar todo con emuná y con gratitud". De esta manera, el milagro se transforma de un acontecimiento único en una salvación de sigue brotando y sigue teniendo vigencia toda su vida. Hoy alguien le hizo un favor en virtud de la gratitud y mañana conocerá a su alma gemela y obtendrá sustento y cada cosa que necesite en virtud de esa misma herramienta que adquirió al principio.

A modo de analogía, podemos decir que si el milagro es un fruto que contiene una semilla, uno puede comer el fruto y disfrutarlo y arrojar la semilla al tacho de basura. En ese caso, estamos hablando de un goce de una sola vez. Pero cuando uno aprende a descifrar el mensaje de la emuná con cada milagro que le pasa, es como si estuviera sembrando esa semilla y brotara todo un árbol lleno de salvaciones. Y si además de eso, uno tiene el mérito de dar a conocer y publicitar esto y acercar a más personas al camino de la gratitud, entonces esa semillita se transforma en toda una arboleda repleta de flores y frutos. Y entonces el mundo se transforma nuevamente en un Jardín del Edén. Y se hará realidad el sueño del Jardín de la Fe y todos viviremos en un mundo maravilloso.

CAPÍTULO TRECE

EL ARMA MÁS PODEROSA

Un recurso material

La gratitud nos ofrece una amplia gama de segulot. Incluso en el ámbito material, la gratitud cura y tranquiliza el alma. La persona que está acostumbrada a dar las gracias es una persona con pensamientos positivos y con una actitud optimista en la vida.

A nadie le caen bien las personas que todo el tiempo se quejan y se lamentan de cada cosa; los pesimistas que ven todo de color negro. Es muy deprimente estar rodeado de esta clase de personas.

Si uno quiere cambiar su esencia interna, sí o sí tiene que cambiar su forma de hablar. Porque el habla, si bien es algo externo, está reflejando el ser interno e influyendo en él. Rabí Najman de Breslev dice que cuando hablamos palabras de emuná, eso ejerce una gran influencia en su alma. Al decir palabras de gratitud, uno puede hacer un cambio de ciento ochenta grados y llegar a ser una persona amada, cuya compañía es agradable, optimista, con una actitud positiva ante la vida, que no tiene miedo de enfrentar problemas y dificultades. Porque esta persona percibe lo bueno y lo positivo de cada cosa y encuentra soluciones creativas a los problemas que se le presentan. Esta es la clave para vivir en armonía con los demás y, en especial, con la pareja y con los hijos.

Vemos, por lo tanto, que la gratitud, además de ser una segulá muy grande, posee literalmente un enorme poder material para cambiar la realidad.

Pongamos por ejemplo el tema de la pareja. Si un muchacho amargado y frustrado, pesimista y negativo, busca pareja, entonces va a transmitir toda esa negatividad en las citas y eso no hace más que ahuyentar a la otra persona. No se puede establecer conexión con una persona así.

Pero cuando uno da las gracias, se está transformando en una persona optimista y positiva, cuya compañía es agradable y placentera y con quien resulta fácil entablar una relación sana.

La gratitud y la salud

Por otra parte, la gratitud posee poderes curativos demostrados. La persona que da las gracias enfrenta los problemas de otra manera. Y eso fortalece automáticamente su sistema inmune y su resistencia frente a enfermedades y demás amenazas. Hoy en día todos conocen el lazo estrecho que existe entre el cuerpo y el alma, tanto en lo referente a conservar la salud como a curar enfermedades.

Nosotros ya lo sabemos gracias a la sabiduría milenaria de nuestros Sabios, que explicaron el tema en detalle. Y quién más que el gran médico del alma, Rabí Najman de Breslev, quien estableció de manera definitiva que todas las enfermedades son producto de la falta de alegría.

Pero hoy en día, incluso la medicina convencional es consciente de la importancia de una actitud positiva y alegre en el caso de personas enfermas y sus familias. Por lo tanto, la curación comienza con la emuná. Porque únicamente por medio de la emuná se puede vivir con alegría y con verdadero optimismo. Pero la más grande medicina es la gratitud. La gratitud y la alegría siempre van de la mano. Si no estás contento, quiere decir que no das las gracias en forma suficiente. No comprendes cuántas bondades te hacen. El que verdaderamente vive la bondad del Creador y Le da las gracias de todo corazón sí o sí vive contento, todo el tiempo.

Por lo tanto, el remedio más poderoso, tanto en lo material como en lo espiritual, es la gratitud. Y para ilustrar este concepto, presentaremos ahora varias historias sobre este mismo tema, y les tengo reservada una sorpresa para el final.

Un recurso espiritual

Alguien me mostró un artículo que cuenta de una persona que estaba muy alejada del judaísmo, que se crio en un kibutz secular y no tenía conocimiento de la emuná ni de la Torá ni los preceptos. Una vez, esta persona estaba trabajando con un taladro y por error, sufrió un accidente, y el taladro le lastimó un dedo. Lo internaron de urgencia y los médicos le dijeron que la herida había causado un daño generalizado en los músculos, los tendones y los nervios, y que la intervención quirúrgica sería muy complicada y el posoperatorio, largo y doloroso. Además, la mano, al parecer, no volvería a ser como antes. Además del dolor, el pobre hombre se sintió desesperado de sólo pensar que su mano jamás volvería a ser como antes. Pero, por Providencia Divina, dos días antes del accidente, había estado conversando con un amigo que le contó de una investigación que había demostrado que lo que más influye en la curación del enfermo es dar las gracias. En esa investigación no se mencionaba el hecho de darle las gracias a Hashem, sino de ser una persona grata en términos generales. Y nuestro amigo decidió probar ese método. Así fue como empezó a dar las gracias continuamente y, efectivamente, el proceso de recuperación fue rápido y efectivo, contrariamente a todos los pronósticos que le habían dado. La gratitud había obrado milagros sobrenaturales.

Este paciente le contó su historia a una mujer que también estaba muy lejos de la emuná. Esta pobre mujer estaba enferma de cáncer y ella también decidió poner a prueba este método y empezó a dar gracias a cada oportunidad. La mujer le contó que, después de un tiempo, la enfermedad desapareció.

Un invitado que llegó a mi casa me mostró un libro acerca de una mujer gentil que enseña que dar las gracias posee un inmenso poder curativo, y fortalece el cuerpo y el alma, además de dar energía positiva. Yo no leí el libro en cuestión, pero el invitado me mostró varias secciones del mismo, y me dijo que ella tampoco habla de "darle las gracias a Hashem", sino de meramente dar las gracias. ¿A quién? No importa. Lo que importa es que des las gracias. Y ella menciona muchos estudios e investigaciones que dan testimonio de la veracidad de esta teoría. O sea que incluso la palabra "gracias" en sí misma ejerce una influencia muy positiva en todas las personas, y mucho más, entonces, si nuestro agradecimiento está dirigido a Hashem, que es a Quien Le debemos toda nuestra gratitud.

Gratitud en lugar de comida

Un hombre me contó que vio un video acerca de un israelí que no es religioso y que superó el récord mundial de ayuno sin comida y sin bebida. Este hombre no comió ni bebió nada durante más de veinte días. Y para afrontar semejante prueba, alquiló una cabaña en medio del bosque donde había también un equipo de supervisores que estaban encargados de verificar que realmente el hombre no comía ni bebía nada, y además un plantel médico que le realizaba los chequeos correspondientes para asegurar su supervivencia.

A modo de preparación para el ayuno, el hombre colgó todo tipo de carteles con frases inspiradoras. Uno de esos carteles decía simplemente "Gracias". Y antes de empezar el ayuno, le hicieron también varias entrevistas. Uno de ellos le preguntó acerca de los carteles y sus respectivos mensajes. Él le respondió que no sabía decirles exactamente qué influencia tenía cada uno de los carteles en su alma y entonces le pidieron que por lo menos les explicara qué efecto le producía el término "gracias". Y él les respondió: "Eso sí puedo responderlo. Cada vez que miro la palabra "gracias", me lleno de fuerzas y cada vez que me siento desfallecer, la palabra "gracias" me llena de energía de nuevo.

Por supuesto que yo no le recomiendo a nadie ayunar durante tanto tiempo. Pero igualmente mencioné esta historia para demostrar que la gratitud en sí misma posee un poder inmenso.

Si alguien es capaz de vivir tanto tiempo sin comer y sin beber y toda su nutrición la obtiene de la palabra "gracias", entonces qué debemos decir nosotros, que Le damos las gracias a Hashem y al hacerlo, estamos sosteniendo al mundo entero y a todas las criaturas que Hashem creó para Su Gloria. O sea que, al decir gracias, no estamos solamente obteniendo vitalidad nosotros mismos, sino que también estamos posibilitando que el mundo subsista.

Desintoxicación por medio de la gratitud

Para concluir este tema, les prometí una sorpresa y acá está.

Hay un médico judío norteamericano, autor de varios libros, que trata en forma extensiva el tema de la salud y la dieta y en uno de sus libros dedica un capítulo entero a la desintoxicación del alma por medio del pensamiento. Y esto es lo que dice:

Él cuenta que, en sus investigaciones de métodos naturales de curación, él viajó por el mundo entero y en especial por el Lejano Oriente, y allí estudió muchos y distintos métodos de curación, tanto a nivel físico como a nivel emocional. Su método es muy simple y, a la vez, muy poderoso. Él cuenta que este método lo descubrió "por casualidad" y que tiene por objetivo "desarrollar la perfección del carácter por medio del aprendizaje y la práctica del autocontrol". Esto suena tal vez muy complicado, pero el método en sí es sumamente sencillo y puede de hecho resumirse en una breve frase: "Deja de quejarte". Y el médico da testimonio de que la gran mayoría de sus pacientes lograron llevar a cabo un cambio radical en su estilo de vida y alcanzar la solución de una variedad de problemas de salud que ningún otro método, ni convencional ni alternativo, había logrado curar.

Ahora bien: si esto da tan buenos resultados, ¿por qué no todos lo ponen en práctica? ¿Por qué nos cuesta tanto dejar de quejarnos? Cada queja es una expresión de negatividad. El mundo está repleto de emociones negativas. ¿Qué "gana" la persona que se queja? Lo único que "gana" es que siente un alivio inmediato y una sensación de gozo profundo. Además, la gente se identifica mucho con las quejas, porque todos se quejan. O sea que el que se queja gana la empatía de los demás, y su conmiseración.

Dos problemas

Entonces, ¿por qué las quejas son algo tan malo? En esto radica precisamente el problema. Es verdad que las quejas nos dan una sensación de alivio inmediato, pero al mismo tiempo, estamos liberando todo lo malo que tenemos. Y eso hace que toda la negatividad interna llegue al alma de cada persona que nos está escuchando que, a su vez, se llena de sentimientos negativos y acaba también liberando negatividad, que vuelve hacia ti, y entonces los sentimientos negativos se multiplican. Es un círculo vicioso de negatividad que no termina y afecta a todos.

Además, la sensación de alivio que producen las quejas es muy peligrosa y engañosa, porque el alivio pasajero trae aparejada una sensación de vacío emocional y depresión. Es como un caramelo que al principio es dulce, pero después se vuelve muy amargo. Uno no se da cuenta de que todas esas sensaciones tan feas que lo atacan y le amargan la vida se deben a las quejas. Al quejarse, uno se siente muy bien y entonces no entiende que la depresión que siente ahora es producto a la queja que emitió hace unos minutos. Es lo mismo que ocurre con todas las adicciones, que atan a la persona y la hacen descender a un abismo: el cigarrillo, el azúcar, el alcohol, las drogas, etc...

Cada palabra, una queja

Las quejas no siempre suenan a "Uf... qué molestia". Las quejas a veces adoptan la forma de un chiste, un comentario político, un análisis de la situación. Y, de hecho, la mayoría de la gente pasa el día entero quejándose y ni siquiera se dan cuenta.

Rabí Najman de Breslev ya se refirió a este mismo tema en su famoso cuento "Los Siete Mendigos". Allí, Rabí Najman describe a siete personas que tienen aspecto de ser inválidos pero que, en realidad, son las personas más perfectas que existen. Uno de ellos parece ser sordo, pero al momento de la prueba, resulta ser que oye perfectamente, y que solamente "parece" ser sordo. Porque todas las voces del mundo son solamente un grito por las quejas y todas las palabras del mundo son quejas. Pero ese tzadik que tiene aspecto de pobre hombre, de hecho, vive una vida ideal y por eso no escucha lo que dice la gente. Y esto es lo que dice el autor, Rabí Najman de Breslev:

"Yo no soy sordo en absoluto. Lo que ocurre es todo este mundo para mí no vale nada y no voy a escuchar de sus carencias. Porque todas las voces en sí son carencias. Porque cada uno grita su carencia. E incluso todas las alegrías del mundo son alegrías debido a las carencias, porque uno se alegra porque logró suplir una carencia que tenía antes. Y en mi caso, todo el mundo no vale nada y no escucho sus carencias, porque yo vivo una vida buena y dulce, sin ninguna carencia".

Es obvio que hay que parar con las quejas. Pero también hay que dejar de hablar, porque el hombre común y corriente, para quien la gratitud no es una forma de vida, sólo se queja y se lamenta continuamente. Y el único remedio para esto es llegar a un estado tal en el que solamente Le da las gracias a Hashem, tal como dice el Salmista: "Mi boca se llenará de Tus alabanzas; todo el día, de Tu gloria". No tengo lugar en la boca para quejas, porque tengo la boca llena de alabanzas. Y no tengo tiempo para quejarme, porque todo el día alabo a Hashem.

Aprendamos a hablar

A propósito, en ese mismo cuento, Rabí Najman habla de otro de los mendigos que es tartamudo pero que cuando abre la boca, sabe hablar de manera maravillosa. Sin embargo, en comparación con el habla del resto del mundo, parece ser una persona muda. ¿Y saben por qué? Rabí Najman explica: "¿Y ustedes piensan que yo soy tartamudo? ¡Yo no soy para nada tartamudo! Es que las palabras del mundo que no son alabanzas a Hashem son imperfectas". Y por eso nos parece tartamudo.

Es muy simple: las únicas palabras que existen en el mundo son las alabanzas a Hashem. Y si uno no alaba a Hashem, entonces no tiene lo que decir en este mundo. Y todos los que hablan de otras cosas, eso no se considera un "habla". Por eso, la primera conclusión es que durante mucho tiempo hay que hacer por lo menos media hora de agradecimientos todos los días, y empezar a comprender hasta qué punto tenemos el deber de darle las gracias a Hashem. Y entonces ansiaremos pasar el día entero dando las gracias.

Las quejas "pasivas"

De esto podemos extraer otra conclusión más, igual o más importante que la anterior: el daño se produce no sólo por el hecho de que uno se queja sino incluso por el mero hecho de escuchar quejas de otras personas e identificarse con esas quejas, como diciendo que ellos tienen razón en quejarse. Y tal como veremos a continuación, se trata de un grave problema.

Tal como ya he explicado, cada queja que uno expresa es, en realidad, una queja contra el Creador, es echarle la culpa a Hashem, lo cual es un tremendo descaro, o sea, exactamente lo contrario de alabar a Hashem. Y lo peor de todo es que uno está cayendo en la herejía, porque la emuná dice que Hashem es Bueno y cuando uno se queja, está diciendo que Hashsem no es Bueno (Dios no lo permita). Rabí Najman enseña que escuchar palabras de herejía dichas por otra persona resulta muy dañino para el alma. E incluso decir palabras de herejía, incluso si uno no realmente las dice en serio, también es sumamente perjudicial. E incluso escuchar palabras "inocentes" de una persona malvada ocasiona mucho daño. Pero si tenemos en cuenta lo que dijimos antes, es comprensible.

Cuando uno escucha quejas, es como si se estuviera quejando uno mismo en forma "pasiva". Y así como el fumar "pasivo" daña a la persona tanto o más que el fumar activo, en este caso también escuchar quejas puede resultar incluso más dañino que expresarlas.

Y mucho más si uno acepta lo que el otro está diciendo.

Muchas veces la gente se lamenta y se queja de su situación. Yo los escucho como un acto de bondad hacia ellos, porque tienen necesidad de desahogarse. Pero la verdad es que no soporto escuchar quejas. ¿Cómo es posible hablar tantas cosas malas de Hashem? Dentro de mí mismo, me niego a aceptar tales habladurías y me digo a mí mismo – "Dios no lo permita. No es verdad lo que están diciendo. Hashem es Bueno y hace solamente el bien".

Obviamente no reprendo a las personas que hablan así, porque sé que se sienten muy doloridas, y nuestros Sabios enseñan que "no hay que consolar al doliente mientras el muerto está delante de él". Y además la mayoría de estas personas están muy lejos de tener emuná. Y así como es un precepto reprender a las personas que uno sabe que le van a hacer caso, así también está prohibido reprender a las personas que uno sabe que no le van a hacer caso. Pero si la otra persona está mínimamente dispuesta a escuchar la reprimenda, entonces es nuestro deber enseñarle el camino correcto, el camino de la emuná, o sea, que deje de quejarse.

No aceptar infamias sobre el Creador

Es muy importante aprender, no sólo a no quejarse, sino también a no aceptar y no estar de acuerdo con las quejas de los otros. Nunca aceptes las palabras de alguien que habla mal de Hashem. Nunca estés de acuerdo con palabras de herejía e infamia acerca de Hashem. Ya mencioné la historia del Rabino Aaron de Belz, que en el Holocausto perdió a su esposa y a todos sus hijos, que fueron asesinados cruelmente a manos de los Nazis, y que fue testigo del terrible sufrimiento del Pueblo de Israel y de la desaparición de las comunidades judías en Polonia durante aquella época. Y cuando él llegó finalmente a la Tierra de Israel, aquellos que sabían todo lo que él había soportado, fueron a expresar su solidaridad y a consolarlo. A todo el que le decía: "Que no sepa usted de más dolores", él le respondía: "Ve de inmediato a lavarte las manos tres veces (como el lavado ritual de las manos que se debe realizar cuando uno está impuro) porque acabas de expresar palabras de herejía". Y después de que esa persona se lavó las manos, el Rabino le decía: "Ahora repite esto tres veces: Aaron hijo de Batia Rujama jamás en su vida sufrió".

No hace falta decir que este tzadik jamás se quejó de nada en toda su vida, tal como da testimonio su hermano, que estuvo a su lado todos aquellos años de sufrimiento indecible que soportaron en el Holocausto. Este hermano, que era rabino en una ciudad y además un gran tzadik por mérito propio, da testimonio del noble comportamiento del Rabino Aarón, cuya emuná se mantuvo firme respecto a que no existe el mal en el mundo y que jamás se quejó, a pesar del sufrimiento indecible.

Cuando uno dice "estoy mal", en realidad está diciendo una herejía. Porque el mal no existe. Todo proviene de Hashem y todo es para bien. Y cuando nos quejamos, realmente deberíamos lavarnos las manos y decir: "Yo, Fulano, no sé lo que es el sufrimiento". Y esto nos enseña un principio muy importante: que no hay ningún motivo en el mundo que justifique las quejas.

Las quejas envenenan tanto al que las dice como al que las escucha. Y esto es algo con lo que tenemos que tener muchísimo cuidado. Y en mérito de dejar de quejarnos, tendremos una vida mucho más feliz, y podremos curarnos de todas las enfermedades físicas y mentales y alcanzar el autocontrol, además de que el mundo se volverá un lugar mucho mejor.

CAPÍTULO CATORCE

LA GRATITUD ES LA PRIMERA RESPUESTA

¿En qué me equivoqué?

Conozco un hombre que viaja a Uman para Rosh Hashaná y hace todos los días una hora de hitbodedut (plegaria personal). A primera vista, parecería que vive la vida ideal, pero veamos lo que le sucedió. Un día empezó a sufrir terribles dolores, que lo dejaron completamente inmóvil. Casi se vuelve loco del dolor. Pero tratándose de un hombre de emuná, rezó, hizo hitbodedut, dio dinero para hacer un rescate del alma (pidión nefesh), les pidió a sus conocidos que rezaran por él e incluso Le pidió a Hashem que le mostrara cuál era el pecado a causa del cual le había sobrevenido este dolor y, cuando se le ocurrió el motivo, enseguida hizo teshuvá (se arrepintió y Le pidió perdón al Creador).

Uno pensaría que esta persona ha reaccionado con total emuná a la situación en que se encuentra. Pero no, porque todo eso no le sirvió de nada. Un mes entero continuó rezando y los dolores no menguaron e incluso aumentaron, porque además del sufrimiento que le causaba el dolor en sí, también sufría por el hecho de rezar y no obtener respuesta.

Como el lector ya habrá adivinado, le dije a este hombre que hiciera una sesión de agradecimiento de una hora todos los días. Que solamente diera las gracias. Y, en efecto, el dolor desapareció completamente. Se fue igual que vino.

Tal vez ustedes no se sorprendan, siendo que ya se acostumbraron a escuchar historias milagrosas de esta clase, pero yo sí me sorprendí mucho, porque no es una historia como las demás. Porque en los otros casos, los protagonistas son personas que están muy lejos de la emuná, pero en este caso, se trata de un hombre que ya está transitando el camino de la emuná, y a pesar de eso, no había obtenido lo que estaba pidiendo. Recién cuando empezó a dar las gracias, Hashem le hizo un milagro. Y por eso esta historia sobresale por sobre las demás.

La base del entendimiento

Veamos qué sucedió aquí. ¿Qué problema tenía este hombre y por qué la gratitud le solucionó dicho problema?

Presten atención. En la emuná hay un principio que dice "No hay sufrimiento sin transgresiones". O sea que, si hay sufrimiento, significa que se cometió una transgresión. En el momento en el que se rectifica la transgresión, desaparece el sufrimiento. De no ser por este principio, uno viviría toda su vida en una oscuridad constante, sin lograr encontrar el motivo de todo su sufrimiento, y sentiría que lo han dejado librado al destino, sin entender lo que le está sucediendo.

La transgresión no tiene que ser necesariamente una transgresión de los preceptos de la Torá, sino que puede ser cualquier falta de progreso según el nivel espiritual en el que se encuentra. Puede ser un precepto que no está cumpliendo como debería, o una oportunidad que está desaprovechando, o la falta de cuidado en el cumplimiento de un precepto. Y eso fue lo que ocurrió en este caso.

En el caso de este hombre, la rectificación llegó por medio de la gratitud. Cuando él empezó a dar las gracias, se mitigó el decreto en su contra.

¿Y por qué la gratitud es la rectificación?

Antes de responder a esta pregunta, veremos cuál era la falta que había cometido este hombre. Él estaba triste. Cuando una persona de emuná tiene dolores y a causa de esos dolores se pone triste, eso constituye un gran pecado. En realidad, uno pensaría que no es una falta, porque si uno tiene dolores, es comprensible que se queje. Pero, si lo pensamos bien, y como ya hemos explicado, cuando uno está triste, está diciendo que Hashem no es bueno (Dios no lo permita) y Lo está denigrando. Cuando uno está triste, no cree en Hashem.

Este es un principio que debemos recordar toda la vida: la persona que está triste está cometiendo una gravísima falta, no importa cuál sea el motivo. Incluso si da la impresión de que esta persona tiene emuná, y hace todo lo posible por rectificar el pecado que le trajo el sufrimiento, eso no es verdadera emuná. La emuná verdadera es saber que Hashem es Bueno y Compasivo incluso en los momentos en que uno sufre más que nunca. La verdadera emuná es dar las gracias por el sufrimiento mismo y estar siempre contentos, recordando que nadie te debe nada y que estás rodeado de bondades. La verdadera emuná es saber que Hashem siempre te ama y que Él es Justo en todo lo que hace.

¿Te arrepentiste estando triste?

Ahora que entendimos cuál fue su falta, podemos entender por qué la gratitud fue la que lo salvó: porque la gratitud es la rectificación máxima del pecado que es la tristeza. La tristeza es herejía y la gratitud es la máxima expresión de emuná.

¿En qué se equivocó este hombre?

Él no entendió que la tristeza es un gravísimo pecado.

Él trató de arrepentirse estando triste, que es hacer un precepto mientras uno comete una transgresión.

Para entender este error, veamos cómo reacciona la persona que se arrepiente estando triste:

Es como una persona que mete la mano en el fuego y se sorprende diciendo: "Dios mío, muéstrame por qué me arde la mano...".

Es como una persona que sale de la cloaca y dice: "Abran la ventana que hay un olor terrible...".

Incluso diría que es como una persona que realiza un baño en la mikve (baño ritual) mientras sostiene un insecto impuro en la mano.

Es como alguien que entra a robar en una casa y mientras se lleva los sacos llenos de oro y joyas, Le dice a Hashem: "Dios mío, muéstrame de qué debo arrepentirme".

Es como alguien que cierra los ojos y pregunta: "¿Por qué no veo nada?".

No hay ningún motivo que justifique la tristeza.

Hay que salir de esta paradoja: uno no se puede arrepentir si está triste. No por nada la teshuvá no ayudó a este hombre.

La gratitud es la respuesta

Recién cuando él dio las gracias por el sufrimiento, recuperó la emuná. Primero hay que arrepentirse por la falta de emuná. Recién cuando uno tiene emuná, puede empezar a arrepentirse por las otras cosas.

De hecho, tenemos que arrepentirnos de todo lo que hacemos mal, pero hay un orden. Primero tenemos que arrepentirnos por cometer la transgresión básica y después, por los detalles.

Si quieres retornar a Hashem, entonces primero deberás creer en Él y aceptar el sufrimiento con amor. Y recién cuando sientas una gran alegría, podrás seguir buscando cuál es el mensaje oculto en esta clase de sufrimiento.

Por ejemplo, el dolor de cabeza alude a una transgresión específica.

Y el dolor de hombros y el dolor de muelas aluden a otras transgresiones distintas. Y los libros sagrados mencionan explicaciones para los distintos dolores del cuerpo.

Pero primero hay que terminar con la herejía y retornar a la emuná.

Por eso, incluso si rezas para que te muestren el pecado que dio origen al sufrimiento, no te lo van a mostrar. Porque primero tienes que rectificar el pecado más grande de todos, que es la falta de emuná que estás expresando con tu tristeza.

Si estás triste, quiere decir que estás viviendo una herejía.

El manual para arrepentirse con alegría

Primero, tenemos que tener bien claro que la tristeza es una forma de herejía.

Recién cuando uno entiende esto, va a poder rectificarlo.

Pero uno no tiene que perseguirse por estar triste, porque eso es un gran error. Si desde el Cielo te muestran que sufres de una falta de emuná, eso es para que pidas ayuda, no para que te enojes contigo mismo y te deprimas.

Estar triste por eso es agregarle sal a la herida.

Cada vez que estés triste, no importa la causa, recuerda que la tristeza es herejía. Y esa es la principal causa por la cual estás sufriendo. Y así podrás enfocar tu arrepentimiento en el punto principal, que es retornar a la emuná y darle las gracias a Hashem.

Tenemos que pedirle a Hashem que nos dé emuná completa en que el sufrimiento es para bien. Porque cuando uno aceptas con amor el sufrimiento que te sobreviene, estás retornando a la emuná y al retornar a la emuná, estás reconociendo que existe un Creador que te ama y te supervisa y te protege y que sin lugar a dudas hace todo por tu propio bien. Y no tienes necesidad de entender esto por medio de la lógica. Solamente tienes que creer.

Y también sabrás que hay algo que debes rectificar y que Hashem hace todo con justicia. No podrás comprender lo que Hashem está haciendo contigo mientras estés triste. Porque cuando estás triste, estás desconectado de Hashem y de la emuná. Por eso, primero tienes que rectificar tu emuná y recién entonces puedes avanzar y ver qué es lo que Hashem espera de ti.

Al dar las gracias por sufrimiento, estás retornando a la emuná y rectificando el daño causado por la herejía y la tristeza. Y eso es lo que mitiga todos los juicios estrictos.

Tratamiento de prevención

¿Cómo es que la persona llega a caer en la herejía y la tristeza?

Esto se debe a que, desde un principio, no dio las gracias a Hashem por cada cosa que tiene en la vida. Ya explicamos en el primer capítulo que la gratitud es la solución para el "problema" de "todos me deben algo y Hashem también". Pero cuando uno está acostumbrado a dar las gracias, entonces sabe valorar todo lo que tiene tanto físico como espiritual y Le da las gracias a Hashem. Y entonces nunca va a enojarse con Él, por más que sufra.

Por eso, lo primero que hay que hacer es arrepentirse por no haber dado las gracias en el pasado en medida suficiente. Entonces uno entiende que Hashem solamente hace bondades y entonces se da cuenta de que no hay motivo alguno para quejarse.

El poder de la emuná

Hay personas que sufrieron terriblemente en la vida, pero a pesar de todo, jamás se apartaron de la emuná. Nunca se quejaron. Y es porque vivieron siempre con un profundo agradecimiento a Hashem por cada detalle de la vida.

Es conocida la historia de una señora mayor de Jerusalén que sufría de atrofia muscular y vivía en una casa dilapidada. La pobre mujer apenas si se movía mover; solamente podía hablar. Uno de los sabios de Jerusalén de aquella época, el Rabino Yehoshua Leib Diskin, solía ir a visitarla cada tanto para ver cómo se encontraba y darle palabras de aliento. Durante una de esas visitas, el Rabino le preguntó: "¿Qué bendición puedo darle?", y ella le pidió que la bendijera con longevidad. El Rabino se sorprendió mucho, porque pensaba que ella sufría mucho de la forma en que vivía. Por eso le preguntó por qué quería vivir más años siendo que vivía con tanto sufrimiento. Y ella le respondió algo increíble: "Estimado Rabino: yo estoy aquí postrada en la cama y no puedo estudiar Torá, ni puedo decir bendiciones ni rezos, porque no estoy limpia y no tengo fuerzas para limpiarme a mí misma y en la habitación hay mal olor. Y según la halajá, está prohibido decir bendiciones en un lugar sucio. Yo dependo de la señora que viene a cuidarme, que llega dos veces a la semana. Cada vez que ella viene, se encarga de limpiarme a mí y limpiar la habitación y airea la casa, y entonces tengo unos pocos minutos en los que puedo recitar bendiciones. Y entonces pido un vaso de agua y recito la bendición "shehakol" – "que todo llegó a la existencia por Su palabra" - y a veces también llego a recitar otra bendición más antes de que vuelva a ensuciarme. Estas bendiciones son tan preciadas para mí y espero con tantas ansias a la señora que viene a limpiar, porque entonces podré otra vez bendecir a Hashem. Y no estoy dispuesta a renunciar a una vida así. ¿Acaso no vale la pena vivir así para bendecir a Hashem aunque sea dos veces por semana?". El Rabino no podía creer lo que acababa de oír y no logró ocultar su emoción ante la respuesta que le había dado esa mujer tan sencilla. Así es el mundo interior de una señora simple que, a pesar de estar enferma en el cuerpo, no obstante era muy sana en su mente y en su emuná.

La pobre mujer estaba postrada en el lecho de enferma, sin poder moverse, y a pesar de eso, no se sumió en la autocompasión ni siente que alguien le deba algo y no se quejaba ni se lamentaba, sino que pensaba en una sola cosa: cuándo iba a poder bendecir a Hashem nuevamente.

Las más grandes lecciones de emuná y de gratitud están contenidas en esta historia.

Cómo enfrentar el sufrimiento

Ahora podemos entender por qué estar tristes se considera un pecado.

Si uno no es feliz con el sufrimiento que tiene e incluso si uno cae, aunque sea un poquito de su nivel de emuná, o incluso deja de sonreír, esto ya es una transgresión. Uno no se conecta con la realidad de que Hashem lo ama y busca solamente su bien. Ni tampoco se conecta con las bondades que Hashem le hace a cada instante ni con su objetivo final en la vida, que es alabar a Hashem con cada respiración.

La persona que sabe que vale la pena vivir la vida para cada bendición, para cada alabanza, para cada Salmo — esa persona vive absolutamente feliz.

Entonces ¿cómo damos las gracias cuando retornamos a Hashem en medio del sufrimiento?

La gratitud está compuesta de dos partes: la primera parte es la gratitud por las bondades que Hashem nos hizo hasta el día de hoy; la segunda parte es la gratitud por el sufrimiento y las carencias que enfrentamos hoy.

Si recuerdas que por el mérito de recitar solamente dos bendiciones a la semana vale la pena vivir con todo el sufrimiento del mundo, te va a resultar muy fácil encontrar por lo menos un millón de cosas cada semana por las cuales dar las gracias de todo corazón.

La gratitud y el entendimiento

Cuando uno da las gracias por todo lo que le tocó en la vida hasta el día de hoy, la cosa no termina ahí. Uno empieza a entender muchos puntos importantes de la vida, a saber:

- No me merezco ni una milésima fracción de todo lo que Hashem me da
- Cuánto me ama Hashem y cuánta bondad hace conmigo, a pesar de que yo soy tan imperfecto
- Hasta qué punto Hashem es Compasivo, que le tiene compasión incluso a la persona que no se la merece
- Cuánta vergüenza debería sentir delante de Hashem
- Cómo me atrevo siquiera a pedirle cosas y sentir que me las merezco
- Cuánta bondad Hashem hizo conmigo hasta el día de hoy y yo, como un ciego, no quise ver todas esas bondades
- Cómo es posible que no me pase el día bailando de la alegría
- Cuánto amor debería sentir por Hashem
- Tengo que retornar a Hashem y arrepentirme por el hecho de no haber agradecido lo suficiente hasta el día de hoy

- Si en lo más profundo de mi corazón alguna vez pensé que, Dios no lo permita, Hashem es malo conmigo, tengo que arrepentirme de eso y sentir mucha vergüenza y pedirle perdón, porque Hashem es Tzadik, Hashem es Bueno no importa lo que pase.

- A partir del día de hoy, no he de sufrir ninguna carencia. La única carencia es que no doy las gracias en medida suficiente.

- Tengo que recordarme a mí mismo que tengo que dar las gracias por cada cosa.

Cada uno puede agregar a esta lista más puntos según crea conveniente y estoy seguro de que hay mucho más por agregar. Y cada vez que des las gracias, deberás llegar a un nivel más profundo del amor y la comprensión y la compasión que Hashem te tiene, como así también tu anhelo de dar las gracias cada vez más.

Al hacer esto, uno fortalece y consolida su emuná, y su amor a Hashem, haciendo que retorne por completo a Él y se arrepienta de todas las faltas que comete al estar triste, preocupado por las deficiencias, frustrado, y demás.

Tenemos que entender que **no hay justificación para estar tristes. Nunca. No importa lo que pase.**

La tristeza, las quejas, las lamentaciones son todos sentimientos que no tienen justificación alguna. Da lo mismo si el sufrimiento te fue causado por otra persona o si te lo causaste tú mismo por medio de tus errores – en ambos casos el sufrimiento es injustificado.

El próximo nivel

El primer nivel es dar las gracias por el pasado. Allanar el terreno antes de seguir adelante al próximo nivel es fundamental para limpiar el corazón de todo sentimiento negativo.

El nivel siguiente es dar las gracias por el sufrimiento mismo. Recién cuando sientes en lo más profundo de tu corazón el amor de Hashem y la infinidad de bondades que Él hace por ti, y cuando sientes verdadera sumisión ante Él, ahora puedes enfrentar el problema desde la perspectiva correcta, que es la perspectiva de la emuná. Por supuesto, el resultado es arrepentirte de la tristeza que sentiste antes.

Y entonces te arrepientes: "¿Cómo voy a estar triste por algo que Hashem hace por mi propio bien, siendo que es lo mejor que me podía pasar? Hashem hace solamente lo mejor para mí. Hashem me ama más que nadie en el mundo y solamente quiere darme un bien perfecto. ¿Cómo pude haber sido tan ingrato, tan insensible? ¿Cómo pude pensar que Hashem era capaz de hacerme algo malo? ¿Cómo pude quejarme de Él? Me arrepiento de mi falta de emuná y a partir de ahora quiero rectificar mis faltas y dar las gracias por los problemas, porque, de hecho, no son problemas, sino salvaciones".

Y entonces uno rectifica todo lo que necesita rectificar, al dar las gracias de todo corazón.

El que no da las gracias, no avanza

Si no eres capaz de dar las gracias con sinceridad por los problemas, no pidas nada. Lo que tienes que hacer es, por lo menos, media hora de plegaria personal en la que solamente pedirás emuná:

"Amo del universo, dame una emuná completa. Déjame creer que este problema/deficiencia proviene de Ti y es por mi propio bien. Déjame alegrarme con el sufrimiento. Y hasta que no esté alegre con el sufrimiento, no quiero que me des nada ni me envíes ninguna salvación. Yo solamente quiero una sola cosa: vivir con emuná, sabiendo que todo es para mi bien y darte las gracias con el corazón alegre. Ayúdame a dar las gracias de verdad. Ayúdame a alegrarme de verdad. Ayúdame a sentir Tu amor y Tu bondad de verdad".

Y esta es la respuesta a la pregunta: "¿Cuánto tiempo hay que dar las gracias?".

Si entendiste lo que se dijo hasta ahora, también vas a entender que no se puede fijar una cantidad específica de tiempo. Esto no tiene que ver con el tiempo ni con nada más. Solamente tiene que ver con tu verdad. Si llegaste a la verdad o no.

En el cuento que hemos contado más arriba, se enumeran todas las etapas de la teshuvá tal como se establecen en la ley judía, la halajá:

- Abandonar el pecado
- Confesarse
- Arrepentirse
- Comprometerse a no reincidir

Esta es la teshuvá completa que debemos llevar a cabo y está comprendida dentro del agradecimiento. Y al dar las gracias y hacer teshuvá de esta manera, se anula el mal decreto.

El protagonista de nuestra historia estudió emuná toda su vida y vivió la emuná toda su vida, pero a pesar de eso, le faltaban bases profundas en el edificio de la emuná. Recién cuando dio las gracias, se dio cuenta de lo que le estaba faltando y logró rectificar la principal falta.

Empezamos a partir de ahora

Hay quien adquiere su Mundo Venidero en una sola hora. Pero no todos adquieren los conceptos profundos de la emuná y la gratitud en una sola hora o en un solo día.

Para la mayoría de la gente, se trata de un proceso de asimilación.

Este proceso deberías comenzarlo hoy mismo. Ahora mismo. No esperes a después ni a mañana. Uno nunca sabe cuánto tiempo le llevará.

Por eso, tal como ocurre con cada nivel espiritual que la persona desea adquirir, yo recomiendo hacer una sesión de agradecimiento de media hora, en la cual uno adquiere todos los puntos de emuná que hemos mencionado.

Primero, dar las gracias por poder arrepentirme.

Segundo, dar las gracias por la emuná.

Tercero, dar las gracias por dejar de ser arrogante.

Cuarto, dar las gracias por dejar de sentir que todos me deben algo.

Quinto, dar las gracias por dejar de sentir enojo hacia Hashem.

Sexto, dar las gracias por dejar de lamentarme y quejarme por cada cosa.

Por eso, durante la media de hora de agradecimiento, no solamente se trata de "decir gracias" sino de pedir emuná, porque la gratitud no es solamente una palabra, sino que es una expresión de la emuná. Y si das las gracias sin sentimiento, o sin alegría, y no sientes que realmente Le estás dando las gracias por el sufrimiento, entonces no des las gracias, sino pídele a Hashem que te dé emuná.

En la media hora de agradecimiento hay que pedir por la emuná. Pídele a Hashem que puedas tener una emuná tan grande que puedas dar las gracias con alegría por cada sufrimiento.

Todo aquello por lo cual hacemos media hora de plegaria personal, finalmente lo adquirimos. Si quieres acelerar el proceso, puedes hacer más de media hora por día.

Cómo mantener la emuná

Incluso si uno no tiene sufrimientos y todo "está bien", la media hora es nuestra forma de mantener la emuná "aceitada" y es un recordatorio constante de la bondad y el amor de Hashem. Un recordatorio constante de que debemos ser humildes, y un recordatorio constante de la compasión de Hashem. Esta es la vacuna más poderosa para todas las pruebas de la vida.

Porque cuando nos llega una prueba en la vida, la persona que da las gracias todos los días media hora, enfrenta esa prueba de una manera completamente diferente: con emuná, con paz interior, sin confundirse, sin perder los estribos.

Mucha gente que ha enfrentado pruebas muy difíciles, tales como perder a un ser querido, todo tipo de desgracias personales, etc, me han dicho cosas al estilo de: "Si no conociera estas enseñanzas; si no conociera el maravilloso camino de la emuná, no podría seguir viviendo", "Yo no sé dónde estaría hoy sin los libros y las charlas de emuná", "Si solamente aprendí este camino para superar esta prueba y no perder la cordura, ya valió la pena", "Todo el que me conoce y sabe las pruebas que tengo que enfrentar no entiende de dónde saco las fuerzas. Y es que toda la fuerza la obtengo de la emuná y de la gratitud y de mis sesiones diarias de plegaria personal con Hashem".

Existe una gran diferencia entre quien enfrenta las pruebas de la vida con estas enseñanzas y el que las enfrenta sin ellas. Al que todavía no ha adquirido este nivel de emuná y gratitud, le resulta muy difícil enfrentar los desafíos de la vida. Por el contrario, el que vive con emuná sabe enfrentar **cada prueba** de la vida, incluso las peores desgracias, aferrándose a la emuná y sin perder alegría.

Una historia estremecedora

En el libro Jaiei Moharán (La Vida del Rabí Najman), se cuenta de Rabí Najman de Breslev que el año 1810, varios meses antes de su fallecimiento, en Rosh Jodesh Iar, se desató un gran incendio en la ciudad de Breslev Y también se encendiaron la casa de Rabí Najman y muchas otras casas. Por aquella época, no había servicio de bomberos y todas las casas eran de mader, o sea que la destrucción fue masiva.

Ya antes del incendio, Rabí Najman había pensado en trasladarse a la ciudad de Uman. E inmediatamente después del incendio, le llegó la información de que habían conseguido una casa en Uman para él y el incendio fue, por así decirlo, lo que lo "forzó" a irse de Breslev rumbo a Uman, donde falleció y está enterrado, como todos saben.

Si bien Rabí Najman dijo que de ese traslado dependían universos enteros y muchas almas, y contenía grandes secretos, el mismo Rabí Najman nos ofrece una explicación espiritual muy simple de por qué debía irse de la ciudad de Breslev. Y estas son sus palabras:

"No estaría bien que yo esté feliz mientras los habitantes de Breslev están afligidos. Si mi casa se hubiese salvado del incendio, yo habría estado obligado a compartir su aflicción, porque cuando los judíos están sufriendo, yo tengo la obligación de soportar la desgracia junto con ellos. Pero viendo que mi propia casa también se quemó, entonces debo aceptar con amor y con alegría lo que ha sucedido y debo tratar de estar muy feliz. Tengo que hacer el esfuerzo de estar feliz. Y por ese motivo no estaría bien que me quedase con ellos. Porque ellos estarían afligidos mientras que yo estaría feliz". Entiende esto muy bien.[19]

Dos clases de "trabajos"

Antes de continuar con las palabras de Rabí Najman, vamos a explicar lo que ha dicho hasta ahora:

Cuando un judío sufre, todos los demás judíos tienen un "trabajo" que hacer: compartir su sufrimiento. Y mucho más si son muchos los judíos que están sufriendo, tal como enseña la Guemará, que cuando uno ve a todo un público sufriendo y no comparte ese sufrimiento, cuando llegue la salvación a todo ese público, él no estará para verlo. Por eso, dice Rabí Najman, si su propia casa no se hubiera quemado, no habría tenido problema en quedarse en Breslev, porque todos sufrían y él también habría sufrido, al compartir el sufrimiento de ellos. Y el servicio Divino de él consistía en sentir el sufrimiento de los demás. Y Rabí Najman sentía el sufrimiento de cada judío dentro de su corazón y hasta "se le derramaba la sangre" de tanto sufrir, cuando escuchaba las historias de los demás.

Pero ahora que el mismo Rabí Najman estaba en la misma situación, y él mismo se había quedado sin casa, ahora se enfrentaba a un servicio Divino completamente diferente: aceptar el sufrimiento y la carencia con amor y con mucha alegría. Pero no podía ponerse a bailar de la alegría en Breslev mientras todos sufrían. Y por eso debía mudarse a otra ciudad.

Esa es la prueba más fácil

Uno podrá decir "Bueno... que se queme la casa es solamente una pérdida monetaria". Pero ¿qué ocurre si se pierden vidas, Dios no lo permita? ¿Acaso en este caso también podemos hablar de una gran alegría?".

---

19 Jaiei Moharán 185,186

Rabí Najman no deja lugar para la confusión y aclara de la manera más clara posible:

"En lo que se refiere al dinero, no hay ninguna duda. En lo que refiere a una pérdida monetaria, sin lugar a duda lo debo aceptar con alegría, porque 'Piel por piel, todo lo que el hombre tiene lo dará por su vida' (Job 2:4). Pero incluso si mi propia vida fuese requerida, que Dios me proteja desde ahora para siempre..." Incluso entonces, dice Rabí Najman, también lo aceptaría con alegría. Su alegría era tan grande que incluso en el caso de una pérdida de vida él debía forzarse a cumplir con las diversas costumbres de luto, llanto, etc. Para él, era todo lo mismo: era como si no estuviera en este mundo".

Hasta aquí la cita del libro.

Rabí Najman no solo dio las gracias, sino que sentía una inmensa alegría. Y no sólo después de que se le quemó toda la casa, sino incluso después del fallecimiento de sus hijos. Y Rabí Najman no lo dijo en forma "teórica", sino que él perdió dos hijos y una hija y esto está escrito y él enfatiza que él aceptó todo esto con mucha alegría, para que nos demos una idea de cuál es el nivel de emuná al que debemos aspirar.

¿Qué es el sufrimiento al lado del lazo con Hashem?

En Sijot HaRan – Las Conversaciones del Rabí Najman, él explica que esto se aplica a cada forma de sufrimiento. Y esto es lo que escribe:

"Después de todo el sufrimiento, Dios aún es bueno con nosotros. Nuestros problemas no son para nada pequeños, y no debemos minimizarlos. Pero si los comparamos con una sola experiencia de la cercanía de Dios, entonces todo el sufrimiento es como una nada. El sufrimiento nos acerca a Dios. Cuando perdemos la salud, ¿quién nos la ha quitado, sino Dios? Por lo tanto, estamos más cerca de Él. Cuando perdemos a un hijo, ¿quién nos la ha quitado, sino Dios? Si esto logra algo, es acercarnos todavía más a Dios. Porque uno está más cerca de Él en el Mundo Venidero".[20]

Después de palabras como estas, qué más podemos decir. Este es el nivel máximo de emuná al que uno puede aspirar y estoy seguro de que todo este capítulo logra explicar cómo cada uno de nosotros es capaz de alcanzar este nivel. Y ojalá podamos alcanzarlo con mucha bondad y compasión.

Para resumir:

No existe justificación para ninguna clase de tristeza, no importa cuál sea. La persona verdaderamente creyente no siente ningún sufrimiento y conserva su alegría, incluso al enfrentar el sufrimiento más grande. Si uno no logra conservar la alegría, debe hacer teshuvá antes que nada por la falta de emuná, o sea, darle las gracias a Hashem por toda su vida hasta ahora, y por la desgracia misma, y si no logra dar las gracias con alegría, que rece mucho por ese solo motivo: para que logre vivir con emuná.

---

20 Sijot HaRan 194

CAPÍTULO QUINCE

UN CORAZÓN ALEGRE

Este capítulo es la continuación directa del capítulo anterior, pero visto desde otra perspectiva.

En el capítulo anterior conté la historia del hombre que no había entendido que la tristeza es un gran pecado y que no se puede hacer teshuvá, o sea, arrepentirse sinceramente, y avanzar, a menos que uno esté alegre.

Ahora quiero llegar a un punto que me toca de cerca, algo que todos en esta generación debemos aprender, y en especial, aquellos que quieren acercarse a Hashem. **Ninguna persona puede estar triste, ni siquiera si la tristeza tiene que ver con un aspecto de su servicio Divino.** Las verdaderas maravillas de la gratitud se revelan precisamente a partir del servicio Divino.

A menudo somos testigos de fenómenos muy dolorosos: personas que se acercan a Hashem y a la emuná, y la rectificación de los rasgos de carácter, y al hacerlo, se vuelven personas tristes, frustradas, amargadas, etc. Y yo pregunto: **¿Por qué?**

La gente no logra librarse de sus pasiones físicas y sus emociones negativas (enojo, envidia, etc.) durante años. **¿Por qué?**

Uno ve jóvenes que antes querían acercarse a Hashem y de repente perdieron todo el entusiasmo y todos los buenos anhelos, y ahora viven como una especie de letargo espiritual o incluso caen del todo y pierden su nivel espiritual. Y otra vez pregunto: **¿Por qué?**

Uno ve a personas que se acercaron al judaísmo y que durante los primeros años no hacían más que elevarse espiritualmente y de repente empiezan a retroceder y a perder la esperanza. **¿Por qué?**

¿Cuál es el motivo de toda esta amargura?

La respuesta y la solución se encuentran aquí mismo.

El problema empieza con la tristeza

Veamos qué ocurrió con este hombre que rezó y no obtuvo lo que anhelaba; se arrepintió y no obtuvo lo que anhelaba; hizo esfuerzos espirituales y no obtuvo lo que anhelaba. Recién obtuvo lo que anhelaba hasta que adquirió la verdadera emuná.

¿Qué nos enseña la emuná?

A alegrarnos con el sufrimiento y dar las gracias por él.

Si llegaste a la emuná, te salvaste.

Así podríamos resumir esta historia.

En todos estos casos, estamos hablando de personas que llevaron a cabo un gran esfuerzo espiritual y solamente querían cambiar, mejorar y acercarse a Hashem. Pero a pesar de todo esto, no lograron alcanzar su objetivo. Estaban como estancados. Sus esperanzas se vieron truncadas.

Y entonces, ¿qué sucedió?

Se pusieron tristes.

¿Y qué es la tristeza?

La tristeza es falta de emuná.

Es verdad. No es fácil no estar triste cuando nos va mal. Y en especial si nos va mal en un aspecto espiritual de la vida. Cuando no logramos ver un cambio y una mejora en nuestros objetivos espirituales.

No es fácil. Pero... ¿qué es lo que acabamos de aprender?

Que la tristeza está completamente injustificada.

La tristeza es falta de emuná. Es herejía.

Estas personas entraron en un estado de confusión. No entendían qué era lo que Hashem esperaba de ellos.

Porque, al fin y al cabo, ¿qué pretendían? ¡Solamente acercarse a Hashem! Se esforzaban tanto, renunciaron a tantas cosas... ¿Por qué Hashem no los ayudaba entonces?

Ellos sentían que Hashem les debía algo. Después de todo, ellos habían hecho un gran esfuerzo. Y entonces empezaron a enojarse con Hashem. Porque estar tristes es estar enojados con Hashem. Empezaron a pensar mal de Él. ¿Tal vez Él no estaba dispuesto a ayudarlos? ¿O tal vez Él no los escuchaba?

Todas estas especulaciones son muy peligrosas. Y eso fue lo que los hizo caer del todo.

Sin ser conscientes de su falta, porque nadie se lo había enseñado, ellos cometieron una gravísima falta, y esta falta les bloqueaba las puertas de la plegaria, tal como vimos al principio de este libro. Ellos cometieron todos los errores de los que hablé a lo largo de este libro.

Así fue como su servicio Divino se fue "enfriando" y entonces la caída era inevitable.

La solución es muy fácil

El dolor por aquellos que se alejan del círculo de personas que sirven a Hashem es terrible. Si esa persona se aleja por completo de Hashem, por supuesto que nos duele muchísimo. Pero incluso si esa persona sigue siendo "religiosa", haciendo todo lo que tiene que hacer como un robot, sin emuná, sin anhelo, sin voluntad, sin alegría, sin entusiasmo, sin placer, eso duele tanto o más.

Pero lo que más duele es que el remedio está tan cerca y la solución es tan fácil, que sin ningún problema podrían acabar con todas las dificultades.

Al igual que el protagonista de nuestra historia, que al hacer una sesión de media hora de agradecimiento, se le abrieron todas las puertas, así también, todos los que están "estancados espiritualmente" si hacen el esfuerzo de empezar a dar las gracias por todo, y a vivir con emuná, no van a caer en la tristeza, y si ya cayeron, se volverán a poner de pie y recobrar ánimo, porque la gratitud es la respuesta a la tristeza, tal como hemos dicho, y si uno sirve a Hashem y avanza en su nivel de agradecimiento, sin lugar a dudas progresará, se elevará espiritualmente y prosperará.

Para aplicar esto a la práctica, me gustaría responder a la pregunta que seguramente muchos de los lectores se estarán haciendo.

¿Cómo se puede comparar a alguien que está triste porque no logra elevarse espiritualmente con alguien que está triste por asuntos materiales? Es que la gente no entiende que está prohibido estar triste incluso por motivos espirituales y... sí. Incluso los "problemas espirituales" hay que aceptarlos con emuná, tal como explicaré a continuación.

Cuando una persona sufre, esto proviene de Hashem, ¿verdad? Entonces ¿qué es lo que debe hacer? Tiene que aceptarlo con emuná. ¿Acaso hay alguna forma de sufrimiento que no provenga de Hashem? No. Cuando no te va bien en el ámbito espiritual, e incluso cuando caes en una transgresión, ¿sufres? La respuesta es: Sí, por supuesto. ¿Acaso este sufrimiento proviene de Hashem? Por supuesto... Entonces tienes que aceptar este sufrimiento con amor y dar las gracias.

Es importante recordar que no damos las gracias por los pecados, ni por las pasiones físicas, ni por los malos rasgos de carácter. Sí damos las gracias por el sufrimiento que uno tiene por haber transgredido. Sí damos las gracias por el sufrimiento que tenemos al no poder superar nuestra Mala Inclinación. Sí damos las gracias por el sufrimiento de no avanzar en los estudios.

Elegir la emuná

Hashem es quien hace que la persona retorne a Él y Él es quien nos acerca a Él y Él es quien nos enseña Torá, y Él es quien nos ayuda a superar la Mala Inclinación. Y si Él no nos ayudara, nunca podríamos superarla. Él es quien nos abre el corazón y Él es quien nos da emuná y buenos anhelos.

Y si de todos modos estás triste, es como si estuvieras dándole una patada al sufrimiento.

¿Y qué sucede cuando uno le da una patada al sufrimiento? Este se vuelve más grande.

Es por eso que la persona cae y no logra levantarse.

Es lo que le sucedió al protagonista de nuestra historia, que no entendía en qué se equivocó...

Cuando uno está triste por asuntos espirituales, eso es una falta de emuná total, igual que si se tratase de asuntos materiales y la gratitud lo puede salvar, igual que si fuese algo material.

Yo personalmente puedo dar testimonio de que hay muchas cosas por las cuales recé durante media hora todos los días durante mucho tiempo y a pesar de todo, casi no vi progresos.

Recién cuando empecé a darle las gracias a Hashem por el sufrimiento que tenía por la falta de progreso, ahí fue cuando se me abrieron nuevas puertas y sentí la ayuda de Hashem en forma palpable.

El error consiste es pensar que allí donde hay libertad de elección, no hay emuná. No es así. No hay teshuvá sin emuná. No hay retorno a Hashem sin emuná. No hay libre albedrío sin emuná.

También puedo dar testimonio de que cuando me acerqué a Hashem siendo joven tuve épocas de depresión muy grandes y sé lo venenosa que es la tristeza y sé que no me sirvió para acercarme a Hashem. Lo único que me acercó a Hashem fue la emuná simple.

Gracias a Dios, me arrepentí de haber estado triste y la verdad es que todo aquel que realmente quiera acercarse a Hashem y salvarse de caer en la melancolía, tiene que leer este libro y aplicar sus consejos en la vida cotidiana. Y si uno ya se alejó de Hashem, si quiere retornar, y recuperar el entusiasmo, conviene también que siga estos consejos.

Cada cosa a su momento

Por ejemplo, digamos que un muchacho de veinte años, que es un poco infantil y no tiene aún la capacidad de hacerse cargo del yugo de una familia, no obstante Le pide a Hashem que le envíe a su alma gemela. ¿Qué se decide en el Cielo en un caso así? Si le envían a su alma gemela, se va a acabar divorciando una semana más tarde. Pero como Hashem lo ama, no le envía a su alma gemela, y el muchacho sigue esperando. Mientras tanto, va creciendo y madurando. Y cuando está listo, entonces Hashem le envía a su alma gemela. Entonces yo pregunto: ¿acaso sus plegarias funcionaron o no funcionaron? La respuesta es que sí: que cumplieron su cometido de enviarle a su pareja en el momento adecuado, según Hashem sintió que era conveniente y no según lo que él entendía con su limitada lógica.

Lo mismo ocurre en el ámbito espiritual. Cada cosa a su momento. Y para alcanzar un nuevo espiritual hay que esperar a que llegue el momento indicado. Si no te dan desde Arriba algo que estás pidiendo, al parecer, no estás listo para recibirlo. Y si te lo dieran, solamente te haría daño.

¿Cuál es el único problema? Que tú no entiendes por qué no recibes lo que pediste y eso es solamente porque te falta emuná, porque no crees que Hashem te ame y quiera **darte lo mejor**, o sea, en el momento debido. Y Hashem sabe qué necesitas recibir y cuándo necesitas recibirlo.

Feliz con tu porción espiritual

Otro punto a tener en cuenta es que la emuná nos enseña que tenemos que estar felices con lo que nos tocó y realmente dar las gracias por lo que tenemos. Esto fue lo que Hashem decidió darnos y si no estamos satisfechos, estamos viviendo una total falta de emuná.

La gente comete el error de pensar que "estar feliz con su parte" se aplica únicamente al ámbito material. No es así. En el ámbito espiritual también hay emuná y Supervisión Divina. Cada uno tiene que estar contento con el nivel de emuná que tiene. Recién cuando uno acepta con emuná y está contento con su parte, lo ayudan desde el Cielo.

El que no está contento con su porción espiritual no puede adquirir Torá ni ningún nivel espiritual. Así de simple.

Estar contento con tu parte en lo espiritual no quiere decir que no tengas buenos anhelos.

No digas: "Cuando Hashem quiera, me va a acercar. No hace falta que rece, ni que quiera acercarme".

No digas así.

Hashem te va a acercar según tus deseos, porque "por el camino que la persona quiere transitar, por allí la llevan". Hashem te va a acercar a Él solamente si continúas deseándolo. Pero eso no significa que tengas que estar triste.

Alegrarte con tu parte quiere decir que, por ahora, hasta el momento en que recibas lo que quieres, vas a seguir anhelando y rezando con mucha alegría, sin caer en la tristeza y sin quejarte.

Y si realmente estás feliz con tu parte, vas a seguir queriendo y rezando. Y esa es la señal de que realmente quieres avanzar espiritualmente.

Un mensaje personal

Querido amigo:

En esta generación nos falta mucha emuná e incluso cuando una persona trata de acercarse a Hashem, lo hace confiando en su propio poder y por eso acaba cayendo.

Me gustaría explicarte cómo hacer para acercarte realmente a Hashem.

Con emuná.

El primer nivel de emuná consiste en estar contentos, porque la emuná es ver todo lo bueno que Hashem te da y todos tus buenos anhelos y sentir cuánto Hashem te ama y te acerca a Él.

Recién cuando alcances un genuino nivel de alegría por todo lo que tienes y estés todo el día contento, recién entonces podrás pensar cómo seguir avanzando.

Pero si no estás contento con tu nivel actual y no Le das las gracias a Hashem, quiere decir que no estás viviendo con emuná. Y entonces no vas a poder avanzar.

Ok. Digamos que ahora estás contento y quieres avanzar en tu estudio espiritual. Entonces lo primero que tienes que hacer es dar las gracias por cada una de tus carencias, porque si Hashem no te dio lo que estabas esperando, sin lugar a dudas es por tu propio bien. Acéptalo con amor y con alegría.

Da las gracias por tus carencias y por tus buenos anhelos y por el sufrimiento de no recibir lo que quieres. Da las gracias con un sentimiento de sumisión a Hashem. Trata de sentir realmente que no te mereces aún aquello que deseas y **pídele a Hashem que te dé un regalo gratuito**.

Si realmente quieres acercarte a Hashem, dile:

"Quiero, y no voy a dejar de querer. Si me lo das y si no me lo das, voy a seguir aferrándome a la emuná y dándote las gracias. Siempre voy a creer que me amas y me quieres ayudar. Sólo Tú sabes qué es lo mejor para mí y cuándo debo recibirlo".

Así es como pedimos un "regalo gratuito".

Pero si no estás satisfecho con tus carencias, y sigues queriendo que te den lo que no te han dado, y estás triste y decepcionado cuando no recibes lo que quieres, entonces tienes que rezar únicamente por esto, y sé consciente de que todavía no tienes emuná. Primero arrepiéntete por tu falta de emuná y retorna a la emuná y recién entonces podrás seguir avanzando.

Lo que quieres es acercarte a Hashem.

Para eso hay que aferrarse a la emuná y a la alegría y tener buenos anhelos y rezar todo el tiempo.

El hecho de aferrarte a la emuná cuando las cosas no salen como esperabas es la máxima expresión de cercanía a Hashem: cuando Lo sirves de la manera que Él considera apropiada.

Y viceversa: si estás triste cuando las cosas van mal, esa es la máxima expresión de alejamiento de Hashem.

CAPÍTULO DIECISÉIS

ILUMINAR EL MUNDO

En este capítulo vamos a presentar varias historias maravillosas de gratitud que nos muestran los prodigios que hace Hashem con las personas que Le dan las gracias por todo.

Una historia singular

Un día un alumno mío fue a distribuir libros y CDs por una ciudad de Israel. Tocó a la puerta de una familia y se puso a charlar con ellos. La madre le contó acerca de sus hijos, que hacía ya cinco años que se había casado y todavía no tenían hijos. La pobre pareja ya estaba casi desesperada.

Cuenta mi alumno:

Justo mientras hablábamos, llegó al departamento la pareja en cuestión y enseguida vi que estaban muy tristes. Sentí que Hashem nos estaba mirando desde Arriba. De hecho, yo conozco a esta familia, pero jamás había visto a este hijo. Y justo ahora que estábamos hablando de él, llega de visita con su esposa. Le pregunté por qué estaba tan triste y me contó que estaba casado hacía ya cinco años y todavía sin hijos. Les dije que si seguían así de tristes, no iban a poder tener hijos... Pero que si daban las gracias, iban a ser padres muy pronto. Charlé un buen rato con ellos acerca de la importancia de la gratitud y les transmití todas las enseñanzas que aprendemos en los libros, los folletos y los CDs y les dije que Hashem no les debía absolutamente nada. Que Hashem había decidido que, por el momento, eso era lo mejor para ellos. Y que tenían que aceptar la situación tal como era, aceptando el hecho de no tener hijos. Y así debían decirle a Hashem:

"Amo del Universo, gracias. Gracias por lo que tenemos y gracias por lo que nos vas a dar o no nos vas a dar. De un modo o de otro, estamos contentos. Gracias, Dios mío. Estamos felices con todo lo que decidas para nosotros".

Y les dejé "tarea para el hogar": les di el más grande regalo que uno puede recibir en este mundo – los libros de emuná y las Joyitas de emuná.

Al cabo de cuatro meses...

Al cabo de cuatro meses, volví a la misma casa. Al tocar a la puerta, no van a creerlo... Nuevamente encontré a aquella pareja y, al verme, el joven vino corriendo a abrazarme y me dio la gran noticia: que su esposa había quedado embarazada. Y esto fue lo que me dijo:

Desde el momento en que conversamos, empecé a ir a la sinagoga todos los Shabat y me acercaba al Arca donde están los rollos de Torá y allí Le daba las gracias durante diez minutos al Creador por el hecho de no tener hijos, tal como me enseñaste, y tal como leí en los libros, y a los dos meses, mi mujer quedó embarazada. ¡Es increíble el poder de la gratitud!

En mis años de difusión, me topé con muchas historias y muchos milagros, pero cada nueva historia me fortalece, porque me demuestra una vez más el tremendo poder de la gratitud y a mí me emocionó personalmente ver la fuerza que tiene la difusión de este material.

Yo no soy ningún "tzadik" pero sí difundo las enseñanzas que aprendo de los libros y los CDs, y Hashem me deja ver grandes milagros.

Esta pareja, no sólo que tuvo el mérito de tener hijos, sino que toda su vida cambió por completo: aprendieron emuná y retornaron a sus raíces y eso seguramente seguirá marcando su camino para ellos y para sus descendientes.

Si obtuviste la salvación que esperabas, cuéntaselo a tus amigos

Toda persona que comprende lo importante que es difundir la emuná a la mayor cantidad de gente posible deberá hacerlo, porque estará literalmente salvando vidas. Que cada persona en el mundo, tanto judía como gentil, aprenda a convocar en Tu Nombre, a dejar de quejarse y lamentarse, y a dar las gracias. ¡Al hacer tu parte, estás iluminando el mundo entero! Una sola persona no puede llegar a todos. Por eso es tan importante que cada uno difunda estos conocimientos vitales a las personas que lo rodean y de ese modo, la difusión de la emuná aumentará y se expandirá mucho más, difundiendo la luz al mundo entero.

Un regalo para Hashem

El verdadero tzadik hace todo lo posible por hacer feliz a Hashem, y para eso difunde la emuná a la mayor cantidad de gente posible. Cada hijo que está lejos del Padre es un motivo de pena para Él. Si yo realmente quiero alegrar a Hashem, entonces debo encargarme de que todos Sus hijos se conecten con Él, retornen a Él y Le traigan felicidad. Por eso, todas las personas que se dedican a la difusión de la emuná Lo hacen feliz más que cualquier otra profesión. Porque el objetivo final de este mundo es que todo el mundo sea rectificado, no solamente una persona aquí y otra persona allí. La difusión es la rectificación del mundo entero.

El "recaudador" de Hashem

Rabí Najman ilustra este concepto de manera muy clara.

Se cuenta de un millonario que era además una persona muy generosa, que les concedía préstamos millonarios a muchas personas. Parte de esas personas le devolvían el préstamo y también había personas que no se lo devolvían.

Entre estos últimos, había algunos que directamente se habían olvidado por completo del tema. Había también algunos que recordaban el tema del préstamo pero no tenían los medios para saldar la deuda y ni siquiera pidieron perdón. Uno de ellos le debía al millonario una suma de dinero muy grande que no estaba en condiciones de devolver, pero se sentía culpable de no haber saldado su deuda. Un día, juntó coraje y fue a ver al millonario y le dijo: "Señor X, muchísimas gracias por el préstamo que me concedió cuando yo estaba tan necesitado. Tengo muchos deseos de devolverle el préstamo, pero por el momento, no estoy en condiciones de hacerlo. ¿Qué puedo hacer? ¿De qué manera puedo devolverle el favor?".

El millonario le respondió: "Mira. Yo valoro muchísimo tu sinceridad y el hecho de que eres una persona responsable y sientes la necesidad de pagarme. Entonces te diré lo que vamos a hacer. Es algo que nos conviene a los dos. Yo presto millones de pesos. Tu deuda es una fracción mínima de la suma total. Pero la suma total de lo que todos me deben es una suma millonaria. Yo te voy a dar una lista de todas las personas que me deben dinero y tú vas a llamar cada día a un grupo de ellos para recordarles que me tienen que pagar. Y de ese modo, te indultaré y anularé tu deuda hacia mi persona. De ese modo, tú y yo salimos ganando".

La moraleja es que cada uno de nosotros Le debe muchísimo a Hashem y no tenemos los medios para arrepentirnos y corregir nuestras faltas. Entonces Hashem nos propone un trato: debido a que la deuda de todo el mundo hacia Él es inmensa, si cada uno de nosotros se encarga de que cada persona salde su deuda con Hashem, Hashem nos perdonará nuestra deuda para con Él.

Nunca te desesperes

Una segulá para anular todos los malos decretos, tal como enseña Rabí Israel de Salant, el fundador del movimiento ético del Musar, es ser **mezakei ha-rabim**, o sea, personas que confieran méritos al público. Y el Rabino ilustró este concepto por medio de una analogía:

En el ejército del rey había un soldado especializado al que el comandante enviaba a realizar acciones peligrosas. Un día, este soldado fue descubierto in fraganti robando. Y a pesar de que se trataba de un soldado muy importante, la ley es una y la misma para todos, y se lo juzgó y se lo condenó a la horca. La semana previa a la ejecución, el comandante del ejército se enteró de que había una amenaza muy grande al país y únicamente con la ayuda de aquel soldado podrían salvarse. Entonces el comandante fue a consultar al Rey, quien le explicó que, este caso, debían liberar al prisionero para poder salvar a todos los habitantes del reino. Y así fue como lo indultaron y se hizo cargo del ejército, y así se salvó de morir en la horca.

Explica el Rabí Israel de Salant: así como el rey necesita a ese soldado para salvar a todos los habitantes del reino, de la misma manera, cuando una persona se dedica a difundir la emuná y la Torá, es como si en el Cielo cambiaran su decreto, porque Hashem necesita a esa persona y por eso se rescinde su decreto de muerte.

Cuando uno tiene el mérito de difundir la emuná, eso es una rectificación de las faltas que pueda haber cometido, porque Hashem retribuye según el comportamiento de cada uno. Y así como aquel que reza por el prójimo, cuando él mismo necesita la misma salvación, es respondido primero, de la misma manera, el que le confiere a otra persona el mérito de cumplir con un precepto de la Torá o fortalecer su emuná, y él mismo tiene una carencia, desde el Cielo le confieren mérito y le perdonan sus faltas y lo rectifican y le suplen todas sus carencias y así es como obtiene la salvación que necesita.

Por eso, yo le recomiendo a la gente que viene a consultarme por todo tipo de problemas, que distribuyan los libros y los CDs, y hagan difusión de la emuná.

Por ejemplo, si un hombre no trata bien a su esposa, ese hombre debería estudiar el libro **En el jardín de la paz**, que es una guía matrimonial para hombres, y aplicar esas enseñanzas a la vida cotidiana. Y en los casos en los que la mujer no está dispuesta a seguir con él de ningún modo, yo recomiendo que el marido distribuya diez libros de **En el jardín de la paz**, para tener más méritos. Si puede distribuirlos uno mismo, excelente. Y si no, entonces que se comunique con centro de distribución, quienes ya se encargarán de distribuir los libros al público.

Y Hashem, en virtud de que este hombre difundió la paz en otros hogares, ciertamente le traerá paz al suyo propio. Cuando ayudas a otros a pagar sus deudas, Hashem te ayuda a ti a saldar las tuyas.

Hombro con hombro

Lo mismo ocurre con la gratitud. En nuestra generación, la falta más grande son las quejas y las lamentaciones y la más grande rectificación consiste, no sólo en dar las gracias, sino en arrancar las quejas y fortalecer a la gente para que den las gracias por todo Porque si bien tu gratitud es una gran virtud, es mucho más grande si también ayudas a los demás a que den las gracias por todo, porque entonces estarás atrayendo hacia ti montones de bendiciones y salvaciones.

Todos sabemos que no hay sufrimiento sin transgresiones, y la transgresión más grande son las quejas, porque esto ocasiona el más grande daño.

Por eso, cada uno de nosotros, si desea realmente solucionar sus problemas de raíz, o sea, corregir sus faltas, deberá difundir el tema de la gratitud y eliminar las quejas, no sólo de sí mismo, sino también de los demás. Y de ese modo alcanzará el perdón y la rectificación y se salvará de todo el sufrimiento.

Esta es una carta que me envió un hombre que vive en el sur de Israel:

Estimado Rabino Shalom Arush:

Hace muchos años que estoy casado y todavía no tenemos hijos. Estuve en la charla que dio usted en la ciudad de Netivot. Antes de que empezara la charla, hice una donación mensual a nombre de las instituciones Jut shel Jesed para difundir los libros y los CDs y me dieron de regalo el libro **En el jardín de la fe**. También compré el libro **Las puertas de la gratitud**. Al terminar la charla, me acerqué a usted y le conté que había hecho una donación mensual. Usted me bendijo y me prometió que máximo en un año iba a ser padre. Ahora quiero compartir con usted la gran noticia: a los pocos meses, mi esposa quedó embarazada y la fecha estimada para el nacimiento es justo un año a partir de aquella charla.

Mientras tanto, ya leí dos veces el libro **En el jardín de la fe** y una vez el libro **Las puertas de la gratitud** y ahora estoy leyendo **En el jardín de los milagros**. Es un gran mérito para mí darle las gracias al Creador por todo lo que hace conmigo a cada instante, y en segundo lugar, recibir su bendición, Rabino, y tercero, contribuir con mi cuota de difusión de la emuná al mundo entero.

Muchas gracias por su bendición y por haberme dado, a través de las charlas, la oportunidad de conocer la importancia de la gratitud.

Haz lo que no necesitas

Este testimonio nos demuestra el tremendo poder de la caridad para la difusión de la emuná, porque, como ya expliqué, la difusión es la más grande rectificación que existe, y en especial la difusión de la gratitud. La caridad trae salvaciones, pero la donación que hizo este hombre tiene un poder especial, porque se hizo socio de la campaña por erradicar las quejas y la ingratitud del mundo. Esta es la más grande salvación que existe.

Cada moneda que él donó sirve para que más y más personas den las gracias a Hashem y Lo alaben.

En el primer capítulo les conté la historia de la mujer estéril que fue a ver al rabino llorando porque no tenía hijos y a la que el Rabino le respondió que no Hashem no estaba obligado a darle hijos, pero que si ella hacía algo extraordinario por otros, Hashem haría algo extraordinario por ella – darle hijos.

En efecto, esa mujer empezó a dedicarse a hacer obras de bien, visitando pacientes de cáncer, Dios no lo permita, distribuyendo bebidas y golosinas, y así fue como Hashem le envió la salvación de manera sobrenatural.

Un médico especialista le había dicho que nunca iba a poder tener hijos, pero al final ella tuvo tres hijos sin realizar ningún tratamiento de fertilidad, gracias a que hizo algo extraordinario por los demás.

Esta mujer hizo algo extraordinario, y así fue como obtuvo una salvación sobrenatural. ¿Y qué fue lo que hizo? Repartir golosinas. Entonces la persona que reparte libros y folletos de emuná, está llevando a cabo algo muchísimo más extraordinario. ¡La difusión de la emuná es lo más grande que existe!

La más grande bondad

Uno puede repartir golosinas, o jalot para Shabat, o incluso dinero a los necesitados. Pero la persona que recibe todas estas cosas está en el mismo nivel espiritual que antes. Sin embargo, cuando uno reparte libros y folletos de emuná, está repartiendo conciencia espiritual, emuná y está beneficiando a esa persona y a toda su familia, y de hecho, al mundo entero, y al Creador Mismo, por así decirlo.

O sea que, si repartir golosinas es una acción que trae salvaciones sobrenaturales, la difusión de la emuná y la gratitud es infinitamente más importante. Porque en todo el mundo no hay nada más grandioso que la emuná y darle méritos a la gente. Esto es lo máximo que uno puede hacer en esta vida.

Más grande que la profecía

No por nada se enseña en los libros de Musar (ética judía) que la acción de dar méritos a la gente es más elevada incluso que la profecía. ¿De dónde aprendemos esto? Del Patriarca Abraham, quien estaba sentado en su tienda y Hashem se reveló ante él.

Si tú estuvieras frente al Mismísimo Creador y de repente alguien te viniera a hacer una pregunta o pedirte un favor, ¿qué harías? Sin duda, le responderías con tono muy amable: "Discúlpame, pero ahora estoy conversando con el Creador". Sin embargo, Abraham no hizo eso. Él vio a tres árabes y de inmediato Le dijo a Hashem: "Te pido perdón, Dios mío, pero estos árabes han llegado a mi vivienda, de modo que debo interrumpir nuestra reunión para ir a recibirlos y preparar una comida en honor a ellos". La verdad es que esto suena bastante ilógico. ¿Acaso los tres árabes eran más importantes que Hashem?

Pero justamente por eso Hashem lo eligió a él como Patriarca del Pueblo de Israel. No olvidemos que por aquella época, Abraham todavía no tenía hijos, pero eso no le impidió enseñarle emuná a otras personas.

Abraham estaba sentado en la entrada de su tienda: "Yo, Abraham, he tenido el mérito de ver a Hashem. ¡Qué deleite espiritual! Pero ¿acaso para esto Hashem creó el mundo? ¿Para que yo esté sentado en mi tienda sabiendo que Hashem existe? ¡Imposible! Hashem creó el mundo para que todos sus habitantes Lo conozcan. He aquí justamente tres personas que no saben de Su existencia y aún practican la idolatría. Esta es mi oportunidad de transmitirles mis conocimientos". Y así fue corriendo a darles la bienvenida y se afanó por prepararles una suntuosa comida. Abraham hizo todo esto para poder enseñarles después acerca de la existencia de Hashem y decirles que no le dieran las gracias a él, ya que todo Le pertenece a Hashem. Si querían dar las gracias, que Le dieran las gracias a Él.

De aquí aprendemos que enseñarle a otra persona a darle las gracias a Hashem tiene un mayor nivel espiritual que la profecía.

Sufrimiento de muchos años

En uno de los libros sagrados se cuenta la siguiente historia, también referente al Patriarca Abraham:

Cuando los pastores de Abraham se pelearon con los pastores de Lot, Abraham y Lot se reunieron y decidieron separarse: Lot se trasladaría a Sodoma, que era una tierra fértil, y Abraham permanecería en la montaña. Inmediatamente después dice que "Hashem le dijo a Abraham después de que Lot se separó de él" – esto nos indica que Abraham recibió una profecía. Y Rashi explica por qué dice específicamente "después de que Lot se separó de él": para enseñarnos que mientras el malvado Lot estuvo junto a Abraham, la profecía no le llegó a Abraham. Todo ese largo tiempo, Abraham no tuvo profecía, no porque no fuera digno de recibirla, sino porque estaba en compañía de un hombre malvado. ¿Acaso Abraham no sabía eso? Por supuesto que lo sabía. Entonces ¿por qué no se separó de él mucho antes? Los comentaristas explican que Abraham estaba dispuesto a pasar un largo tiempo sin profecía para poder ayudar a Lot y ayudarlo a retornar a Hashem. Porque darles méritos a los demás es algo tan importante que vale la pena renunciar a la profecía incluso durante varios meses o años.

Esto nos enseña otro principio más en el servicio Divino, porque al final Abraham sí decidió separarse de Lot. La respuesta es que, en el momento en que Abraham se dio cuenta de que Lot favorecía las controversias, ya no pudo soportar estar a su lado, ya que no hay nada más odioso que las controversias.

Los tzadikim están dispuestos a soportar muchas cosas, y sacrificar incluso su poder profético para acercar a otra persona más al Creador, pero hasta un límite.

La primera difusión del mundo

De esto aprendemos hasta qué punto darles méritos a los demás es importante en el servicio Divino y en la misión que tiene el Pueblo de Israel en el mundo.

Y por eso Abraham es el primero en ser llamado Ab (padre), porque fue el primer modelo del Pueblo Judío.

Él nos enseña que la primera difusión que hubo en el mundo fue la difusión de la gratitud. Y el primer hombre que hizo difusión fue Noé (Noaj), quien durante ciento veinte años construyó el Arca para que sus congéneres le preguntaran qué estaba haciendo. Él les respondía que, debido al mal comportamiento de todos ellos, Hashem quería traer un Diluvio al mundo. Aquella campaña de difusión no consiguió ni un solo adepto y así fue como toda aquella generación fue destruida y no quedó nadie excepto Noé y su familia.

Abraham llevó a cabo una campaña de difusión completamente distinta y dicha campaña protegió a todo el mundo y fue el motivo por el cual Hashem lo eligió a él para que fuera el Patriarca del Pueblo de Israel. ¿Y qué fue lo que difundió Abraham? Gratitud.

Todos conocemos las historias de cómo Abraham hablaba con sus congéneres, que eran todos idólatras, y les daba de comer y de beber y así ellos sentían una enorme gratitud y le daban las gracias a todo corazón y entonces él les decía: "¿Por qué me dan las gracias a mí? Todo esto no es mío. Todo Le pertenece a Hashem. Denle las gracias a Él". Y así les enseñaba a dar las gracias por la comida, por la bebida, por la vida y por el aire que respiraban.

Aquella campaña de difusión tuvo muchísimos adeptos, porque cuando le muestras a otra persona cuánto Hashem la ama, la estás acercando a Él. De esa misma manera, Abraham acercó a miles y miles de personas al Creador, tal como explica Maimónides.

El pilar del mundo

Maimónides describe el mundo de la época del Patriarca Abraham como un mundo de personas sumidas en la idolatría, excepto algunos individuos que conservaban la tradición que habían recibido de Adán. Y así fue hasta que llegó Abraham. Y como dice Maimónides: "Abraham empezó a pararse y gritar a viva voz a todo el mundo que había un único Creador del mundo y que todos debían servirlo a Él. Y así iba pregonando y reunía adeptos de una ciudad a otra y de un reino a otro, hasta que llegó a la Tierra de Canaán. Y la gente le hacía preguntas y él les respondía hasta que finalmente ellos se acercaban al camino de la verdad y así se le unieron millares de personas, y Abraham infundió en sus corazones el monoteísmo y escribió varios libros y le transmitió sus enseñanzas a su hijo Itzjak".

¿Y de dónde aprendemos que Abraham difundió la gratitud? Estas son las palabras del Midrash:

"El que siembra conocimientos, cosecha verdad". Este es Abraham, quien sembró conocimientos y daba de comer a los transeúntes, tal como está escrito: "Y plantó una tienda en Beersheva y allí invocó el Nombre de Hashem, el Dios del universo". Este es el versículo a partir del cual Maimónides deduce que Abraham les enseñó a todos los habitantes del mundo a creer en Hashem. Y el Midrash comenta de qué manera logró esto: "Después de darles de comer y beber, ellos lo bendecían y él les decía: '¿A mí me bendicen? ¡Bendigan al Dueño de Casa,

Quien les da de comer y beber a todas Sus criaturas y les da espíritu de vida, y ellos le respondían: '¿Dónde está Él?' y él les decía: 'Él es el Dueño del Cielo y de la Tierra, y Él hace morir y hace vivir, Él aplasta y él cura, Él crea al bebé dentro del vientre de la madre, y lo hace salir al mundo, Él hace crecer las plantas y los árboles, y lleva al hombre a la tumba'. Al escuchar esto, ellos preguntaban: '¿Y cómo hemos de bendecirlo y retribuirle la bondad?'. Él les respondía: 'Digan así: Bendito es Hashem, el Bendito por siempre y por toda la eternidad, Bendito es Él, Quien da pan y comida a cada criatura'. Y así les enseñaba las bendiciones y les transmitía sus conocimientos. Y está escrito: "Y las almas que hizo e Jarán". Hashem le dijo: "¿Tú sembraste el conocimiento y Me diste a conocer en el mundo? Has de recibir tu recompensa, tal como está escrito: 'Tu recompensa es muy grande'".

Dar de verdad

Existe una íntima conexión entre la gratitud y la tzedaká (caridad, conocimientos), tal como dice el Midrash, "que Abraham les enseñó bendiciones y conocimientos", porque la tzedaká (caridad) fue la herramienta a través de la cual Abraham para transmitir conciencia espiritual y emuná al mundo. Porque la tzedaká (caridad) es generosidad y no hay nada más verdadero para darle a la otra persona que la conciencia espiritual. ¿Acaso dar comida y dar bebida es una muestra de generosidad? Si no le diste a la otra persona conciencia espiritual, es como si no le hubieras dado nada.

Abraham fue un hombre de benevolencia, de verdadera generosidad. Todo el que salía de su tienda salía satisfecho, no sólo en el sentido físico de la palabra, sino también lleno de conciencia espiritual y de emuná, porque había aprendido a darle las gracias al Creador.

Todas las acciones de bien que hizo Abraham tenían un solo objetivo: difundir el Nombre de Hashem en el mundo entero.

Que todos los habitantes del mundo conocieran a Hashem y Le dieran las gracias por Su bondad.

Y esto nos recuerda lo que aprendimos más arriba: que no hay forma más grande de mérito que difundir la emuná. Y además la recompensa por la difusión de la emuná es la más grande que existe, tal como dice el Midrash: "Tu recompensa es muy grande".

Alguien me preguntó si podía rezar para ser millonario. Le pregunté para qué quería ser millonario. Y me dijo que quería hacer actos de bien y dar dinero de caridad para ayudar a los demás. Le dije que para ayudar a los demás no hacía falta ser millonario, que él podía hacer bondad con los demás más que todos los millonarios. Muy sorprendido, él me preguntó: "¿Cómo voy a hacer más actos de bien que los millonarios?". Le dije que invirtiera 20 ó 50 dólares para comprar Joyitas de Emuná o CDs de emuná o varios ejemplares de **En el jardín de los milagros** y que los vendiera y que con la diferencia comprara más y así siguiera difundiendo las enseñanzas. Y de ese modo iba a lograr algo que ni siquiera el más grande millonario podía lograr: porque él iba a darle a la gente conciencia espiritual, que es lo más importante en la vida de la persona.

Aspirar a ser millonario es un anhelo que nos demuestra que esta persona todavía no entendió cuál es su objetivo en la vida. Pero cuando uno entiende que el objetivo principal es alcanzar la emuná completa, y conectarse a Hashem, uno se da cuenta de que también tiene que posibilitárselo a los otros.

¿La abundancia material es algo bueno o malo?

Incluso cuando damos comida o dinero a los pobres, o recibimos a huéspedes en nuestro hogar, o hacemos cualquier otra forma de benevolencia, lo hacemos para glorificar el Nombre de Hashem en el mundo y difundir más y más conciencia espiritual, tal como hacía Abraham.

Si uno no hace benevolencia con el objetivo de difundir conciencia espiritual, tal vez sus actos de bondad no sean realmente una bondad. A veces podemos darle a una persona abundancia material y de esa manera alejarlo de Hashem, o sea que no hiciste una buena acción.

Uno puede ser millonario y olvidarse de Hashem. En ese caso, su fortuna es algo malo.

Rebe Najman no era empecinado en absoluto, excepto en servir a Hashem. Con todo lo demás, fluía con la fluidez de un río y con gran optimismo.

Un día, mientras iba de viaje con Jaikel, uno de sus discípulos, llegaron a las afueras de un pueblito rumbo a una ciudad más grande. Entonces Jaikel le preguntó al Rebe: "¿Qué le parece si damos una vuelta rápidamente por el pueblito? Allí vive un familiar mío muy pobre al que quisiera saludar".

Rabi Najman asentió con la cabeza, pero no dijo nada.

Jaikel le dio instrucciones al carretero y así fue como llegaron a una choza dilapidada al borde del pueblito. La choza era la imagen misma de la pobreza. El hombre tenía el rostro negro como el carbón, la mujer vestida con harapos y los niños descalzos.

Jaikel le suplicó al Rebe: "¡Por amor a Dios, Rebe, por favor, bendiga a mi primo!".

Esta vez, el Rebe hizo un gesto en señal de negación. "No tengo ninguna bendición para tu primo. Yo no soy un Rebe 'que da sustento'".

Jaikel se quedó duro. Sabía perfectamente cuánto amaba el Rebe a cada ser humano. ¿Cómo era posible que no tuviera compasión por esta pobre familia? Jaikel no podía creerlo, pero no dijo nada. "Rebe, ¿le importa si yo los bendigo?", preguntó Jaikel. Muchos de los discípulos de Rabi Najman, incluido Jaikel, eran sabios de Torá por derecho propio y su palabra también tenía peso Arriba...

Rabí Najman asintió. "Ve y bendícelo, si así lo deseas".

Jaikel dio un saltó del carro y tomó una botella de agua. Enseguida fue corriendo a la choza y salpicó agua en las cuatro esquinas de la "residencia". "Abundancia al norte", exclamó y sacudió agua hacia el norte. "Abundancia al sur", y sacudió agua hacia el sur. "Abundancia al este", y sacudió agua hacia el este. "Abundancia al oeste" y sacudió agua hacia el oeste. Y entonces se subió al carro y partieron.

Pasaron varios años. La bendición de Jaikel aparentemente hizo milagros, ya que la vida de su primo cambió drásticamente. Al principio obtuvo unas cuantas monedas y entonces con esas monedas compró y vendió agujas, botones y demás mercancías. Y todo lo que tocaba literalmente se transformaba en oro, hasta que finalmente se transformó en un acaudalado hombre de negocios. Su esposa era ahora una "lady" que vivía en una lujosa mansión y sus hijos iban vestidos como pequeños nobles.

Una mañana, Rabí Najman estaba parado en su sala, disfrutando del aire matutino de Ucrania. De repente pasó por allí un hombre muy rico y bastante apurado. "¡Eh, espere, deténgase un momento!", lo llamó el Rebe.

Molesto e impaciente, el millonario se detuvo un instante.

"¿Acaso ni siquiera tiene tiempo para mirar el color del cielo?", le preguntó Rabí Najman.

Sin responder, el hombre continuó caminando. No tenía tiempo que desperdiciar. No tenía tiempo ni siquiera para ir a la sinagoga ni para ponerse tefilín...

Según la tradición Breslev, Rabí Najman sabía que el alma de este joven hombre tenía que ser pobre, pero por lo menos era un judío íntegro. Es por eso que el Rebe no quiso bendecirlo, porque sabía que eso sería para él perjudicial.

La pregunta que le hizo Rabí Najman es una metáfora. El color del cielo es el color del Trono Celestial y el que mira el color del cielo se acuerda entonces de Hashem. Lo que el Rebe en realidad le estaba diciendo era: "¿Acaso no tienes tiempo ni siquiera para pensar en Hashem?".

Antes de volverse millonario, este hombre era un hombre piadoso que rezaba por cada cosa y por cada cosa daba las gracias. Y ahora ni siquiera tenía tiempo para mirar al Cielo. ¿Acaso esto es un premio? No. Esto es un castigo.

Yo conozco a un hombre que tenía mucha emuná y hacía plegaria personal todos los días sin falta y largas sesiones de hitbodedut. En una ocasión, necesitaba una gran suma de dinero y alguien millonario lo contrató para que trabajara en su empresa y este hombre efectivamente "se acomodó", pero desde el punto de vista espiritual, sufrió una gran caída; dejó de hacer plegaria personal y apenas si reza, por no decir nada del estudio de la Torá...

Hablando con el millonario que lo contrató, este me contó que había cometido un error al contratarlo. Yo le dije que le había hecho un favor, pero él insistió en que de hecho no lo había ayudado. Sí le había hecho un favor en el sentido material, pero le destruyó su vida espiritual. Ahora el pobre ni siquiera reza...

Un dólar para dar vida

Siempre debemos recordar cuál es el objetivo final en este mundo y cuál es la verdadera bondad. Uno puede darle a un pobre un millón de dólares para sacarlo de su predicamento, pero si el pobre va y se suicida, entonces uno no le hizo ningún favor.

Pero si uno le da a ese pobre un **CD de emuná**, o una **Joyita de Emuná**, le está dando conciencia espiritual, y entonces ya no va a necesitar regalos materiales, porque tiene a Hashem a su lado y está contento y da las gracias por cada cosa.

Si necesita un millón de dólares, Hashem se los va a dar, porque ahora tiene emuná y está conectado a Él. Vive la realidad de Hashem. Y Él hace lo mejor por esa persona. Y entonces no le falta nada, porque tiene emuná y el que tiene emuná no sufre ninguna carencia. El que realmente sufre una carencia es aquel que no posee conciencia espiritual.

Por eso, si realmente quieres ayudar a los demás, puedes contribuir para la difusión del material de emuná.

Hoy es más fácil que nunca

No olviden que hoy en día hay material listo para distribuir -folletos, CDs, libros, videos— así que incluso si no tienes conocimientos, puedes ayudar a los demás por este medio.

La gente está sedienta de emuná. Hashem nos hizo bajar la luz de la Redención – de nosotros depende llevársela a los demás.

Rabí Israel Meir HaKohen de Radin (el Jafetz Jaim) escribe en el libro Shem Olam: "El que da méritos a los demás merece hijos eruditos de la Torá". Y esto es lógico: al preocuparte por los hijos de Hashem, Él se preocupa por los tuyos. En este mundo no hay equivocaciones. Esta es la promesa más grande que existe. No hay en el mundo más felicidad ni más satisfacción que tener hijos buenos que van por el camino de la Torá: esa es la más grande recompensa tanto en este mundo como en el Mundo Venidero.

La mejor póliza de seguro

Además, uno está "asegurado" contra transgresiones, porque todo el que da méritos a los demás no peca. Esta es una promesa de la Mishná y Rashi explica que Hashem aparta el pecado de esa persona y evita que la transgresión la haga tropezar y entonces se salva de todo el sufrimiento. Al no haber transgresiones, no hay sufrimientos. Además, sus bendiciones se cumplen.

Ya hemos dicho que la difusión de la emuná es la más grande forma de expiar los pecados y esto es lo que dice el Or HaJaim HaKadosh en su libro:

"Hay que ordenar a los hombres de valor a tratar de acercar a las demás personas al servicio Divino y esto se considera una ofrenda para Hashem... Y Hashem lo considera algo de enorme importancia y querrá retribuirles el favor".

Cuando uno se sacrifica en aras de la difusión de la emuná, su esfuerzo no es en vano, porque está haciendo aquello que Hashem más valora: está acercando a los demás miembros del Pueblo de Israel y del mundo entero y al mismo tiempo se está beneficiando a sí mismo y a su familia.

La mitzvá que eleva a todas las demás

En el libro Jovot HaLevavot – Los Deberes del Corazón, sección "Ahavat Hashem – El amor de Dios", está escrito que el mérito de rectificarse a uno mismo no puede siquiera compararse al mérito de rectificar a los demás. Y esto es lo que dice textualmente:

"Aquel que únicamente rectifica su propia alma, tiene pocos méritos. Pero aquél que se rectifica a sí mismo y también rectifica a los demás sus méritos se multiplicarán por la cantidad de almas que rectifique, tal como enseñan nuestros Sabios: "Todo aquel que les da méritos a los demás no peca" y "Moshé les dio mérito a las masas y el mérito de las masas depende de él.

Y el libro Los Deberes del Corazón explica un concepto muy importante:

Por más que la persona haga buenas acciones para sí mismo, eso no es suficiente para recibir recompensa. Todo lo que la persona hace en su servicio Divino, ya sea Torá, o mitzvot, o fortaleciendo su emuná, o trabajando sobre su carácter, es solamente la base de su servicio Divino. Ese es su deber. **Pero no es suficiente.** Hace falta que cumpla dos condiciones más para que sea merecedor de una recompensa en el Mundo Venidero:

1. que les enseñe a los demás el servicio Divino y a hacer buenas acciones. Recién cuando el mérito de su esfuerzo por ser una buena persona y estudiar Torá y cumplir las mitzvot y tener emuná y mejorar su carácter, este mérito se une al mérito de enseñarles a los demás y entonces uno se merece recompensa en el Mundo Venidero.

2. la bondad de Hashem, tal como está escrito: "De Ti, Hashem, es la benevolencia, pues Tú recompensas a la persona en conformidad con sus actos".

Gigante entre gigantes

Los amoraítas eran gigantes espirituales de un nivel que resulta imposible describir con palabras. El Gaón de Vilna solía decir acerca de cada amoraíta que aparece mencionado en la Guemará que "poseía el poder de resucitar a los muertos". Por ejemplo, se cuenta acerca de Rabí Jiá —que fue uno de los más grandes amoraítas, hasta tal punto que en el Cielo dijeron de él que él y sus hijos eran como Abraham, Itzjak y Yaakov— que uno de los tzadikim tuvo el mérito de ver al Profeta Elías (Eliahu HaNaví) llevando a los tzadikim en el Jardín del Edén. Y en esta visión, el Profeta Elías le advirtió a este tzadik podía mirar a todos los tzadikim excepto a Rabí Jiá, porque él era un tzadik tan grande con tanta luz, que no todos son dignos de mirarlo.

¿De qué modo alcanzó Rabí Jiá semejante grandeza?

La Guemará cuenta el enorme esfuerzo que hizo Rabí Jiá para que la Torá no fuese olvidada de Israel. Él sembraba lino y lo cultivaba y lo cosechaba y preparaba hilos con los que hacía redes y cazaba ciervos y los sacrificaba y repartía la carne de ciervo a los pobres y el cuero de los ciervos lo utilizaba para escribir rollos de Torá y con esos libros iba a las ciudades y enseñaba a cinco niños: un rollo de Torá para cada niño. Y a seis niños les enseñaba las Seis Sidrei Mishná, hasta que las sabían de memoria, y se enseñaban los unos a los otros toda la Torá y la Mishná. Y entonces él se trasladaba a otra ciudad para enseñarles a otros niños. Y así se difundió la Torá en Israel, por su mérito. Vemos entonces cuánto esfuerzo hacía para escribir la Torá: horas y horas de trabajo.

Y en nuestra generación, si bien es una generación de muy bajo nivel espiritual, las palabras de Torá están a disposición de cada persona y por unas cuantas monedas, cualquiera puede comprar libros, folletos y CDs y repartir a la gente y acercar a los demás a Hashem, sin dificultad.

Te acompaña un Poder Inmenso

Hoy en día la gente está esperando que alguien les ofrezca "probar" el judaísmo. Recuerdo cómo era hace cuarenta y cinco años, cuando la tendencia de retornar a las raíces judías no era algo tan difundido. Únicamente unos pocos tuvieron el mérito de retornar en aquella época y el ambiente generalizado era antirreligioso. La gente no estaba dispuesta a aceptar las enseñanzas. Pero Hashem prometió que la Torá no sería olvidada de nuestros descendientes y Él hizo bajar al mundo una luz inmensa de teshuvá, o sea, de retorno a Hashem. Y por eso hoy es más fácil que nunca retornar a Él. Él está esperando que Sus hijos retornen a Él y cuando uno se dedica a acercar a los demás, Hashem, los tzadikim y las plegarias de todos los tzadikim y de todas las generaciones de Israel lo acompañan. Uno no va solo, sino que va con toda esta fuerza acumulada. Y así cada uno puede realizar esta gran obra de acercar a los demás a Hashem.

No hace falta ir muy lejos. Cada uno puede empezar por su propia familia, sus compañeros de trabajo, sus vecinos, sus amigos, etc.

Conviene primero leer el libro o el folleto que uno va a distribuir, o escuchar el CD, y ver qué efecto le produce y entonces le va a resultar más fácil transmitirlo a otras personas y garantizarles que esto les va a cambiar la vida.

Cuando uno cree en lo que vende, la gente lo compra y se convence, porque siente que le están diciendo la verdad y las palabras que salen del corazón llegan al corazón.

Historias de vida

Y ya que tocamos este tema que me llega tan de cerca, me gustaría añadir algunas palabras.

Y, para empezar, les voy a traer la historia de una doble salvación. Algo increíble que nos demuestra hasta qué punto la difusión es algo que está al alcance de todos.

Muchas veces vienen a mis charlas personas que quieren contar su historia personal frente al público. Lo hacen para dar a conocer los milagros que Hashem les hizo y en señal de agradecimiento. Pero el beneficio adicional es que estas historias son una gran inspiración para todos los presentes, porque si bien todos ellos conocen las enseñanzas y las aplican a diario, y conocen su tremendo poder, y ya vieron milagros, no obstante, cada vez que alguien relata una nueva historia, eso les ofrece nueva inspiración y les da fuerzas para seguir adelante con la campaña de difusión.

Cada Shabat, después del rezo de Shajarit, damos una clase en la yeshivá. Una vez llegó a la clase un investigador de la policía para dar las gracias y contar su historia personal en público:

El investigador contó que un día empezó a tener terribles dolores en el cuerpo. Entonces fue a la clínica a hacerse análisis y lo derivaron al hospital. Allí le dijeron que sufría de cáncer, Dios no lo permita. Pero Hashem le tuvo compasión y le envió los libros de emuná. Él empezó a dar las gracias a Hashem con total inocencia. No dio las gracias solamente de la boca para afuera, sino con todo su corazón. Y también empezó a hablar con Hashem todos los días, usando sus propias palabras: "Gracias, Hashem, por haberme dado este regalo. Es lo mejor para mí. Tú eres mi Padre y yo soy Tu hijo. Y todo lo que haces conmigo es motivado por Tu amor hacia mí".

Y entonces empezó a ver los milagros. Su estado mejoró y le dieron el alta del hospital. Pero la enfermedad seguía oculta dentro del cuerpo y los médicos se debatían con respecto a la clase de tratamiento a que convenía someterlo.

Él continuó dando las gracias y realmente empezó a tomar conciencia de todas las cosas buenas que tenía en la vida; un montón de cosas a las que hasta ese momento no les había prestado atención. Y así empezó a retornar a Hashem y Le pidió perdón a Hashem por no haberle agradecido hasta ese momento.

Pasó un tiempo y entonces regresó al hospital para continuar con el tratamiento. Y cuando llegó, le realizaron nuevamente exámenes para ver en qué estado se encontraba. Los exámenes revelaron que el paciente estaba sano. Los médicos estaban atónitos y lo sometieron a más exámenes, pero estos también salieron bien y entonces los médicos no sabían cómo explicar este fenómeno y llegaron a la conclusión de que aparentemente había habido un error: tal vez se intercambiaron las etiquetas de los exámenes.

Los médicos le pidieron perdón al paciente por el supuesto "error", pero él sabía perfectamente lo que había ocurrido: al dar las gracias, se había curado.

Pero como es el caso de todas las historias con final feliz, la historia no termina acá, porque un agradecimiento trae aparejado otro agradecimiento y una salvación trae aparejada otra salvación.

Y el investigador continúa relatando:

Un día llegó a su oficina un hombre religioso que era sospechoso de haber cometido graves infracciones y querían presentar cargos contra él y condenarlo a veinte años en la cárcel. Durante las investigaciones, el investigador le dijo que tenía que empezar a dar las gracias a Hashem por el hecho de que iba a ir a la cárcel veinte años. El hombre no entendía de qué le estaba hablando. ¿Dónde se ha visto que un investigador de la policía hable de darle las gracias a Hashem? ¿Acaso se estaba burlando de él o se trataba de un nuevo método de guerra psicológica? ¿Y cuál es la lógica de darle las gracias a Hashem por pasar veinte años en la cárcel?

El hombre estaba totalmente confundido. Solamente atinó a preguntar: "¿Dar las gracias?". Y entonces el investigador le preguntó: "¿Usted es una persona creyente? ¿Usted cree en Hashem?". Y el hombre respondió: "Sí, por supuesto que creo en Hashem", pero no entendía qué tenía que ver una cosa con la otra. Y el investigador lo sorprendió mucho cuando le dijo: "Al parecer, a usted le falta una buena dosis de emuná...". El hombre se quedó boquiabierto sin poder entender y se puso a pensar: "¿Qué es esto que está pasando aquí? ¿Dónde se ha visto que un investigador enseñe emuná?".

Pero el investigador insistió y empezó a darle una clase de emuná, explicándole que no existe el mal en el mundo y que todo está en manos del Creador, y no en manos de la policía o de los jueces.

Y que Hashem es siempre Bueno y el mal no existe.

Y que cuando la persona empieza a dar las gracias con toda inocencia por las cosas que no entiende de qué manera son buenas, de hecho, está anulando los malos decretos y todo se vuelve para bien.

¡El solo hecho de que un investigador de la policía se transforme en un maestro de emuná es en sí un milagro más grande que una casa!

Esta situación surrealista logró su cometido y el acusado empezó a darle las gracias a Hashem todos los días por cada cosa y también por esto. Y a pesar de que estaba a punto de entrar a la cárcel, y ya le habían preparado una celda, fue declarado totalmente i-no-cen-te.

Tú también puedes

Esta historia verídica nos enseña que cuando hablamos con amigos y conocidos en la calle o en el autobús, siempre conviene decir algunas palabras de emuná y de gratitud. Uno nunca sabe qué situaciones está enfrentando la persona que tiene enfrente. Y con unas pocas palabras uno puede cambiarle la vida por completo y atraer hacia sí un sinfín de bendiciones. E incluso si uno no se destaca por su capacidad oratoria, ni por su erudición, igualmente puede hablar con simplicidad del poder de la emuná y quién sabe qué salvaciones está obrando en la vida de esa otra persona.

Basta con tener siempre en el bolso un par de libros o un par de CDs listos para distribuir, ya que nunca se sabe con quién se va a encontrar. No hace falta invertir mucho dinero o un esfuerzo que esté más allá de tus posibilidades para formar parte de la campaña de difusión. Incluso si una sola de los cientos de personas con las que hablas tiene el mérito de retornar a Hashem y vivir con emuná, entonces tu recompensa será infinita.

Abre la boca y el corazón

Esta historia también nos enseña que incluso si no llevas contigo un libro o un CD, siempre puedes recurrir a la palabra y usando solamente tu boca y tu corazón, puedes ejercer una gran influencia en la vida de los demás. Las palabras de emuná y de gratitud poseen un valor inmenso y uno puede literalmente darle vuelta la vida a otra persona. Esta historia nos demuestra el poder de la gratitud de parte de una persona que no hubiéramos pensado que era capaz de hablar de forma semejante.

Un rabino de Breslev que da clases de Torá y publica libros cuenta esta historia que le ocurrió a él mismo:

Hace poco tiempo viajé a la tumba de Rabí Najman de Breslev en Uman a rezar. Pero cuando llegué a Uman me di cuenta de que tenía un problema con el boleto de avión de vuelta y a pesar de que traté de solucionar el problema, no lo logré y no sabía qué hacer. Sin otra opción, me dirigí al aeropuerto, pero nadie me pudo ayudar y entonces allí vi un grupo de mujeres que también volvían de Uman, que también tenían problemas con los boletos. Pensé que, tratándose de un grupo de gente tan numeroso, les iban a solucionar el problema de inmediato, así que me senté a esperar a ver qué pasaba, a ver si solucionaban mi problema también.

Al rato me di cuenta de que el problema que tenían ya había sido solucionado. Yo les pregunté cómo habían hecho y me respondieron simplemente: "Le dimos las gracias a Hashem y todo se arregló".

Yo pensé para mí mismo: "A mí me llaman Rabino, pero en el momento en que se me presentó este inconveniente, no supe qué hacer, mientras este grupo de mujeres hizo lo más lógico y lo más simple: dar las gracias al Creador".

Así que yo también empecé a dar las gracias y al rato mi problema ya había sido dejado atrás, cuando me dieron un boleto alternativo por otra aerolínea. Vi con mis propios ojos cómo la gratitud me salvó en cuestión de minutos...

Ante Quién estás parado

Uno nunca sabe a quién tiene enfrente. Y tampoco sabe cuánto puede aprender de cada persona. En esta generación, no podemos "etiquetar" a nadie por la ropa que lleva puesta. Uno puede ser muy "religioso" y cumplir todos los preceptos, pero al mismo tiempo carecer de emuná y vivir toda su vida sin darle las gracias a Hashem, triste y amargado. Por el contrario, hay personas cuyo aspecto físico nos daría pensar que están muy lejos de la emuná pero en realidad uno empieza a conversar con ellos y se da cuenta de que tienen una gran emuná en Hashem y no dejan de darle las gracias.

Sé buen comerciante

La regla general es que en esta vida hay que saber ser comerciante. Pero no comerciante de mercancías materiales sino de emuná.

Lo primero que se le pregunta a la persona cuando llega al Tribunal Divino es: "¿Acaso negociaste con emuná?". El significado simple de esta pregunta es si cada negocio material que uno hizo lo hizo con emuná, o sea, con honradez y con integridad, sin mentir y sin engañar a nadie, pero esta frase también se puede interpretar en el sentido de que uno negoció en este mundo dando y recibiendo emuná: "¿Acaso a cada persona con la que te cruzaste en este mundo trataste de venderle emuná?". Tenemos que aprender a ser buenos comerciantes, o sea, comerciantes que siempre buscan más oportunidades.

Compra emuná de cada persona, sin importar qué aspecto tenga, tal como dice la Mishná: "¿Quién es sabio? El que aprende de cada persona". Pero el que solamente compra y no vende, no es buen comerciante. El buen comerciante también sabe vender emuná. El buen comerciante sabe venderle a cada uno según lo que necesite y sabe ensalzar la mercadería que está vendiendo y hablar con entusiasmo y además cree en el producto que está vendiendo. Por lo tanto, el buen comerciante de emuná, que toda su vida busca comprar emuná, también busca todas las oportunidades para vender emuná. Esto es lo que se llama un buen comerciante.

Una parte inseparable de la gratitud

En lo referente a la gratitud, debemos recordar que la halajá (la ley judía) establece que además de la obligación de dar las gracias, existe la obligación de dar a publicidad el milagro, lo que se llama "pirsumei nisa", igual que en la festividad de Jánuca, que es la festividad de la gratitud. Es un gran precepto recitar el Halel completo todos los días de Jánuca, pero el precepto más conocido y además el más importante de esta festividad es el encendido de las velas, cuyo objetivo principal es dar a conocer el milagro. O sea que no basta con meramente dar las gracias, sino que hay que difundir la gratitud.

Es sabido que cuando una persona se salva de un peligro, acostumbra organizar una comida llamada "seudat hodaiá", que significa "comida de agradecimiento", durante la cual el anfitrión les cuenta a los invitados el milagro que le hizo Hashem. Otra costumbre difundida es recitar la plegaria Nishmat Kol Jai – El Alma de Todo Ser Vivo junto a un quórum de diez hombres. También se suele recitar la bendición Birkat HaGomel, que es una expresión de agradecimiento por haberse salvado de un peligro y que debe recitar junto a un quórum de diez hombres y, si es posible, en presencia de más personas, tal como está escrito: "Y Lo alabarán en presencia de la multitud". Y el Rey

David en todo el Libro de los Salmos, habla de agradecer y alabar a Hashem en presencia del público.

"Decid entre los pueblos Sus alabanzas", "Para contar todas Tus alabanzas", "En las puertas de la hija de Sion celebraré Tu salvación", "Por eso Te daré las gracias en medio de los pueblos...", "En medio de la multitud Te alabaré" ...

La ofrenda de gracias

La ofrenda de gracias que menciona la Torá es en esencia dar a conocer los milagros que nos hace Hashem. Porque cada ofrenda tiene su momento indicado para ser consumida. Otras ofrendas pueden comerse en un lapso de dos días, pero la ofrenda de gracias se puede comer solamente en un día. Otra diferencia es que con las otras ofrendas la persona no está obligada a ofrendar panes junto con la ofrenda, pero en el caso de la ofrenda de gracias, la persona debe presentar cuarenta panes, que se deben comer junto con la ofrenda de gracias y además no se puede guardar las sobras de un día para el otro. La pregunta es: ¿cómo puede una persona consumir toda una ofrenda y además cuarenta panes en un solo día? No puede. Y por eso tiene que invitar a muchas personas para que compartan la comida. Esto es para que las personas pregunten a qué se debe esta ofrenda y su dueño les cuente el milagro que le hizo Hashem.

Vemos entonces que la gratitud debe difundirse y darse a publicidad. Porque la gratitud no es algo privado de una sola persona. La gratitud es un asunto general y público y, de hecho, es el objetivo de este mundo. Hashem creó el mundo para que se revele Su soberanía. Porque no hay rey sin un pueblo. Y el objetivo de la Creación es que todos los habitantes del mundo invoquen Su Nombre.

La esencia de todos los preceptos

Tal como explica el Rambán (Najmánides) sobre la Parashat Bo, "Y ahora te diré una regla general de muchos preceptos: Sé cuidadoso tanto del precepto menos importante como del más importante. Porque todos los preceptos son muy preciados. Porque a cada momento la persona agradece al Creador por medio de ellos, reconociendo que Él nos creó... La persona no tiene parte en la Torá de Moshe Rabenu hasta que no crea que todo lo que le sucede son todos milagros y no se rigen por las leyes naturales".

Por lo tanto, cuando la persona se salva de un problema por medio de la gratitud y luego da a publicidad el milagro que le hizo Hashem, no solamente cumple con su deber de dar las gracias a Hashem, sino que está cumpliendo con su deber de dar a conocer la emuná y gratitud en el mundo, haciendo que más y más personas acepten el yugo del Cielo sobre ellas, y difundiendo la Gloria de Hashem en el mundo entero.

Y todo el que se dedica a difundir la gratitud, aunque sea solamente con palabras simples de agradecimiento y emuná con las personas que lo rodean, está cumpliendo de hecho con el objetivo de este mundo y el objetivo de todos los preceptos, tal como explica Najmánides.

A continuación, una carta que recibí de un hombre que vio una gran salvación en su vida y quiere difundir su experiencia:

"Debo señalar que desde el momento en que empecé a dar las gracias por todo en la vida, estoy todo el tiempo contento y algo dentro de mí quiere salir afuera. Y por eso yo distribuyo los libros de emuná, porque siento que esta luz tiene que difundirse para que pueda llegar a más y más gente. Mi hija y yo compramos libros, si bien no somos personas de muchos medios, y los repartimos en las calles hace ya varios meses. Yo siento que estos libros nos muestran el camino de la Redención Final".

No hay de qué preocuparse

A continuación, les presento otra historia de una doble salvación. Mi alumno, el Rabino David Kraus, que traduce mis libros al idioma alemán, cuenta:

Cuando mi esposa y yo conocimos al Rabino Shalom Arush, todavía no teníamos hijos, y ya hacía tres años que estábamos casados. Por supuesto que esta carencia se sentía mucho en casa. Mi esposa no sabía qué hacer y estaba muy preocupada y me pidió que fuéramos a hacer tratamientos de fertilidad. Prácticamente eso era lo único de lo que hablábamos. El que no lo vivió no puede entender lo doloroso que es. Yo pensé qué podíamos hacer y decidí que, en primer lugar, teníamos que hablar con el Rabino. Le conté el problema y le pregunté qué debíamos hacer: si ir a los médicos o no ir. El Rabino me dijo que no teníamos de qué preocuparnos, porque todo estaba bien y tanto ella como yo éramos personas sanas, y además me dijo que nuestro problema era que nos faltaba emuná y que no debíamos estar tristes. El Rabino me dio también la kamea de plata con la letra Hei (según Rabí Najman, esta es una segulá para tener hijos) y me dijo que mi esposa viajara a Uman, a la tumba de Rabí Najman, y que empezara a hacer todos los días una hora de plegaria personal y que dentro de esa hora, por lo menos diez minutos Le pidiera a Hashem que le diera hijos. Y también me dijo que diéramos las gracias por adelantado, o sea, que Le diéramos las gracias ya desde ahora por los hijos que nos iba a dar en el futuro, que es una segulá para obtener todas las salvaciones, tal como explican los Sabios sobre el versículo: "Quién se Me adelanta, y Le pagaré". Cuando uno da las gracias por la salvación que espera recibir, de hecho, está haciendo que ella llegue.

El Rabino me prometió que en el curso de un año mi esposa iba a quedar embarazada y me dijo que no tenía que consultarlo más sobre ese tema.

Gracias a Dios, hicimos todo lo que nos indicó el Rabino. Yo hice plegaria personal y Le di las gracias a Hashem por adelantado y mi esposa viajó a Uman. Gracias a Dios, un mes antes de que se cumpliera un año de la promesa del Rabino, mi esposa quedó embarazada.

La gratitud es una segulá comprobada

Continúa relatando el Rabino Kraus:

Cuando viajé a Viena a dar unas charlas de emuná, les conté mi historia personal y todos se sorprendieron y se emocionaron mucho. Les dije que la salvación de cada uno se encuentra en los libros del Rabino, y en especial en el consejo de dar las gracias — no en las clínicas de los médicos. Les dije que tenemos que creer en los tzadikim, tal como dice en la Torá: "Y creyeron en Hashem y en Su siervo, Moshé". Les expliqué que debían darle las gracias al Rabino por publicar el libro y por hacerlo traducir al alemán. La traducción de cada libro cuesta una fortuna y la cantidad de personas de habla alemana no es tan grande, pero el Rabino dijo que incluso si una sola persona lo leía y se inspiraba, entonces todo el esfuerzo había valido la pena.

Cuando terminé de dar la charla, se me acercó una pareja que se emocionaron mucho al escuchar mi historia, y me contaron que ellos también hacía tres años que se habían casado y todavía no habían podido ser padres. Ya habían empezado a hacer tratamientos con especialistas de fertilidad y me preguntaron qué debían hacer: si continuar con los tratamientos o interrumpirlos. Yo no sabía qué decirles, pero dado que yo mismo había visto milagros tanto en mi propio caso como en el caso de amigos y conocidos, sentí que Hashem me respaldaba en cada cosa que les decía y por eso les aconsejé que hicieran exactamente lo mismo que el Rabino me había aconsejado a mí. Consigan la kamea, hagan sesiones de plegaria personal, den las gracias, que ella viaje a Uman, y yo les prometo que, con la ayuda de Hashem, que dentro de un año tu esposa va a quedar embarazada. Y así fue: él me llamó a los pocos meses para decirme que había venido a Israel, y nos encontramos y me contó que su esposa ya había cumplidos los tres meses de embarazo, y le dije que no era yo, que era el poder del Rabino, y lo llevé con el Rabino y él le contó todo, y el Rabino nos dijo que Rabí Najman dijo que la palabra emuná tiene el mismo valor numérico que la palabra banim (hijos). Y al tener emuná, llegan los hijos.

Todas las salvaciones llegan con la emuná

Estimados lectores:

Ustedes han leído estas historias y gracias a Dios, el concepto de la gratitud se está difundiendo y llegando cada vez a más y más personas. Más de una vez fui a consolar y dar palabras de fortalecimiento a dolientes tras el fallecimiento de algún ser querido y al final salí fortalecido yo. En esta generación brilla la luz del Mashíaj y la luz de la Redención Final. Lo único que nos queda por hacer es continuar difundiendo esta luz. La gratitud es la luz del mundo. La gratitud es la emuná completa. Por eso todos debemos fortalecernos en este sentido y seguir difundiendo la gratitud en el mundo y, con la ayuda de Hashem, veremos un mundo repleto de conciencia espiritual y tendremos el mérito de ver la Redención Final, muy pronto y en nuestros días. Amén.

Apéndice

Consejo a solteros

En esta generación hay una "plaga" muy conocida que es la cantidad de hombres y mujeres jóvenes que no encuentran pareja. Por eso me gustaría ofrecerles algunas palabras de fortalecimiento tomadas de las enseñanzas de Rabí Najman de Breslev:

Rabí Najman de Breslev dedica varios capítulos de su obra magna, el Likutey Moharán, al tema de la emuná. Y también dedica una lección entera al tema de la gratitud a Hashem. En esa lección, él dice en forma explícita:

"Por medio de la gratitud a Hashem y por medio del estudio de las halajot (leyes judías), llegan los hijos con facilidad. Y por medio de ella también la persona se salva de todos los problemas".

O sea que Rabí Najman nos está haciendo una promesa. Y en esa misma lección dice que la gratitud tiene un poder especial en lo que refiere a encontrar pareja. Y no cualquier pareja, sino la pareja que Hashem ya te tiene destinada.

Rabí Najman dice que por medio de la gratitud la luz de la verdad nos ilumina y logramos encontrar la pareja adecuada tanto para nosotros mismos como para nuestros hijos. Esto significa que, si la gratitud abre las puertas de cada ámbito en la vida, en lo referente a encontrar pareja, esto se aplica mucho más.

Rabí Najman señala que todo depende de la luz de la verdad, porque, de hecho, no existe el mal en el mundo, y Hashem es Bueno y hace todo para bien.

Por lo tanto, aquel que no vive la realidad de que todo es para bien y no da las gracias, yestá viviendo una mentira, y la luz de la verdad no lo ilumina y por eso no logra encontrar a la pareja adecuada.

Pero esto también nos enseña otra cosa más: que la gratitud propiamente dicha también debe ser verdadera. Tenemos que dar las gracias a Hashem, porque esa es la verdad. Porque Él nos hace un sinfín de bondades y porque nosotros creemos con emuná completa que incluso las cosas que nos parecen malas e incluso los obstáculos, son todos por nuestro propio bien.

La fuerza de la Matriarca Rajel

Esta historia nos revela algo sorprendente.

El protagonista de esta historia es una gran persona, un erudito de la Torá y una persona que toda su vida rezó con gran devoción y siempre iba a rezar a la tumba de la Matriarca Rajel y a demás tumbas de tzadikim, pero a pesar de todo, no había logrado la salvación que tanto esperaba.

Cuando este rabino falleció, fui a consolar a la familia y entonces su hijo nos contó una historia impresionante.

En una época, en la casa del rabino había cuatro hijos "estancados" que no lograban encontrar pareja. Los años pasaban y aún sin noticias. Cada vez que el rabino me encontraba por la calle (era vecino mío), me pedía que le diera una bendición para sus hijos.

Un día, el padre convocó a todos sus hijos y les anunció que iba a hacer una "comida de agradecimiento" (seudat hodaiá). Los hijos no entendían a qué se debía tal decisión, siendo que no tenían nada que festejar.

Cuando todos llegaron a la comida, el padre les dijo que él acostumbraba visitar la tumba de la Matriarca Rajel, donde rezaba por sus hijos para que encontraran pareja.

Pues bien, una noche, no hacía mucho tiempo, la Matriarca Rajel se le había aparecido en un sueño y le dijo así: "Tus plegarias son muy preciadas en el Cielo, y hace ya mucho tiempo que quieren enviarte la salvación que estás esperando, pero primero debes dar las gracias a Hashem por todo lo que tienes. Y en el momento en que empieces a dar las gracias por todo lo que tienes, verás grandes salvaciones".

El rabino decidió en ese mismo momento que iba a hacer una Comida de Agradecimiento y empezó a dar las gracias por todo lo que Hashem le había dado hasta ese momento.

En cuestión de un año a partir de aquel día, gracias a Dios, los cuatro hijos conocieron a sus respectivas parejas y se casaron.

Que esta historia sea para la elevación de su santa alma.

Cómo rezar

No podemos rezar para encontrar pareja estando tristes. Porque la tristeza es herejía y la alegría es emuná. Por eso, la única forma adecuada de rezar para encontrar pareja es con mucha alegría y una sensación de gratitud interna de todo corazón por la demora en encontrar pareja.

Si al rezar, sientes amargura y frustración, entonces mejor será que no reces, porque esta plegaria lo único que hace es alejar la salvación que tanto estás esperando.

Cuando reces, dile así al Creador: "Amo del Universo, no quiero encontrar pareja. Solamente quiero creer en Ti con emuná completa. Quiero tener emuná en que toda esta demora es para mi propio bien. Quiero darte las gracias y realmente alegrarme de que así sea todo. Ten compasión de mí y dame el mérito de alcanzar la verdadera alegría y la verdadera gratitud".

¿Cómo alcanzar la gratitud?

Dale las gracias a Hashem por todas las bondades que te hizo toda la vida, hasta este momento. Presta atención a cada bondad que Él te hizo tanto en lo material como en lo espiritual. Valora tanto cada cosa hasta tal punto que te dé vergüenza pedir algo más. Luego dale las gracias por la demora en encontrar pareja y por todas las desilusiones. Arrepiéntete por toda la tristeza que sentiste hasta ahora y fortalece tu emuná de que todo es para bien. Y recién entonces empieza a rezar y pedir un regalo inmerecido: "Si me das y si no me das, siempre Te daré las gracias". De esta manera, vas a consolidar tu emuná y puedes contar con que tu plegaria dará sus frutos y no será en vano y muy pronto nos podrás dar buenas noticias. Amén.

Plegaria de Gratitud

Dios mío, Rey Bueno y Benefactor, Padre Compasivo y Pleno de misericordia, que nos supervisas con una precisa Supervisión Individual, por favor, Te pido que me protejas para que no sea una persona ingrata y que no reniegue de ningún favor que me hayas hecho.

Te ruego que me des emuná completa para que crea que todo lo que me pasa, tanto en lo material como en lo espiritual, es todo para mi propio bien.

Te ruego que me ayudes a ser consciente de que Tú no me debes absolutamente nada, y que todo lo que haces conmigo es un regalo gratuito, porque Tú siempre me amas y quieres Mi bien.

Amo del universo, concédeme el mérito de darte las gracias de todo corazón por cada cosa.

Padre Divino, gracias por poder darte las gracias. Y todas las veces que te dé las gracias no son nada comparadas con todo lo que realmente debería agradecerte, ya que todo proviene de Ti.

Gracias, Dios mío, por todas las cosas que doy por sentadas y por las que hasta el día de hoy todavía no di las gracias.

Gracias por cada respiración y por cada fuerza física que me prodigas y por cada órgano del cuerpo que funciona como debe y por estar sano.

Gracias por el maravilloso mundo que creaste para mí, para que me sirviera y me ayudara a alcanzar mi objetivo en esta vida.

Gracias por todas las personas que son emisarias Tuyas para beneficiarme.

Tú que alimentas con compasión a todas Tus criaturas, Te doy las gracias por el dinero y por el sustento que me diste y que me das.

Gracias, Rey del universo, por cada cosa que tengo, y gracias también por las cosas que no tengo, ya que todo es por Tu designio para mi propio bien.

Muchas gracias, Amo de la emuná, por la emuná que me das, que es el más grande regalo que se le puede dar a una persona.

Gracias por la Torá y por los preceptos y por los Shabat

y por las festividades que nos das.

Gracias por los tzadikim y por la emuná en los Sabios.

Gracias, Hashem, por darme un corazón, un cerebro y la fuerza de hacer el bien: de servirte, de creer en Ti y tener confianza en Ti, de estudiar Tu sagrada Torá, de cumplir Tus sagrados preceptos, de comportarme con buenos rasgos de carácter, de alabarte y ensalzarte. Porque todo lo que yo tengo el mérito de hacer es gracias a Tu ayuda y por Tu poder.

Gracias por todas las veces que me ayudas a dominar mi Instinto del Mal y a apartarme del mal. Porque cada éxito que logro en el servicio Divino es un regalo que me das.

Gracias por los descensos y por los fracasos y por los tropiezos y por las dificultades que tengo. Y gracias por todas las veces que me siento triste y siento amargura. Yo tengo emuná en que todo esto es diseñado en forma precisa a fin de impulsarme a que me acerque a Ti.

Gracias por toda la bondad y toda la benevolencia que haces conmigo a cada instante y a cada momento y por todas las veces que me ayudaste, que me salvaste, que me rescataste, que me protegiste, que me apoyaste, que me alegraste, que me animaste y que me fortaleciste.

Gracias por escucharme siempre y por aceptar mis plegarias.

Amo del universo, es sabido y revelado ante Ti que no tengo conciencia espiritual para comprender y ver que todo lo que haces conmigo es por mi propio bien. Por eso Te pido perdón por haber cuestionado Tus decisiones y por no haber valorado Tus actos y por haberme puesto triste y por haberme quejado, en vez de alegrarme y darte las gracias. Rey Bueno y Compasivo, Rey que Perdonas, Te pido perdón por todas las veces que no estuve satisfecho y por todas las quejas y los lamentos y también por no haber valorado todo lo que me has dado.

Se completó

con la ayuda del Creador

en el mes de Adar 5780

marzo de 2020

¡Bendito Sea Su Nombre!

Glosario

Baal-at teshuvá – Persona que hace teshuvá. Retorna a Hashem

Bircat HaGomel – bendición que se recita tras sobrevivir situaciones peligrosas

Daat – conciencia espiritual

Emuná – La firme, pura y absoluta fe en el Creador del universo, en el Único Dios Todopoderoso, Omnisciente, Supremo y Benévolo. La emuná consta de tres principios básicos: la convicción de que todo proviene del Creador, de que todo es para bien y de que todo lo que le sucede al individuo a lo largo de su vida contiene un mensaje dirigido a él en forma especial.

Guemará (arameo) – Comentarios de la Mishná del siglo II-V de la Era Común, que constituyen la base de la ley judía.

Gueulá – proceso de redención del pueblo judío

Halajá – la Ley Judía tal como la determina el Shulján Aruj, el Compendio de Leyes Judías

Hashem – literalmente "El Nombre", es el nombre hebreo con que llamamos a Dios para no tener que usar en vano Su Santo Nombre.

Hitbodedut – la plegaria personal en aislamiento, una cita diaria a solas con el Creador en la que la persona puede expresar con sus propias palabras todo lo que siente en el corazón, y puede pedirle ayuda y consejo a Dios, además de ser un momento propicio para la introspección y el examen de conciencia.

Ieush – desanimarse, perder la esperanza desanimo

Ieshuv ha daat – claridad mental

Isurim – sufrimientos

Irat Shamaim – literalmente "temor de Hashem" – alude a la sincera piedad del individuo.

Ietzer Hara – Instinto del Mal o Mala Inclinación, fuerza espiritual negativa que nos impulsa a hacer el mal.

Ietzer Tov – Instinto del Bien o Buena Inclinación, fuerza espiritual positiva que nos impulsa a hacer el bien.}

Jalá (pl: jalot) – panes especiales que se comen en Shabat

Jametz – Todo alimento elaborado con la harina de alguno de los cinco tipos de granos -trigo, cebada, centeno, avena, espelta- y fermentado con levadura.

Jasid – Literalmente "piadoso", alude a los discípulos del movimiento jasídico, fundado por Rabí Israel Baal Shem Tov a comienzos del siglo XVIII.

Javruta – compañero de estudio

Kabalá – tradición, sabiduría y pensamiento esotérico (místico) judío.

Midrash – comentarios homiléticos a la Torá

Minián – Quórum de diez hombres para el rezo

Gaavá – soberbia

Jalake – Ceremonia de corte de pelo que se lleva a cabo a los niños al cumplir tres años de edad.

Jol Hamoed – días intermedios de las festividades de Pesaj y Sucot

Kamea – Especie de "amuleto" contra desgracias

Kolel – Seminario de estudios de Torá para hombres casados.

Midot – rasgos de carácter

Mishná – Redacción escrita de la Ley Oral según la codificó Rabí Yehuda HaNasí en el segundo siglo de la Era Común.

Musar –Ética judía

Parashá – Sección de la Torá que se lee el Shabat en la sinagoga

Pidión Nefesh – Rescate del Alma – Forma comprobada de mitigar hasta los más estrictos decretos que penden sobre el individuo.

Pirsumei Nisa – dar a publicidad un milagro

Posek (pl: **poskim**) – Rabino calificado para emitir veredictos

Rosh Yeshiva – decano de la yeshivá

Rosh Hashaná – Año Nuevo judío

Sandak – En la ceremonia de circuncisión, el hombre que sostiene al bebé.

Seder – Ceremonia que se lleva a cabo la primera noche de Pesaj en la que se lee la Hagadá de Pesaj y se conmemora el Éxodo del Pueblo de Israel de Egipto.

Segulá (pl: **segulot**) – práctica o recurso que resulta eficaz para mejorar una cierta situación o que sirve para proteger a una persona de algún daño.

Seudat Hodaiá – Comida de agradecimiento que organiza la persona que ha tenido un milagro para publicitarlo y darle las gracias al Creador.

Shadján - Casamentero

Shiduj – Propuesta matrimonial

Shivá – Período de luto de siete días

Sufganiá (pl: sufganiot) – berlinesa, manjar frito que se acostumbra comer en Jánuca.

Tahará – proceso de purificación de los muertos

Tikún – rectificación

Tikún HaKlalí – El Remedio General, el famoso remedio que nos reveló Rabí Najman de Breslev, y que consiste de Diez Salmos específicos (16, 32, 41, 42, 59, 77, 90, 105, 137, 150) dichos en orden, y que sirve para la purificación del alma, para protección, para éxito y en especial para la curación de toda clase de enfermedades.

Tikún Jatzot – Plegaria de Medianoche

Tzaar – aflicción

Tzedaká – caridad (de la raíz tzedek – justicia)

Tzadik (pl: tzadikim) – todo aquel individuo de gran piedad que con gran sacrificio hace todo lo posible por cumplir con la Voluntad Divina, y al hacerlo, alcanza elevados niveles espirituales.

Teshuvá – liter: retorno – Se refiere al retorno a las raíces judías y específicamente al proceso por el cual una persona que estaba alejada de la observancia de la Torá empieza a cumplir los preceptos.

Tzaar – aflicción

Vidui – Confesión ante Hashem

Volver en teshuvá – hacer teshuvá: literalmente: retornar. Adaptar un estilo de vida observante de la Torá y los preceptos.

Yeshivá (pl: **yeshivot**) – Seminario de estudios judaicos

Yom tov – Festividad judía

Zohar – Obra principal de la Kabalá, que contiene la interpretación esotérica de la Torá según nos enseñan Rabí Shimon Bar Iojai y sus discípulos (siglo II).

¿Disfrutaste del libro?

¡Participa de la difusión del mensaje de la Emuná en el mundo entero!

Para mayor información, llama al teléfono

+972 52 224 0696

Querido lector:

El libro que acabas de leer ha transformado las vidas de muchísimas personas de todos los credos y todas las razas. Queremos que sepas que este libro es fruto de una maravillosa campaña de difusión dedicada a diseminar la emuná y la sabiduría judía a millones de personas en el mundo entero en una gran variedad de idiomas.

Nos dirigimos a ti, querido lector, con un pedido y una proposición: que te hagas socio de este gran emprendimiento, cooperando con nosotros a fin de difundir la emuná en el mundo entero y literalmente salvar vidas.

Para tu comodidad, hemos adjuntado un formulario en el reverso de esta hoja. Por favor, llénalo con tus datos personales y envíanoslo de vuelta.

Bendiciones

Instituciones Jut shel Jesed

Jut shel Jesed

POB 50226

Bucharim Post Office

Jerusalem zip code: 91050

Israel

Books in English from Rabbi **Shalom Arush** Shlit'a

The Garden of Emuna
A Practical Guide to Life

The Universa Garden of Emuna
A Practical Guide to Life for People from all Walks of Life

The Garden of Gratitude
Say Thank-You and See Miracles

I Said Thank-You and Saw Miracles
190 Miraculous Stories of Gratitude

In Forest Fields
A Guide to Personal Prayer

The Garden of Peace
A Marital Guide for Men

Women's Wisdom
A Woman's Power

A New Light
In the Garden of Yearning and Will

The Garden of Education
Educating Children with Love

The Garden of Healing
Health of Body and Soul

The Garden of Riches
A Guide to Income and Finances

The Garden of Purity
A Man's Guide to a Satisfying Life

The Garden of Wisdom
A Guide to Happiness

The Garden of Yearning
The Soul's Longing for its Creator

The Garden of Knowledge
Secrets of Creation

*The books are also translated into additional languages

To order: +972-52-2240696 | myemuna.com

"Our "Jewels

Pamphlet Catalog

Gems Series

Pearls Series

Jewels of the Choshen Series

*The books are also translated into additional languages

To order: +972-52-2240696 | myemuna.com

Dear reader!

The book You have just finished reading has changed the lives of many. Please note that this book is the outcome of a wonderful enterprise that is dedicated to the goal of spreading Jewish wisdom and emuna to hundreds of thousands of people around the globe.

We turn to you, dear reader with a request to become a partner in this enterprise by contributing to our efforts in spreading emuna around the world.

For your convenience please fill in the form on the back and send it to us.

With blessings always
"Chut Shell Chessed" institutions

"Chut Shell Chessed"
p.o. 50226
Bucharim mail box office
Jerusalem zip code: 91050
Israel

Attach here

Support The Important Work of "Chut Shel Chessed"

Thank you for supporting "Chut Shel Chessed".

Recommended Operation Support Levels:		**Recommended Support Levels:**
$ 15.60 (30¢/week)	☐	$ 100
$ 26.00 (50¢/week)	☐	$ 250
$ 39.00 (75¢/week)	☐	$ 500
$ 52.00 (1.00$/week)	☐	$ 1000

Other Amount: $ _______

Please include your email address,
We will keep you informed about

E-mail address: ______________________________

Name: ______________________________

Street address: ______________________________

City, State, Zip: ______________________________

Phone: (_____) ______________________________

Contribute by Credit Card:

Credit Card Type:

☐ Visa ☐ MasterCard ☐ Discover ☐ American Express

Credit Card #: ______________________________

Expiration: ______________ (Month / Year)

Cardholder Signature: __________________________

Contribute by check :

send a check to the address listed on the back of this card

Attach here